A Propósito de *Corporate Governance*
e de Direito das Sociedades
e dos Valores Mobiliários

A Propósito de *Corporate Governance* e de Direito das Sociedades e dos Valores Mobiliários
ESCRITOS VÁRIOS

2018

João Soares da Silva

A PROPÓSITO DE *CORPORATE GOVERNANCE* E DE DIREITO
DAS SOCIEDADES E DOS VALORES MOBILIÁRIOS
AUTOR
João Soares da Silva
EDITOR
EDIÇÕES ALMEDINA, S.A.
Rua Fernandes Tomás, n.ºs 76, 78 e 80
3000-167 Coimbra
Tel.: 239 851 904 · Fax: 239 851 901
www.almedina.net · editora@almedina.net
DESIGN DE CAPA
MLGTS
PRÉ-IMPRESSÃO
EDIÇÕES ALMEDINA, S.A.
IMPRESSÃO E ACABAMENTO
PAPELMUNDE

Julho, 2018
DEPÓSITO LEGAL
443022/18

O conteúdo desta publicação é da exclusiva responsabilidade do seu autor.
Toda a reprodução desta obra, por fotocópia ou outro qualquer processo, sem
prévia autorização escrita do Editor, é ilícita e passível de procedimento judicial
contra o infrator.

 | GRUPOALMEDINA

Biblioteca Nacional de Portugal – Catalogação na Publicação

SILVA, João Soares da

A Propósito de *Corporate Governance* e de Direito das Sociedades
e dos Valores Mobiliários. – (MLGTS)
ISBN 978-972-40-7534-1

CDU 347

APRESENTAÇÃO

Há apresentações difíceis, e esta é-o, sem dúvida.

Não só pelo embaraço que logo produziu em quem, para a levar a cabo, aceitou um convite amável, que não sabia como recusar: por pertencer a uma geração mais jovem que pôde sempre ver no Autor deste livro um verdadeiro e talentosíssimo mestre, tanto do direito das sociedades e dos valores mobiliários como na arte da advocacia, e por isso que os mestres se consideram e admiram, não se apresentam.

Porque, na realidade, e bem para além disso, o Senhor Dr. João Soares da Silva – aquilo que é, e tudo o que de si mesmo nos oferece nesta obra – não cabe nas páginas de uma abertura que, por força, só pode ser assim: singela e simples.

Antes de mais, reconhece-se o advogado insigne, expoente de um vasto leque de saberes especializados, que presenteia o leitor desta obra com um precioso conjunto de reflexões em áreas que cultiva de forma excepcional.

Como logo se vê, a percuciente inteligência com que ilumina e desbrava os mais delicados e sinuosos recantos de sectores consabidamente complexos do sistema jurídico, e a vivacidade palpitante do real que só uma prática jurídica activa e intensa poderia emprestar ao seu discurso, desvendam de forma eloquente o singular jurista, de autêntica eleição, que é o Senhor Dr. João Soares da Silva.

E tal, com a naturalidade que confere o domínio das matérias abordadas, por tudo o que o Autor ponderadamente reflectiu e prudentemente sopesou;

sempre enxuto, parco e rigoroso nas palavras – como convém – e, tal qual é também seu timbre, num discurso simples, acessível e elegante.

É obviamente impressiva a contemporaneidade manifesta do naipe dos temas escolhidos: acompanhando e testemunhando em tempo real as oscilações e os movimentos conturbados, hesitantes ou incertos, *v.g.*, da configuração e interpretação das exigências da *corporate governance* ou das ofertas públicas, das limitações ou das imputações de voto, dos direitos dos accionistas em contextos problemáticos, ou da estruturação jurídica das bolsas.

Mas sempre num compasso reflexivo sereno, com largueza de espírito a guardar distância, e a isolar-se do turbilhão e da voragem dos interesses, racionalizando com precisão e mão segura, o que poderia, sem a preciosa ajuda do Autor, ser visto como mera expressão de circunstâncias ou oportunidade, quando não tão-só de lógicas de cru interesse ou poder só residualmente permeáveis ao Direito.

E invariavelmente de modo actualizado, em diálogo aberto com um mundo globalizado. A respeito de cada tema, a par do que de melhor se reflecte sobre ele no direito comparado, e com a atenção devida aos instrumentos internacionais, vinculativos ou não, não fora o Senhor Dr. Soares da Silva um português que prestigia a melhor tradição do seu universalismo.

O resultado está aí, e fala por si. O areópago jurídico luso só tem a agradecer ao Autor: por aquilo que acrescenta à nossa cultura, pelos rumos que despretensiosamente lhe mostra a força persuasiva do seu pensamento, pelo modelo vivo que lhe dá de obreiro incansável do Direito, rompendo, e "à frente" – num exemplo que a Academia só pode enaltecer e aproveitar –, por vezes árduas e ingratas áreas do conhecimento.

Como certamente também o reconhecerão aqueles que com ele partilham a nobre função de advogados, o par tão "ímpar" que é o Senhor Dr. João Soares da Silva ilustra quão relevante é o saber adquirido e caldeado na experiência de tão elevado mester.

Mas, claro está, por detrás das formas e dos sinais vislumbra-se incontornavelmente a pessoa. Especialmente *in casum*, o jurista é também, indissociavelmente, o homem, tal qual a convivência, com ele, de tantos também testemunha: afável e delicado, atento e prático, discreto e eficaz, rigoroso e expedito; com um conjunto de qualidades pessoais que impregnam, afinal, todos os seus textos, assim conformando a obra que floresceu no abraço de vida com que envolveu a profissão que escolheu e a que se entregou.

Sendo que pensar o Senhor Dr. João Soares da Silva, jurista e homem, não é também para muitos possível sem evocar o Sr. Dr. Miguel Galvão Teles. Conheci-os, desde o início, juntos, em complementação admirável aos olhos, que então tinha, de jovem assistente da Faculdade de Direito de Lisboa, na generosa amizade e consideração com que ambos me acolheram no círculo das suas relações profissionais. Diferentes, mas eficientemente conjugados, tanto na excepcionalidade dos seus talentos como no afável trato pessoal.

Um sem o outro quase impensáveis, incansáveis companheiros merecendo--se reciprocamente nos caminhos de uma profissão árdua e exigente, que abrilhantaram como poucos, é aqui e agora de justiça homenagear a singular personalidade do Sr. Dr. João Soares da Silva.

Enviando-lhe as mais efusivas felicitações pela magnífica obra com que nos enriquece, e desejando-lhe publicamente que, por muitos e bons anos, nos continue a brindar com o fruto maduro dos seus inúmeros talentos, da sua sábia experiência e do seu grato modo-de-ser.

Bem haja, Senhor Dr. João Soares da Silva!

Lisboa e Porto, Junho de 2018

Manuel A. Carneiro da Frada

As citações constantes nesta obra não dispensam a leitura dos respectivos originais. A legislação citada ou referida reporta-se às versões em vigor na data em que os textos foram escritos.

Nenhuma parte desta publicação pode ser reproduzida sem autorização prévia do autor. Exceptua-se a transcrição de curtas passagens para efeitos de apresentação, crítica ou discussão. Esta excepção não permite, porém, a transcrição de textos da qual possa resultar prejuízo para a obra.

A. *Corporate Governance*

1. Responsabilidade civil dos administradores de sociedades: os deveres gerais e os princípios da *Corporate Governance* *

I

1. O convite, muito amável e honroso, da ANGEP e BONANÇA para hoje aqui dirigir algumas palavras de abertura do debate sobre "Responsabilidade Civil dos Administradores de Sociedades" trouxe-me desde logo, devo confessá-lo, alguma preocupação, por duas ordens de razões.

A primeira tem que ver com a vastidão, complexidade e dificuldade do tema proposto. Dedicadas à matéria da responsabilidade civil dos administradores, ultimamente muito em voga, têm sido publicadas volumosas e substanciais monografias, de muitas centenas de páginas, as quais, no entanto, nas mais das vezes apenas cobrem uma parte (quase sempre a mesma, aliás – esse é um dos aspectos a que gostaria de me referir hoje) dessa problemática, deixando a sua leitura uma sensação de apetite insaciado. Não tenho dúvidas de que a

---

* Publicado na *Revista da Ordem dos Advogados*, ano 57, vol. II (Abril, 1997), pp. 605-628. O texto reproduz a comunicação de abertura em encontro-debate promovido pela ANGEP – Associação Nacional de Gestores das Empresas Portuguesas e pela Companhia de Seguros Bonança, S.A., em 24 de Junho de 1997.

vastidão, a complexidade e a dificuldade são outros tantos estímulos para o debate proposto. Mas julgo que suporia já uma excessiva dose de irrealismo pretender acompanhar, em palavras de introdução necessariamente breves, a extensão que ao próprio debate foi traçada.

A segunda razão de preocupação tem que ver com a ausência de qualificações próprias para nesta matéria poder trazer um contributo dotado de alguma autoridade. Reflectindo, porém, admiti que, não se tratando de reunião de carácter científico – e uma vez, sobretudo, que a qualificação abunda já nos participantes –, a ANGEP e a Bonança tenham porventura achado de alguma utilidade a visão própria de um advogado, de alguém que, noutra posição embora, partilha com a audiência hoje aqui reunida uma diária e constante preocupação sobre as implicações e consequências práticas que da actividade de administrar sociedades constantemente podem emergir, designadamente no plano da responsabilização individual de quem a protagoniza.

Neste sentido acolhi, pois, muito honrado e com particular gosto, a oportunidade de poder participar neste debate. E as primeiras palavras deverão precisamente ser para salientar, para além da importância, a extrema actualidade e oportunidade do tema e da reflexão sobre ele.

2. Há algumas semanas apenas, a nota de abertura, assinada pelo Prof. David Milman, da *newsletter* periodicamente publicada pela Palmer's Company Law era significativamente intitulada *"Directors Under Fire"*.

O propósito próximo era a recente decisão judicial, de Janeiro de 1997, do caso *Williams v. Natural Life Health Foods*. Nele, muito em resumo, um *franchisee* desiludido com o negócio accionara a sociedade *franchisor* alegando que teria sido induzido a aceitar o contrato de *franchising* por previsões financeiras negligentemente inexactas; mas demandara também um administrador da ré, sob a alegação, ao que parece, de que ao celebrar o negócio tinha depositado particular confiança na experiência profissional passada desse administrador. E, embora com maioria tangencial de dois contra um, o *Court of Appeal* julgou pessoalmente responsável o administrador.

O comentário refere-nos que esta decisão não deixa de estar em linha com recentes casos anteriores, de que me parece muito significativo destacar, pela frequência potencial, o caso *Thomas Sanders Partnership v. Havery*, no qual foi julgado pessoalmente responsável um administrador que fizera certas afirmações, que vieram a revelar-se inexactas, sobre a qualidade de produtos comercializados pela sua empresa.

Com estes pontos de partida, e comentando ainda diversos outros aspectos da tendência recente da jurisprudência inglesa, a nota de abertura do Prof. Milman contém três passagens que creio que poderiam servir muito utilmente de mote ou ponto de partida para a nossa reflexão de hoje:

- a primeira, na sequência do próprio título do comentário (*"Directors Under Fire"*), é a de que a responsabilização pessoal dos administradores se revela hoje em dia crescente (nas saborosas palavras do autor, o caso comentado «*once again illustrates the painful fact of commercial life that the directors of limited liability companies are increasingly exposed to personal risk*»);
- a segunda é uma reflexão pragmática da maior importância: ao aludir a zonas onde a percentagem de sucesso de acções contra administradores tem sido menor, a nota acentua, todavia, que, mesmo nesta zona, *há um «hidden value» na simples tentativa*, porque, volto a citar, «*the threat of proceeding may serve to extract sums from directors in order to settle claims*»;
- a terceira (que creio que será particularmente grata de ouvir para uma das nossas anfitriãs de hoje, a Bonança, pelo protagonismo que sei ter nessa área) é a chamada de atenção para a necessidade de aceitar cada vez mais esta exposição ao risco como parte integrante do *status* do administrador, e tomar as medidas adequadas, uma das quais, embora não a única, é *o seguro de responsabilidade civil* dos administradores, cada vez mais difundido.

3. A este apontamento, provindo de Inglaterra, seja-me permitido juntar duas outras notas soltas integradas na vida judicial portuguesa.

A primeira é um acórdão de 1995 da Relação de Lisboa[1], que decidiu ordenar o encerramento de um bar não licenciado que se provou ter gerado ruídos, fumos e outros danos para o autor da acção. Além do encerramento, porém, foi pedida uma indemnização, que a Relação concedeu, condenando

---

[1] Acórdão do Tribunal da Relação de Lisboa, de 30 de Março de 1995, proc. n.º 7637 (rel. Almeida Valadas), *Colectânea de Jurisprudência*, ano XX, tomo II (1995), pp. 98-100.

nela, como fora pedido, não só a sociedade como um seu administrador. Como fundamento, e invocando, entre outros, o artigo 79.º do Código das Sociedades Comerciais, considerou a Relação que a responsabilidade dos factos danosos, com o inerente nexo psicológico, não existia por parte da ré sociedade, mas por parte dos seus representantes, e que foram estes, e não a sociedade, que praticaram os factos e omitiram as diligências necessárias para que o funcionamento do bar não violasse os direitos do autor da acção.

A segunda – ainda mais recente, de há muito poucos dias, que não comentarei aqui por se tratar ainda de caso pendente – é a de um processo em que se discutia uma deliberação de alienação, por uma sociedade, de participações noutra sociedade. Pois bem: o tribunal de primeira instância, embora rejeitando a pretensão, que entendeu não ter fundamento, deixou, em *obiter dictum*, uma surpreendente referência à possibilidade de, em certas circunstâncias, uma venda de activos, ainda que precedida de avaliações, poder representar "violação do dever de diligência" previsto no artigo 64.º do Código das Sociedades Comerciais.

Julgo que estes dois exemplos judiciais portugueses ilustram – se não quantitativamente, por certo que qualitativamente – a potencialidade de alargamento das questões de responsabilidade dos administradores a que acima me referi.

O primeiro deles vem citado pelo Prof. Menezes Cordeiro, na sua recente e notabilíssima monografia, que é já uma obra de referência, intitulada *Da Responsabilidade Civil dos Administradores das Sociedades Comerciais*[2], com um expresso aplauso que confesso ter muita relutância em partilhar.

O segundo, pela alusão ao "*dever de diligência*" e ao artigo 64.º do Código das Sociedades Comerciais, está já, numa perspectiva teórica, directamente relacionado com o ponto que, de entre a vasta matéria da responsabilidade civil dos administradores, me propus destacar para a reflexão conjunta de hoje.

---

[2] António Menezes Cordeiro, *Da Responsabilidade Civil dos Administradores de Sociedades*, Lisboa, Lex, 1997, p. 529.

II

4. Alguns autores assinalam, a partir do exame da jurisprudência nos últimos decénios (por exemplo, em França), que se verificaria um declínio nos tribunais das questões de responsabilidade dos administradores, acompanhado por um acréscimo das questões relativas à destituição e à natureza do vínculo da administração.

Isto seria consequência da evolução de uma situação tradicional de administrador-proprietário da empresa, com fortuna pessoal, para uma crescente profissionalização, que vai trazendo o predomínio de administradores-assalariados, cuja responsabilização pessoal já não teria o mesmo interesse patrimonial. As infracções praticadas pelos administradores já não colocariam, por isso, com tanta frequência a questão da responsabilidade civil, mas mais a da sua destituição[3].

Admito que esta constatação seja historicamente correcta com referência aos últimos decénios, mas tenho as maiores dúvidas de que ela represente também a evolução futura previsível. Ao invés, julgo, como resulta já do que acima referi, que será antes esperável assistir, nos próximos tempos, a um acentuar progressivo das questões judiciais da responsabilidade civil contra administradores de sociedades a título pessoal, tal como vimos já suceder no caso inglês. E não se poderá, aliás, esquecer que, por detrás de muitas questões de destituição, *v.g.* quando se discuta a existência de justa causa, estão – ou podem estar – actuais ou potenciais questões de responsabilidade de administradores.

5. Creio também, por outro lado, que, neste previsível alargamento da litigiosidade em redor da responsabilidade civil dos administradores, venha a ter papel muitíssimo relevante um ponto que tem claramente sido subalternizado nos estudos jurídicos continentais: a questão da determinação dos *deveres gerais dos administradores*, em particular do designado *dever de diligência*, a que o artigo 64.º do nosso Código das Sociedades Comerciais se refere.

---

[3] MENEZES CORDEIRO, *Da Responsabilidade Civil...*, p. 146.

Trata-se, repito, de uma matéria que tem sido algo subalternizada. Se bem reparamos, verificaremos que nos manuais jurídicos, e mesmo nas obras monográficas de quase todos os países continentais integrados no sistema da *civil law* – incluindo Portugal –, a perspectiva (a única perspectiva, muitas vezes) que se toma é a perspectiva dos pressupostos, mecanismos e, sobretudo na tradição napoleónica francesa, dos meios processuais de efectivação da responsabilidade civil dos administradores – deixando na sombra aquilo que, pelo contrário, representa a perspectiva primeira das abordagens jurídicas das obras anglo-saxónicas: os *duties of directors*[4].

Daí que seja sobre esta matéria dos deveres gerais, e em particular do dever de diligência, que hoje gostaria de suscitar uma reflexão particular.

Antes, porém, importará passar brevemente em revista os principais dados de direito positivo atinentes à responsabilidade civil de administradores.

III

6. No título I ("Parte geral") do Código das Sociedades Comerciais, o capítulo VI, intitulado "Responsabilidade civil pela constituição, administração e fiscalização da sociedade", formado pelos artigos 71.º a 84.º, incorpora, de modo sistematizado, as disposições principais em matéria de responsabilidade civil dos administradores, reproduzindo, no essencial, o notável trabalho que no final da década de sessenta havia sido levado a cabo pelo Prof. Raul Ventura com o Dr. Brito Correia e que deu origem à publicação do Decreto-Lei n.º 49 381, de 15 de Novembro de 1969.

Creio poder dizer-se, em síntese muito extremada, que este sistema de responsabilidade civil de administradores (que o artigo 81.º do Código manda

---

[4] O ponto é, aliás, expressamente assumido por RAUL VENTURA e BRITO CORREIA no estudo "Responsabilidade Civil dos Administradores de Sociedades Anónimas e dos Gerentes das Sociedades por Quotas. Estudo Comparativo do Direito Alemão, Francês, Italiano e Português", separata do *Boletim do Ministério da Justiça*, n.ᵒˢ 192, 193, 194 e 195 (1970), onde se diz, a p. 408 (cito sempre da separata): «[n]ão cabe num capítulo sobre a responsabilidade civil dos administradores, entendida como obrigação de indemnizar, a regulamentação desenvolvida dos deveres a que este fica vinculado».

aplicar também a «*outras pessoas a quem sejam conferidas funções de administração*») comporta três pilares fundamentais: a responsabilidade para com a sociedade (com a particularidade de poder ser também reclamada por sócios a favor daquela), a responsabilidade para com os credores sociais e a responsabilidade para com sócios e terceiros por danos a estes directamente causados.

7. No que concerne ao primeiro pilar, o artigo 72.º, n.º 1, começa por consagrar o princípio da responsabilidade dos gerentes, administradores e directores *para com a sociedade* pelos danos a esta causados com preterição dos deveres legais e contratuais, estabelecendo uma *presunção de culpa* ao subscrever que a responsabilidade dos administradores existirá, «*salvo se provarem que procederam sem culpa*». O preceito, que, segundo tem sido entendimento da doutrina, consagra uma típica responsabilidade contratual[5], exceptua da responsabilidade decorrente de deliberação colegial os que não tenham participado ou tenham votado vencidos, mas prevê responsabilidade solidária quando não tenha sido exercido o direito de oposição. Por outro lado, dispõe este artigo 72.º que a responsabilidade não é excluída pelo parecer favorável do órgão de fiscalização, mas já não existirá se o acto assentar em deliberação dos sócios, ainda que anulável.

Nesta matéria de responsabilidade contratual dos administradores para com a sociedade, o artigo 73.º estabelece o princípio da solidariedade entre os administradores responsáveis, embora com regresso na medida das respectivas culpas, que em princípio se presumem iguais. Por seu turno, o artigo 74.º contém diversas regras tendentes a vedar cláusulas estatutárias ou deliberações que pudessem excluir a responsabilidade para com a sociedade: designadamente, a sociedade só poderá renunciar ou transigir se não houver voto contrário de uma minoria igual ou superior a 10% do capital social; e, no que respeita à aprovação anual de contas, esta não tem, em princípio, efeito exoneratório da responsabilidade dos administradores, salvo se os factos de que decorre a responsabilidade tiverem sido expressamente dados a conhecer aos sócios e se, uma vez mais, não houver voto contrário da citada minoria superior a 10% do capital.

---

[5]   Menezes Cordeiro, *Da Responsabilidade Civil...*, p. 494.

Os artigos 75.º e 76.º regulamentam processualmente o exercício da acção de indemnização por parte da sociedade (a chamada acção social *ut universi*). O artigo 77.º contém uma das disposições-chave deste sistema de normas, ao estabelecer que os direitos indemnizatórios da sociedade podem ser reclamados – mas sempre e só a favor da sociedade – em acção intentada por sócios que representem pelo menos 5% do capital social, quando tenha havido inacção da sociedade. É a chamada acção social *ut singuli*, por contraposição à referida acção social *ut universi* proposta pela própria sociedade.

8. Deixando já o campo da responsabilidade (contratual) para com a sociedade, o artigo 78.º, o segundo dos pilares normativos do sistema, estabelece, no seu n.º 1, que, citando, «os gerentes, administradores ou directores respondem para com os credores da sociedade quando, pela inobservância culposa das disposições legais ou contratuais destinadas à protecção destes, o património social se torne insuficiente para a satisfação dos respectivos créditos». Trata-se agora já de responsabilidade extracontratual, no entendimento doutrinal que parece de acolher, sendo certo que, por expressa – e natural – disposição do n.º 3 deste artigo, tal responsabilidade para com os credores, quando exista, não pode ser excluída por renúncia ou transacção da sociedade nem pelo facto de o acto ou omissão assentar em deliberação dos sócios.

9. O artigo 79.º – terceiro dos referidos pilares – prevê que os administradores, gerentes e directores são também civilmente responsáveis para com os sócios e terceiros pelos danos que directamente lhes causem no exercício das suas funções. Trata-se de responsabilidade extracontratual também, que versa apenas sobre os danos directos causados aos sócios ou aos terceiros, não se confundindo, portanto, com a possibilidade atrás referida de reclamação pelos sócios (através da acção social *ut singuli*) da responsabilidade em que o administrador tenha incorrido para com a sociedade. É de notar, ainda, a expressa menção de que esta responsabilidade se rege pelos termos gerais.

10. Este corpo de normas do capítulo VII do Código das Sociedades Comerciais não esgota, naturalmente, o regime legal de responsabilidade civil dos administradores (continuo a usar o termo "administradores" em sentido genérico, englobando gerentes e directores), já que, tratando-se de responsabilidade civil, se aplicará, antes de mais, toda a panóplia de regras, pressupostos e conceitos que regem o instituto da responsabilidade civil em geral – de resto, infelizmente, uma das mais árduas zonas da ciência jurídica, onde a construção doutrinal e jurisprudencial se mostra hoje em profunda revisão, ainda desconexa e inarticulada. É matéria sobre a qual não me alargarei aqui.

Mas, em qualquer caso, e dito em termos propositadamente muito gerais, a responsabilidade civil dos administradores tem sempre de decorrer da *«preterição de deveres contratuais e legais»*, como afirma o artigo 72.º do Código das Sociedades Comerciais, ou da *«inobservância culposa de disposições legais ou contratuais»*, como refere o artigo 78.º do mesmo diploma. Ou seja, e continuando a abstrair de outros requisitos, tem de existir sempre, como pressuposto de responsabilidade, uma *desconformidade entre a conduta do administrador e aquela que lhe era normativamente exigível*.

11. O que é, porém, exigível como conduta aos administradores?

Desde logo, e numa certa medida, a resposta decorre imediata e parcelarmente de numerosos preceitos legais, dispersos não apenas pelo Código das Sociedades Comerciais como por muitas outras disposições de diversos outros diplomas, que impõem este ou aquele concreto dever aos gerentes, administradores e directores.

Neste sentido, por exemplo, e tomando apenas agora a Parte Geral do Código das Sociedades Comerciais, pode dizer-se que os administradores têm o dever de não distribuir bens sociais quando a situação líquida se tornasse inferior à soma do capital e reservas indisponíveis (artigos 31.º e 32.º); que têm o dever de elaborar o relatório de gestão e apresentar contas (artigos 65.º e seguintes); que têm múltiplos deveres informativos e processuais em matéria de fusão, cisão, dissolução e transformação de sociedades (capítulos IX a XIII); que têm certos deveres de publicidade de actos sociais (artigos 119.º e seguintes); etc.

Todos estes – e muitos outros – integram o que se poderá chamar *deveres de conteúdo específico*[6] dos administradores, condutas devidas cujo conteúdo se encontra particularmente definido na lei.

---

[6] Na doutrina italiana, refere-se à classificação deveres gerais/deveres de conteúdo específico como sendo "a única com significado concreto" FRANCO BONELLI, *La Responsabilità degli Amministratori di Società per Azioni*, Milano, Giuffrè Editore, 1992, p. 4. A classificação deveres gerais/deveres de conteúdo específico, usual na literatura estrangeira, não se deve, porém,

A PROPÓSITO DE *CORPORATE GOVERNANCE* E DE DIREITO DAS SOCIEDADES...

Mas não haverá também *deveres gerais* dos administradores – situados para além dos deveres de conteúdo específico ou de que estes representarão por vezes apenas concretização não exaustiva?

IV

12. No título I ("Parte Geral") do Código das Sociedades Comerciais, encontramos um capítulo V intitulado "Administração", com a particularidade de ser composto por um *único artigo*. Esse artigo é o já referido artigo 64.º, com a epígrafe "Dever de diligência", que preceitua:

> «Os gerentes, administradores ou directores de uma sociedade devem actuar com a diligência de um gestor criterioso e ordenado, no interesse da sociedade, tendo em conta os interesses dos sócios e dos trabalhadores.»

Abordando esta disposição legal, o Prof. Menezes Cordeiro faz a seguinte afirmação, que merece a minha inteira concordância:

> «O preceito é fundamental, sendo certo que dele decorre, no essencial, todo o resto.»[7]

Fundamental embora, não é inequívoco para toda a doutrina que o artigo 64.º imponha efectivamente um dever autónomo dos administradores, perguntando-se se, pelo contrário, mais não fará do que estabelecer um *modo* ou

---

confundir com a de deveres específicos/deveres genéricos proposta por Menezes Cordeiro (*Da Responsabilidade Civil...*, p. 494) e respeitante à distinção entre responsabilidade obrigacional e delitual. A deveres gerais se refere também, por exemplo, Josep Oriol Llebot, *Los Deberes de los Administradores de la Sociedad Anónima*, Madrid, Civitas, 1996. No mesmo sentido, cfr. Gaudencio Esteban Velasco, *El Poder de Decisión en las Sociedades Anónimas*, Madrid, Civitas, 1982, pp. 501 e ss.

[7] Menezes Cordeiro, *Da Responsabilidade Civil...*, p. 40.

RESPONSABILIDADE CIVIL DOS ADMINISTRADORES DE SOCIEDADES: OS DEVERES GERAIS...

requisito da actuação para cumprimento de deveres que aos administradores por outra via sejam atribuídos[8].

Não quereria aqui discutir muito este ponto, de natureza profundamente técnica. Mas creio que será difícil deixar de reconhecer que o artigo 64.º – sem embargo de conter um critério de comportamento do administrador válido para o conjunto dos seus deveres – conterá *também* uma fonte autónoma *de determinação da conduta devida*, susceptível de ser autonomamente violado, e, por isso, *fonte autónoma também de responsabilidade civil*[9].

---

[8]   O Prof. ANTUNES VARELA, por exemplo, em "Anotação ao Acórdão do Tribunal Arbitral de 31 de Maio de 1993 (Caso *Sociedade Financeira Portuguesa*)", *Revista de Legislação e Jurisprudência*, ano 126, n.º 3835 (1994), p. 315, refere-se ao artigo 64.º como «preceito bastante genérico e impreciso, mais retórico que realista, destinado a definir o grau de diligência exigível aos responsáveis pela gestão nas sociedades, capaz de interessar ao requisito da culpa, [que] não afasta o requisito da ilicitude requerida da conduta desses agentes».
E o Prof. MENEZES CORDEIRO, discordando de tal ponto de vista, chama-lhe (porventura com alguma dificuldade de compatibilização com a afirmação anterior acima transcrita) *norma parcelar que apenas em articulação com outras permitirá apurar uma regra de conduta*, pelo que «só por si [...] não é susceptível de violação e, daí, de ser tomado como fonte de obrigações de indemnizar» (*Da Responsabilidade Civil...*, pp. 496-497).
Eis a máxima atenção – que em conjunto não somará mais de uma dúzia de linhas – que o artigo 64.º suscitou na nossa doutrina, por parte de dois dos seus expoentes.
A questão tinha merecido alguma consideração no estudo do Prof. RAUL VENTURA e BRITO CORREIA, "Responsabilidade Civil dos...", que, para além do enquadramento teórico mencionado na nota seguinte, pouco mais fazia também do que referir-se à diligência como atitude subjectiva do agente (p. 94) e indicar que o artigo 17.º, n.º 1, do Decreto-Lei n.º 49 381 (antecessor do artigo 64.º do CSC) teve por fonte o § 84 da *Aktiengesetz* alemã de 1965.

[9]   Em primeiro lugar, e no plano teórico, julgo correcto pensar, como sublinham RAUL VENTURA e BRITO CORREIA ("Responsabilidade Civil dos...", p. 96), que a questão da diligência se deve em geral colocar como pressuposto do juízo de ilicitude, concorrendo para a definição do acto devido.
Em segundo lugar, não se pode ignorar que o nosso artigo 64.º – muito embora não sendo tão claro como o preceito do artigo 133.º da *Ley de Sociedades Anónimas* espanhola de 1989, que complementa a disposição geral do artigo 127.º dizendo expressamente que os administradores responderão por actos «*realizados sin la diligencia con la que deben desempeñar el cargo*» – se auto--atribui a definição de um dever, quer na epígrafe, quer no próprio comando ("devem actuar").
Aliás, perante preceito similar do artigo 2392 do *Codice Civile*, a doutrina italiana tem reconhecido que, como notam RAUL VENTURA e BRITO CORREIA, «há referência a um dever geral do administrador cuja violação acarreta responsabilidade» (p. 99, citando PAOLO GRECO, *Le Società nel Sistema Legislativo Italiano*, pp. 314 e ss.). Na doutrina italiana mais moderna, cfr. BONELLI, *La Responsabilità degli...*, pp. 47 e ss.
Não parece, aliás, independentemente da discussão teórica geral sobre o papel da diligência, que possa duvidar-se entre nós da existência de um *dever de administrar* – correspondente

13. Este dever geral de diligência, em diversas ordens jurídicas o mais importante e típico dos deveres gerais dos administradores de sociedades, é, como vimos, o único que aparece individualizado no capítulo V da Parte Geral do Código das Sociedades Comerciais. Poderá, todavia, discutir-se se o conteúdo que lhe está traçado não englobará outros deveres gerais normalmente individualizados noutras ordens jurídicas, como o *dever de lealdade*[10] e o *dever de vigilância*.

Este último – de particular importância como fonte de responsabilidade civil dos administradores – é objecto de expressa referência no artigo 407.º, n.º 5, do Código das Sociedades Comerciais a propósito da responsabilidade dos administradores "não executivos" pela vigilância e actuação do administrador delegado ou da comissão executiva, o que não exclui que o dever de vigilância não exista e vincule todos os administradores mesmo sem haver delegação[11].

É matéria que também não abordarei, deixando apenas anotado que muitas das questões suscitadas sobre dever de diligência são comuns aos demais deveres gerais dos administradores, designadamente no que concerne ao papel da casuística.

---

ao «*desempeñar el cargo*» da lei espanhola – já, aliás, claramente reconhecido pela doutrina espanhola antes da *Ley de Sociedades Anónimas* de 1987 (cfr. JESÚS QUIJANO GONZÁLEZ, *La Responsabilidad Civil de los Administradores de la Sociedad Anónima*, Valladolid, Universidade de Valladolid/Secretariado de Publicaciones e Intercambio Editorial, 1985, pp. 153 e ss.) – ou ao "dever de dirigir a sociedade" do § 76 da *Aktiengesetz* alemã de 1965 – que se afigura disciplinado pelo comando do artigo 64.º.

[10] De que trata sobretudo, nos direitos continentais, a doutrina espanhola; note-se que o artigo 127.º, n.º 1, da *Ley de Sociedades Anónimas* de 1987 lhe faz uma expressa alusão, ao dizer que os administradores «*desempeñarán su cargo con la diligencia de un ordenado empresario y de un representante leal*» (sublinhado nosso).

[11] O dever de vigilância, pelo contrário, aparece especialmente tratado de forma autónoma em Itália, também com uma razão de direito positivo: é que o artigo 2392 do *Codice Civile*, após estabelecer o dever de diligência, diz que, «*in ogni caso*», os administradores têm «*un obbligo di vigilanza sul generale andamento della gestione*». Cfr. BONELLI, *La Responsabilità degli...*, p. 51. Este autor, aliás, considera também o dever de vigilância «*una specificazione dell'obbligo di amministrare con diligenza*» (p. 53) e, bem assim, refere o entendimento generalizado de que o dever de vigilância abrange todos os administradores, mesmo quando não existe delegação.

14. É intuitivo que o dever de actuar ou administrar com diligência, como os demais deveres gerais, não permite predeterminar e definir o comportamento devido pelo administrador de uma forma antecipada e abstracta, não podendo, por conseguinte, dispensar uma determinação em concreto, a apreciar em cada caso pelo tribunal.

É, por isso, da maior importância – sobretudo para quem pensa, como eu penso, que está em causa a determinação da conduta devida – procurar avançar critérios e juízos que possam iluminar com alguma previsibilidade e segurança a insuprimível apreciação do caso concreto, evitando excessos de subjectivismo ou arbitrariedade.

É neste particular – sem esquecer o papel primordial da jurisprudência nacional – que creio que um dos auxiliares e pontos de referência preciosos dos gestores e dos juristas continentais tenderá a ser, cada vez mais, a consideração das muito vivas reflexões e desenvolvimentos que nos últimos anos, sobretudo em Inglaterra e nos Estados Unidos, têm vindo a verificar-se em torno da chamada *corporate governance* (na definição sintética de *Sir* Adrian Cadbury, "sistema pelo qual as sociedades são dirigidas e controladas").

Sem cair na tentação de julgar "importáveis", sem mais, todas as questões e soluções (muitas das quais carecem de adaptação ou são até, no momento presente, dificilmente compatibilizáveis com o sistema jurídico português), julgo, com efeito, que a mundialização crescente da economia e das questões e realidades empresariais, acompanhadas da harmonização de legislações e da generalização da comunicação, tende a aproximar critérios e a esbater fronteiras de apreciação, permitindo um crescente aproveitamento crítico, por cada ordem jurídica, de experiências nascidas ou desenvolvidas noutros países, como é o caso da *corporate governance*.

Para isso tem também contribuído fortemente – e tudo indica que irá continuar a contribuir – a autêntica "revolução" que os anos noventa têm mostrado no comportamento tradicionalmente passivo dos grandes investidores institucionais (*v.g.*, fundos de pensões), cada vez mais presentes em cada vez mais mercados de capitais e empresas, por força da referida mundialização. São estes hoje, com efeito, dos arautos mais tenazes dos novos ventos da *corporate governance*, de uma forma, aliás, por vezes impositiva e quase ditatorial. Veja--se, a este propósito, o exemplo de há muito poucos dias do *CALPERS* (*California Public Employees Retirement System*), que gere activos de 113 mil milhões

A PROPÓSITO DE *CORPORATE GOVERNANCE* E DE DIREITO DAS SOCIEDADES...

de dólares e acaba de anunciar a aprovação dos princípios mínimos da *corporate governance* que passará a requerer (*urge*) que sejam observados pelas sociedades em que participa[12].

O papel da doutrina e destes grandes investidores institucionais é também cada vez mais relevante na litigiosidade respeitante aos *duties of directors* – e à respectiva exoneração –, o que nos traz a ligação com o tema da reflexão de hoje.

Com efeito, a pressão da realidade económica e empresarial sobre as ordens jurídicas existentes não se reflecte apenas no plano da respectiva modificação, mas também no da evolução e entendimento "actualístico" dos respectivos conceitos e institutos – não admirando, evidentemente, que os mais sensíveis e permeáveis venham a ser os de conteúdo mais indeterminado e mais ligado à realidade em mutação.

No que respeita aos deveres gerais dos administradores e à respectiva responsabilidade, não existe, ao contrário do que se passa em muitas zonas de responsabilidade civil profissional, um corpo de "regras de arte" a que se possa recorrer para identificar com maior simplicidade as respectivas violações: a responsabilidade civil dos administradores é ainda, mesmo nos EUA, uma responsabilidade por *negligence* e não por *malpractice*, como a dos médicos, advogados ou outros profissionais[13].

Mas há que permanecer atento aos factores que podem conduzir à evolução e afinação dos conceitos: e poucas dúvidas me restam de que o desenvolvimento da *corporate governance* representa um dos que mais de perto carece de ser seguido.

---

[12] Cfr. *The Wall Street Journal*, de 19 de Junho de 1997. A repercussão que já hoje se sente deste tipo de orientação em países como Reino Unido e França é destacada por ANDRÉ TUNC, "Le Gouvernement des Sociétés Anonymes: le mouvement de réforme aux États-Unis et au Royaume-Uni", *Revue Internationale de Droit Comparé*, 46-1 (*Janvier-Mars*, 1994), pp. 71-72.

[13] Não creio mesmo que seja exacta (ou sequer "tendencialmente exacta", como entende Bonelli) a afirmação de autores como Dyson, segundo o qual é a própria classe dos administradores que, com os seus comportamentos próprios, acaba por determinar o *standard* de diligência que deve ser prestada no desempenho do cargo (RICHARD B. DYSON, "The Director's Liability for Negligence", *Indiana Law Journal*, vol. 40, n.º 3 (*Spring*, 1965), pp. 371 e ss., citado por BONELLI, *La Responsabilità degli...*, p. 50).

15. Em Inglaterra, após os escândalos das grandes *corporate frauds* do final dos anos oitenta, o movimento que acompanhou a criação do *Committee on the Financial Aspects of Corporate Governance*, presidido por *Sir* Adrian Cadbury e que produziu o célebre *Cadbury Report* no final de 1992, deu origem a um *Code of Best Practices* que rapidamente se tornou, embora sem força legal, norma prática obrigatória para as grandes empresas, através da sua incorporação nas *Listing Rules* da Bolsa de Londres, codificadas na actual versão do *Yellow Book*.

Muito recentemente, nos anos de 1995 e 1996, o debate sobre a *corporate governance* tornou-se um *must* nos países continentais, designadamente em França[14], Espanha[15] e Itália[16].

É tempo ideal, pois, para que os contributos que ao direito das sociedades possam ser trazidos pela evolução da *corporate governance* sejam também discutidos em Portugal.

Creio, a este respeito, que, ao lado da organização do poder societário (em que avulta o particular papel que se tende a dar aos administradores não executivos independentes), a matéria dos deveres gerais dos administradores – em particular, do dever geral de diligência – será uma das potencialmente mais férteis.

E julgo que os ensinamentos e reflexões mais fecundos poderão resultar da consideração da experiência dos Estados Unidos, em particular da importantíssima obra do American Law Institute intitulada precisamente *Principles of Corporate Governance: analysis and recommendations*.

---

[14] Cfr., entre muitos, DANIEL HURSTEL, "Est-Il Urgent et Indispensable de Réformer le Droit des Sociétés au Nom de la *'Corporate Governance'*?", *Revue des Sociétés*, ano 113, 4 (*Octobre-Décembre*, 1995), p. 633; na divulgação inicial, cfr. ANDRÉ TUNC, "Le Gouvernement des...", p. 59.

[15] Segundo afirma o Prof. Bisbal Méndez no respectivo prólogo, foi pioneira a obra de ORIOL LLEBOT, *Los Deberes de...* Cfr. também, na mesma esteira, PEDRO PORTELLANO DÍEZ, *Deber de Fidelidad de los Administradores de Sociedades Mercantiles y Oportunidades de Negocio*, Madrid, Civitas, 1996.

[16] Cfr. LUIGI A. BIANCHI, "*Corporate Governance* – Considerazioni introduttive", *Rivista delle Società*, n.º 41 (1996), p. 2; MAGDA BIANCO/P. CASAVOLA, "*Corporate Governance* in Italia: alcuni fatti e problemi aperti", *Rivista delle Società*, n.º 41 (1996), p. 427; PIERGAETANO MARCHETTI, "*Corporate Governance* e Disciplina Societaria Vigente", *Rivista delle Società*, n.º 41 (1996), p. 418; M. COLOMBERA, "Le Regole di *Corporate Governance* nel Regno Unito: il *Cadbury Committee* e il *Greenbury Committee*", *Rivista delle Società*, n.º 41 (1996), p. 440.

Gostaria, pois, para encerrar esta reflexão, de fazer ainda uma alusão a esta obra e ao tratamento que nela é dado ao *duty of care* dos administradores e respectivo *standard* de apreciação nas *business decisions* (*business judgement rule*).

VI

16. Os *Principles of Corporate Governance*, do American Law Institute, são uma obra monumental, publicada em 1994, que representa o resultado de um longo percurso, tendo sido elaborados, em sucessivas versões, durante cerca de 15 anos, com contribuição de muitas dezenas dos mais ilustres juristas americanos, conduzindo a cerca de 800 densas páginas distribuídas por dois volumes.

Havendo sofrido algumas inflexões de percurso durante os seus anos de elaboração – resultantes, sobretudo, de vivos debates entre as correntes doutrinárias defensoras das visões filosóficas *"contratualista"* e *"pluralista"* do direito das sociedades –, os *Principles* agrupam uma miscelânea de textos de diferente natureza, designadamente:

- *restatement rules* (normas formadas em resultado de actividade jurisprudencial, com o valor próprio que tem nos Estados Unidos);
- *model statutory rules*, ou normas legais almejando uma possível codificação;
- *recommendations of corporate practice*, dirigidas às sociedades e destinadas à adopção voluntária por estas.

Por outro lado, e em particular no que concerne à matéria dos deveres dos administradores, os *Principles* contêm também dois tipos de formulações:

- os *models of conduct*, que se pretendem impostos aos administradores;
- os *standards of review*, a serem utilizados pelos tribunais na eventual apreciação das condutas dos administradores, que podem, em certas circunstâncias, afastar-se do *model of conduct* respectivo, designadamente em sentido mais liberal ou permissivo.

17. Na formulação da *section* 4.01 dos *Principles*, o *duty of care* consiste no dever de os administradores desempenharem as respectivas funções com diligência, entendida esta de uma forma que, como assinala a doutrina, se não afasta muito da utilizada na responsabilidade civil delitual, fazendo apelo, como esta, à diligência de uma *"ordinarily prudent person"*.

Ou seja, o *duty of care* considera-se satisfeito se o sujeito agir de boa fé, de modo que repute corresponder ao melhor interesse da sociedade e com a diligência esperável de uma pessoa medianamente prudente colocada nas mesmas posição e circunstâncias[17].

---

[17] É o seguinte o texto integral da *section* 4.01, que compreende o *duty of care* e a expressão, em (c) e (d), da *business judgement rule*:

«a) *A director or officer has a duty to the corporation to perform the director's or officer's functions in good faith, in a manner that he or she reasonably believes to be in the best interests of the corporation, and with the care that an ordinarily prudent person would reasonably be expected to exercise in a like position and under similar circumstances. This Subsection (a) is subject to the provisions of Subsection (c) (the business judgement rule) where applicable.*

1) *The duty in Subsection (a) includes the obligation to make, or cause to be made, an inquiry when, but only when, the circumstances would alert a reasonable director or officer to the need therefor. The extent of such inquiry shall be such as the director or officer reasonably believes to be necessary.*
2) *In performing any of his or her functions (including oversight functions), a director or officer is entitled to rely on materials and persons in accordance with §§ 4.02 and 4.03 (reliance on directors, officers, employees, experts, other persons, and committees of the board).*

b) *Except as otherwise provided by statute or by a standard of the corporation [§ 1.36] and subject to the board's ultimate responsibility for oversight, in performing its functions (including oversight functions), the board may delegate, formally or informally by course of conduct, any function (including the function of identifying matters requiring the attention of the board) to committees of the board or to directors, officers, employees, experts, or other persons; a director may rely on such committees and persons in fulfilling the duty under this Section with respect to any delegated function if the reliance is in accordance with §§ 4.02 and 4.03.*

c) *A director or officer who makes a business judgement in good faith fulfils the duty under this Section if the director or officer:*

1) *Is not interested [§ 1.231] in the subject of the business judgement;*
2) *Is informed with the respect to the subject of the business judgement to the extent the director or officer reasonably believes to be appropriate under the circumstances; and*
3) *Rationally believes that the business judgement is in the best interests of the corporation.*

d) *A person challenging the conduct of the director or officer under this Section has the burden of proving a breach of the duty of care, including the inapplicability of the provisions as to the fulfilment of duty under Subsection (b) or (c), and, in a damage action, the burden of proving that the breach was the legal cause of damage suffered by the corporation.*»

De uma forma analítica, pode dizer-se que o *duty of care* se traduz em quatro principais obrigações[18]:

- *duty of inquiry*;
- *duty to monitor* (o mais dependente, na sua extensão, da organização da sociedade);
- razoabilidade do *iter* decisional;
- razoabilidade da decisão.

O *duty of inquiry* impõe ao administrador o dever de apurar – ou fazer apurar, o que é uma nota importante – as informações que, num critério de razoabilidade, "pareçam a um director comum como necessitando de ser averiguadas", antes de uma tomada de decisão. Creio que a sua inclusão como elemento integrante do dever geral de diligência será válida também no nosso direito – embora porventura não nos mesmos exactos moldes – sendo útil, por consequência, na ausência de jurisprudência portuguesa sobre a matéria, ter presente o entendimento que nos *leading cases* tem sido dado pelos tribunais americanos. Assim, tanto se julgaram responsáveis, no caso *Trans Union Corporation*, administradores que deliberaram uma fusão sem os necessários elementos de informação («*were grossly negligent in approving the sale of company upon two hour's consideration, without prior notice*») como, em contrapartida, se considerou, noutro caso (*Graham v. Allis Chalmers*), que não havia violação do *duty of inquiry* perante actos lesivos do direito de concorrência praticados por empregados, uma vez que «*absent cause for suspicion there is no duty upon the directors to install and operate a corporate system of espionage to ferret out wrongdoing which they have no reason to suspect exists*».

O *duty to monitor* – que tem evidente contacto com o nosso *dever de vigilância* e pode estar ligado ao *duty of inquiry* nas sociedades com distinção entre administradores executivos e não executivos, podendo dizer-se que o dever de vigilância constitui o conteúdo mínimo do dever de diligência quando a generalidade dos poderes de gestão está delegada – consiste no dever de acompanhar e vigiar a gestão da sociedade. No respectivo tratamento judicial, se é por vezes afirmado que o seu cumprimento «*do not require a detailed information*

---

[18] Cfr. FEDERICO GHEZZI, "I 'Doveri Fiduciari' degli Amministratori nei '*Principles of Corporate Governance*'", *Rivista delle Società*, ano 41, n.ᵒˢ 2-3 (1996), pp. 465-531, a p. 487.

of day-to-day activities but rather a general monitory of corporate affairs and policies» (caso *Francis v. United Jersey Bank*), já, por outro lado, merece severos juízos de censura e condenação em hipóteses como o caso *Joy v. North*, onde, a respeito de empréstimos aprovados pelo Citytrust com concentração de risco superior à definida, se julgou que «*[d]irectors who willingly allow others to make major decisions affecting the future of the corporation wholly without supervision or oversight may not defend on their lack of knowledge, for that ignorance itself is a breach of fiduciary duty*».

18. As exigências de razoabilidade no processo de decisão e da própria decisão aparecem-nos particularmente modificadas por um especial *standard of review* quando se trata de decisões empresariais: é a chamada *business judgement rule*.

A função da *business judgement rule* é a de, estabelecendo um alto grau de protecção quanto à responsabilidade dos administradores (embora com sujeição a requisitos formais estritos), procurar evitar que, no processo de determinação das infracções do *dever de diligência*, as decisões empresariais tomadas pelos administradores possam ser substituídas por opiniões dos juízes tomadas *a posteriori*.

Conforme tem sido sublinhado[19], a *business judgement rule* pode analisar-se em quatro requisitos, três dos quais são condições de aplicação, constituindo o quarto a própria regra:

a) Em primeiro lugar, é necessário que a *business decision* tenha sido assumida: embora possa ser «*a judgement either to act or to abstain from action*», a simples omissão de tomar uma decisão não está salvaguardada pela regra (e pode ser penalizada como negligente);

b) Em segundo lugar, é necessário que os administradores envolvidos não tenham um interesse pessoal, ou seja, é necessária a ausência de conflito de interesses;

c) Em terceiro lugar, é necessário que não tenha sido violada nenhuma norma de disciplina do aspecto formal da decisão e, em particular,

---

[19]   Cfr. FEDERICO GHEZZI, "I 'Doveri Fiduciari'...", pp. 494 e ss., e ORIOL LLEBOT, *Los Deberes de...*, pp. 73 e ss. Sobretudo, ver THE AMERICAN LAW INSTITUTE, *Principles of Corporate Governance: analysis and recommendations*, St. Paul, Minnesota, American Law Institute Publishers, 1994, Parte IV, *comment to* § 4.01 (c).

que o administrador se tenha razoavelmente informado, de acordo com as circunstâncias, antes de tomar a decisão;

d) Cumpridos os requisitos anteriores, a *business judgement rule* proporciona um *safe harbour* à responsabilidade civil do administrador, estabelecendo que a decisão não será já apreciada segundo o parâmetro da razoabilidade que vimos ser normalmente exigido pela *section* 4.01 («*reasonably believes to be in the best interest [...], and with the care that an ordinarily prudent person would reasonably be expected to exercise*»), mas segundo um modelo de apreciação muito mais limitado, onde só haverá responsabilidade se a decisão for *de todo "irracional"*.

Por outro lado, a *business judgement rule*, além de substituir o parâmetro normal de aplicação de diligência por um padrão menos exigente, representa também, processualmente, a inversão do ónus da prova: como se diz no caso *Citron v. Fairchild*, «*the business judgement rule is both a presumption (i.e. a burden allocating mechanism for use in litigation) and a substantive rule of law*».

19. Os deveres dos administradores foram contemplados nos *Principles of Corporate Governance* de uma forma que não satisfez integralmente nem a corrente de pensamento *"contratualista"* (que considera que há, até mesmo na *business judgement rule*, ao exigir um grau razoável de informação, uma excessiva limitação da independência e espírito empresarial dos administradores[20]) nem a corrente institucionalista ou *"pluralista"* (que critica como demasiado brandas as soluções em matéria de responsabilidade, nomeadamente nas *business decisions* em que o accionista que pretenda atacar uma decisão dos administradores tem o ónus de provar não só que a decisão é objectivamente irracional ou que o administrador não acumulou um nível suficiente de informação como também que foi a violação do dever de diligência a causa directa do prejuízo sofrido pela sociedade).

---

[20] Diz, a este respeito, WILLIAM J. CARNEY: «*[t]he imposition of liability on directors reduce their incentive to take risks and increases the cost of decision making by encouraging the directors to compile large paper records before making decisions [...]. The bureaucratic approach is the antithesis of the entrepreneurial approach desired by investors*» ("The ALI's Corporate Governance Project: the death of property rights?", *George Washington Law Review*, vol. 61, n.º 4 (1993), pp. 898-953, a p. 925, cit. por FEDERICO GHEZZI, "I 'Doveri Fiduciari'...", p. 471.

20. Seja qual for a opinião de fundo, creio que o que de mais importante e merecedor de ponderação existe na *business judgement rule* – como, de resto, também no tratamento analítico que os *Principles* dão ao *duty of care* e ao *duty to monitor* e *duty of inquiry* naquela contidos – não é tanto a novidade do resultado final como a circunstância de, no interesse da previsibilidade e segurança jurídica dos administradores e de decisões de gestão corajosas e não manietadas, *diminuir a apreciação substancial, substituindo-a por um rigoroso controlo de aspectos formais*, a ponto de se poder dizer que o cumprimento do dever de diligência, nas decisões empresariais, *se transforma na necessidade de observância de um processo (de informação, de ausência de conflito de interesses, de boa fé), mais do que num juízo sobre a decisão em si.*

Este aspecto parece-me de salientar mesmo perante uma ordem jurídica como a nossa, onde o princípio da *insindicabilidade do mérito* das decisões de gestão por parte dos tribunais também é geralmente admitido, porquanto a experiência de outros países, como Itália, onde igual regra de insindicabilidade é afirmada pela doutrina, mostra que nem sempre os tribunais, na ausência de fronteiras formais firmes, resistem à tentação de sobrepor o seu próprio juízo *ex post* ao juízo de quem tomou a decisão de gestão[21].

VII

21. Com as reflexões que precedem, procurei deixar expressa a minha convicção de que, sendo a questão da responsabilidade civil dos administradores uma questão progressivamente séria e preocupante, o estudo e consideração dos chamados "deveres gerais" dos administradores – e, em particular, do

---

[21] A tendência dos tribunais italianos para, embora reconhecendo o princípio da insindicabilidade da decisão de gestão, acabar por tomar decisões baseadas em juízos próprios decorrentes do exame retrospectivo dos actos de gestão é sublinhada por BONELLI, *La Responsabilità degli...*, pp. 67 e ss., criticando diversas decisões judiciais. Particularmente impressiva é uma sentença do Tribunal de Milão de 9 de Julho de 1977, respeitante à aquisição da Banca Unione, onde se afirmou a responsabilidade de um administrador pelo acto «*irrazionale ed avventuroso*» de adquirir uma participação accionista com recurso a financiamento e dando em garantia a própria participação adquirida – acto que, naturalmente, o autor frisa ser, na vida dos negócios, perfeitamente «*normale*», razão pela qual o julgamento lhe causa «*perplessità*».

que entre nós se chama "dever de diligência" e tende a compreender os demais – irá, provavelmente, ser chamado a desempenhar um papel decisivo, pelo lugar fulcral que ocupa na própria determinação do *conteúdo da actuação devida* do administrador.

Julgo, pois, que há que romper com a tradição continental e dedicar, também em Portugal, mais tempo e esforço à questão dos deveres gerais dos administradores e do dever de diligência – sendo essa chamada de atenção o principal motivo desta intervenção.

A esse respeito – como a outros – parece da maior utilidade, sem esquecer que há exageros, excessos formais e múltiplas diferenças dos quadros gerais das ordens jurídicas, atentar na evolução doutrinal e jurisprudencial que, sobretudo nos Estados Unidos, vem sendo desenvolvida e muito profundamente conduzida a propósito da chamada *corporate governance*.

A *corporate governance* chega a ser, para grande parte dos autores que se lhe dedicam – e para o American Law Institute, cujos *Principles* se situam na clara vanguarda da respectiva elaboração –, qualificada como fazendo parte do *Direito Constitucional*, sendo os *Principles* vistos pelo *American Law Institute* como «*a major contribution to the fundamental law of economic system that operate through privately owned business enterprises*»[22].

Há quem, mais restritamente, considere a *corporate governance* como «*a new legal discipline*»[23], sendo talvez mais realista, dados o âmbito, os propósitos e os fundamentos, enquadrá-la no que normalmente se designa por "*law and economics*".

Seja como for, não se trata, ou não se trata apenas, de direito das sociedades: e é esta nota de *interdisciplinaridade* que aqui deixaria sublinhada, num sector onde o direito das sociedades dela pode, sem dúvida, muito beneficiar.

---

[22] A afirmação é de Geoffrey C. Hazard, no *"Director's Foreword"* dos *Principles of Corporate Governance: analysis and recommendations* do American Law Institute.

[23] E. NORMAN VEASEY, "The Emergence of Corporate Governance as a New Legal Discipline", *International Business Lawyer*, 48 (1993), p. 1268.

2. Corporate Governance in EU: a new wave as the dust settles? (Closing remarks)*

Ladies and Gentlemen, Dear Colleagues,

I. Good afternoon.

I am delighted and very honoured to have the opportunity to attend this Congress, and, specially, to have been able to hear, and benefit from, all the communications made in this section dedicated to Corporate Governance and the Legal Practice.

I am sure we have all learned a lot and have significantly enhanced our experiences and reflections with such communications.

I personally would like to thank you all who made this possible.

I was not asked, nor will I try, to make a synthesis of what we have heard during our work of today. Besides that it would overlap with the co-ordination made within each section, our time should rather now be used to jointly debate any points you may select for such purpose.

I would therefore take only a few minutes to go over some highlights on the fascinating challenges – but risks also – that today's powerful movement of ideas and initiatives surrounding corporate governance presents to lawyers and, more widely, to the legal world.

---

* Intervenção proferida no 47.º congresso da *Union Internationale des Avocats* em Lisboa, em Setembro de 2003 (secção *"Corporate Governance and the Lawyer's Role"*).

II. A first delicate issue is, of course, *the issue itself on when and how to consider binding legal regulation* for corporate governance matters.

Being corporate governance not merely a legal discipline, it is indeed crucial that we, lawyers – as well as legislative powers and regulators –, are able at all times to find what are the right legal contributions required, and what type of responses may serve corporate governance key objectives (e.g. *efficiency of corporations and their value enhancement, transparency, accountability*), without going too far or produce overwhelming invasion or disruption.

This is particularly true in what concerns calls for legal regulation, which tend to become stronger not only following corporate scandals, but also as a result of the spreading of more or less "standardised" trends of thought.

I believe this is a point that this Congress has – quite correctly – placed at the very heart of its work.

III. In this regard, many of the interventions in this Congress have widely supported four central approaches of the so-called *Winter II Report*:

- Not recommending a European Code of Corporate Governance, but rather an increased (and non-binding) co-ordination at EU level;
- Recommending that key inputs for codes of corporate governance should continue to come from the markets and their participants;
- Recommending that for each national jurisdiction corporate governance disclosure statements are made by reference to a specific Corporate Governance Code, and on a "comply or explain" basis;
- Recommending that EU companies should be allowed the choice of the board structure (one tier/two tier) that better suits their particular corporate governance and circumstances.

These central recommendations are combined, in the *Winter II Report*, with a restricted set of proposed binding rules, mainly centred on selected areas such as disclosure and shareholders' participation.

Again (and without discussing now the detail of the proposed binding norms), it should be noted that communications to this Congress have also agreed that "transparency" (which also enhances *accountability*) is the key objective of corporate governance more likely to be pursued through mandatory rules, being "corporate efficiency and value creation" the objective in respect to which more freedom of choice and flexibility should normally be left to companies (individually, and within each national legal system) to find their most appropriate solutions themselves.

IV. The above views of the *Winter II Report* are in line with the consultation and conclusions of the comparative study performed for the European Commission by the law firm Weil, Gotshal & Manges in January 2002, where the inconvenience of a European Union-wide code is expressly justified by «the need for corporations to retain a degree of flexibility in governance so as to be able to continuously adjust to changing circumstances» and, furthermore, it was recommended that «harmonisation of law and securities in the areas of disclosure and shareholder participation should take priority».

And, although on a different level, it can be mentioned that recent indications on the work in progress for review of the worldwide highly influential 1999 *OECD Principles of Corporate Governance* appear to show that – after an initial impetus where voices were heard for making the *Principles* more stringent, more explicit or more binding – there is now a firm resolution of the Steering Group not to reopen the *Principles* – which are to remain principles – and not try to make them more directive or prescriptive.

I believe all this, besides showing consistency with the traditional – but sometimes forgotten – principle that in corporate governance "one size does not fit all", goes certainly in the right direction, safeguarding the evolutionary and changing nature of "best practice" recommendations and enhancing also its important function as a laboratory for mature selection of future legal norms.

In this context, I think also that it should be noted the explicit position taken by the European Commission, in its two recent May, 21 2003 Communications on "Action Plan for Modernising Company Law and Enhancing Corporate Governance" and on "Reinforcing Statutory Audit in the EU", in which the Commission expresses a firm determination to move forward, but rejects at the same time "knee-jerk regulatory reactions" and puts forward a list of intentions where development of appropriate studies (including in what respects the "one share/one vote" principle largely, but not entirely, adopted in the so far unsuccessful proposed take-over bids Directive) clearly outnumber the proposed binding initiatives.

V. As we all know, these mainly recommendatory approaches contrast sharply with the type of intervention recently chosen by the United States, where – albeit with the merits of a quick and energetic reaction to a particularly explosive situation – the option by the Sarbanes-Oxley Act for lengthy and detailed binding rules and implementing measures – accompanied, moreover, by a pretension of extraterritoriality – certainly continues to raise important difficulties, particularly to European and other non-US companies and auditors (as noted in the above referred European Commission communications of May 21, 2003) but also to lawyers, who, at US level, are still engaged on ethical debate on issues such as the "up the ladder" and "noisy withdrawal" impositions.

I would like to express my hope that cross-Atlantic consultations under way may lead to closer and more co-ordinated ways of proceeding, as this is vital for successful improvement of corporate governance on a globalised basis.

VI. It is also worthwhile to note – now turning to *corporate governance in the M&A context*, one of the matters of this Congress – that the *Winter II Report's* mainly recommendatory approaches on corporate governance also show a significant difference in respect of the rigid binding regulation proposals made, in respect of an EU Directive on take-over bids, by the *Winter I Report*, of January 2002, with regard to two important corporate governance issues that remain open at EU level:

– The proposal of the mandatory establishment, through an EU Directive, of "break-through" rules imposing, in certain tender offer cases, the mandatory disregard of certain (but not all) otherwise legally allowed corporate constitutional structures or contracts; and
– The proposal of a rigid version of the "passivity rule" for board corporate defensive measures that – here in the inverse sense of the more flexible US approach of the "business judgement rule" and its modified standards – would completely overshadow the separation of powers and the duty of directors to act in the best interests of the company, by prohibiting any defensive action without shareholders' approval.

It is known that, specially the "breakthrough" proposals made by the *Winter I Report* (largely adopted by the European Commission in its 13th Directive proposal, although with unprecedented internal divisions) are in the centre of the controversy that has so far delayed the approval of an EU Directive on take-over bids, and this probably shows that the steps proposed have, at least, failed to create consensus on a level playing field for take-over bids in Europe.

I would like to note, however, the fact that, by Portuguese initiative, new proposals towards at a compromise have been recently put on the table of the EU Finance Ministers for discussion. Let us also expect that positive and more flexible developments may arise.

VII. The second highlight I would like to make today is that *premature or excessive legally binding rules are not, in this field of corporate governance, the only matter of concern.*

We can find a recent example in the business sector reactions, in particular in the May 2003 response of the London Stock Exchange – in its double capacity as listed company and as operator of a stock exchange – in respect of the proposed implementation, in the revision of the UK *Combined Code*, of the recommendations of the *Higgs Report*.

In fact, although fully endorsing the "comply or explain" philosophy of the *Higgs Report* and its substance, the LSE (as well as other market participants) warned that enlarging the obligations of "comply or explain" may – by affecting the practical ability of listed companies to explain to the market in an effective way their own corporate governance specificities – force them, in order to avoid reputational damages, to turn to a "box-ticking" attitude of formal compliance, which the LSE refers is already experienced in UK.

And – maybe even more significantly – the LSE also voiced the concern that the new rules on boards of directors and independence of their members (in particular the lack of recognition of the value of non-independent members), although non-binding, would – I quote – «*threaten the unitary nature of the board, in the way that the Sarbanes-Oxley Act threatens this in the US*».

It appears that these concerns have been heard, and the final draft approved by the Financial Reporting Council has amended key points, including the appointment as Chairman of former CEOs, the role of the senior non-executive director and a warning against box ticking.

But this shows that also "soft law" can not be seen as a risk-free field.

These are also concerns that we can find throughout certain communications made to this Congress, and they certainly deserve a lot of thought from all of us.

And furthermore, turning back to the *Winter II Report*, I would also like to express doubts on whether the expressed inclination to follow normative procedures inspired by to the so-called "Lamfalussy approach", developed for security markets regulations, although with a healthy purpose of flexibility and speed, can indeed be appropriate in such a highly delicate area as corporate governance.

VIII. This leads to the third and final remark I would like to share with you, which respects the need to keep at all times present the *distinction between objectives and instruments, and not seeing instruments as an objective in themselves.*

In fact, when, for instance, we all praise the importance of independence of directors, or some defend separation of Chairman and CEO or the implementation of Board appointment, remuneration and audit committees, we should never lose the perspective that what we are effectively trying to achieve is full and proper exercise of the supervisory function, on one side, and full and proper accountability, on the other side, and, again, that "one size does not fit all", and that there can be alternative and effective ways of insuring the same objectives.

In Portugal, for example – as we have heard in the Portuguese national reports to this Congress –, directors are not only elected, but directly appointed by shareholders (upon initiative that may came from almost any shareholder, with non-significant limitations), with pre- and post-election extensive information requirements, and director remuneration is also by law a shareholders' power, which can only be delegated in a committee of shareholders, directly appointed by the shareholders' meeting.

Also in Portugal, as another example, statutory audit committees directly appointed by shareholders (and in which minority shareholders obtain a seat) are mandatory by law and enjoy wide powers on the control of soundness of financial reporting, although certain listed companies (such as BCP and BES) combine such statutory boards with special audit committees.

Still in Portugal, all of the three companies with largest capitalisation and liquidity have voting caps in their by-laws.

This illustrates that ensuring proper functioning of existing mechanisms in each environment has – at least – to come always side by side with the analysis on whether to complement or replace them, in the light of the proper achievement of corporate governance objectives.

But it shows also the crucial importance of dedicating attention to the central substantive issues – starting, in the very first place, with the treatment of the duties of directors, which certain corporate governance codes do (like the *Principles of Corporate Governance* of The American Law Institute and the Spanish *Aldama Report*) but many others do not.

IX. In concluding, I wonder now whether my words may have sounded as less optimistic or committed.

Please don't get me wrong.

I fully share with most of you the enthusiasm and excitement that the task of enlarging and developing the powerful movement of ideas on corporate governance represents to the business community as a whole and to lawyers in particular.

And I do believe and hope that, with determination and prudence, it will continue to lead, worldwide, to a better corporate world and to more efficient and trustful capital markets.

Thank you very much.

3. Pacote de transparência: aplauso e algumas reservas*

Terminada a discussão pública do chamado "pacote de transparência", é oportuno louvar o empenho que a CMVM vem demonstrando no movimento global de ideias a respeito da *corporate governance* e deixar uma reflexão.

Parece possível detectar hoje, internacionalmente, uma linha prudente de reafirmação de algumas orientações que, em tempos conturbados ou de muita tensão, tendem a ser ultrapassadas ou secundarizadas.

Uma dessas orientações é o princípio basilar de que *"one size does not fit all"*.

Vai nesse sentido a recomendação do *Relatório Winter II*, do final de 2002 (acolhido pela Comissão Europeia no seu Plano de Acção de Maio de 2003), desaconselhando a criação de um código europeu de *corporate governance* e recomendando que cada país desenvolva um núcleo autónomo de princípios e recomendações, ouvindo o impulso dos mercados e reflectindo o respectivo ambiente, legislação e tradição – incluindo a cultura própria das empresas.

Aquele relatório recomenda também que às empresas dos países-membros seja assegurada liberdade de opção entre estruturas dualistas (*two tier*), em que as funções ditas de supervisão e gestão competem a órgãos separados, e estruturas monistas (*one tier*), largamente predominantes entre nós e na maioria dos países europeus, onde, num órgão de administração unitário, essas funções de algum modo confluem, já que em ambos pode existir boa governação. É sabido que, em Portugal, essa liberdade está há muito tipificada na lei (Conselho de Administração ou Conselho Geral/Direcção), para além

---

* Publicado no jornal *Expresso*, de 4 de Outubro de 2003.

da liberdade geral de configuração de modelos estatutários próprios dentro do quadro legal.

A segunda orientação é a de (sobretudo quando o direito societário é, como o nosso, evoluído) não cristalizar apressadamente recomendações de governação em fórmulas rígidas, privilegiando-se a formulação de princípios gerais cuja natureza evolutiva pode também servir de laboratório útil de incubação de futuros desenvolvimentos da legislação societária ou de valores mobiliários. A revisão em curso dos influentes *OECD Principles of Corporate Governance* aponta nesse sentido.

A terceira preocupação é a de dever procurar-se zonas ou *benchmarks* capazes de gerar consensos e adesão substantiva, em lugar de propiciar uma atitude de mero *"box ticking"*, ou seja, de cumprimento formal, ditado pela preocupação de "parecer bem" ou de evitar a necessidade de explicações para as quais nem sempre é fácil atrair a atenção dos mercados (ao que "inquéritos de observância" mecânicos também não ajudam).

É positivo que o projecto da CMVM se proponha melhorar a informação e o exercício de direitos dos accionistas e deixe cair recomendações vigentes que se revelaram inadequadas (como a da composição "proporcional" das comissões executivas). Mas há inovações que suscitam reservas.

Mesmo sem referir a discriminação individual de remunerações (polémica em muitos países), isso sucede na matéria da independência de administradores, onde, *inter alia*, se propõe eliminar a actual afirmação de que «é importante que cada sociedade determine o conceito de administrador independente que seja ajustado às suas características concretas» e criar uma «delimitação negativa do conceito de administrador independente», através de lista vinculativa de exclusões.

Não está minimamente em causa a importância da independência dos administradores. É a forma escolhida que suscita preocupações, em face da particular delicadeza do tema em órgãos de administração unitários e num sistema em que a responsabilidade é, por lei, solidária.

Duvido que haja razões suficientes para alterar a recomendação em vigor, que se centra numa zona (independência perante accionistas dominantes) tida como fulcral na Europa continental. E menos entendível seria que o ajustamento às características de cada sociedade, afirmado pela CMVM como importante em 2001, deixasse de o ser em 2003.

PACOTE DE TRANSPARÊNCIA: APLAUSO E ALGUMAS RESERVAS

A haver alteração, todavia, a forma proposta representaria um retrocesso em relação aos mais recentes padrões internacionais em sistemas com predominância de estrutura unitária, especialmente:

a) Na delimitação negativa, em vez de afirmação positiva e substancial, do conceito de independência;

b) Na desresponsabilização do Conselho de Administração, remetido na prática para o exercício formal de conferir uma lista de exclusões, desvalorizando o dever positivo de juízo próprio sobre a independência dos seus membros;

c) No absolutizar, como factores "cegos" de exclusão de independência, uma lista de circunstâncias (algumas, aliás, discutíveis) que deveriam reclamar (em lugar de dispensar) justificação acrescida.

São três aspectos que contrastam com a recentíssima (Julho de 2003) revisão inglesa do *Combined Code on Corporate Governance* na sequência do *Relatório Higgs*, a qual:

a) Adopta uma noção substancial do conceito de administrador independente (são-no os que forem "*independent in character and judgment*");

b) Comete ao próprio órgão de administração a responsabilidade da qualificação como independente ou não de cada administrador;

c) Contém uma lista de factores susceptíveis de afectar a independência, mas trata-os como factores de risco, estabelecendo que, nessas circunstâncias, se o Conselho de Administração considerar o administrador como independente, deve especificar as suas razões.

Sem esquecer diferenças de enquadramento e soluções decorrentes de sistema jurídico e evolução histórica, crê-se ser esta uma abordagem mais exigente, mas mais correcta, aditando (em vez de substituir) o texto vigente.

A experiência recente inglesa fornece, aliás, um outro elemento de reflexão.

Na verdade, mesmo quando se trata de meras recomendações do tipo *comply or explain* (que podem gerar pressão e sanções sociais tão fortes como as normas legais), a respectiva proliferação não é isenta de riscos.

Também o *Higgs Report* suscitou vivas críticas da comunidade empresarial, tendo o presidente da London Stock Exchange afirmado que as suas propostas, além do risco de «*cement the box ticking approach*», poderiam redundar, quanto ao órgão de administração, em «*threaten the unitary nature of the Board in the way the Sarbanes-Oxley Act threatens this in the US*».

Na versão final do código, o *Financial Reporting Council* atendeu a muitas das críticas e atenuou substancialmente as propostas do *Higgs Report*, o que a *Confederation of the British Industry* louvou, saudando-a como «*a victory for common sense*».

Poderemos nós vir a dizer o mesmo da versão final da reforma da CMVM?

4. O *Action Plan* da Comissão Europeia e o contexto da *Corporate Governance* no início do século XX*

1. A generalização de um certo sentimento de que poderia haver uma "debilidade sistémica"[1] nas estruturas de governo societário à escala internacional – com a correspectiva ideia de que se imporia uma prioridade de restauração de confiança – é talvez um dos factores mais marcantes que poderíamos eleger para caracterizar a evolução deste domínio no início do corrente século.

Na última década do século XX, com efeito, as grandes referências de evolução da chamada *corporate governance* – na definição sintética e clássica de *Sir* Adrian Cadbury, «*the system by which companies are directed and controlled*»[2] – tinham, apesar de tudo, um perfil de algum modo localizado ou circunscrito, contrastando com a explosão a que vimos assistindo nos primeiros anos do século actual.

---

* Publicado nos *Cadernos do Mercado de Valores Mobiliários*, n.º 18 (Agosto, 2004), pp. 72-80.

[1] A expressão é do documento de trabalho da OCDE *Survey of Corporate Governance Developments in OECD Countries*, Janeiro de 2004.

[2] Uma noção mais extensiva é dada nos *OECD Principles of Corporate Governance de 1999*: «*[c]orporate governance involves a set of relationships between company's management, its board, its shareholders and other stakeholders. Corporate governance also provides the structure through which the objectives of the company are set, and the means of attaining those objectives and monitoring performance are determined*».

O Plano de Acção da Comissão Europeia, adiante referido, invoca esta definição, acrescentando, de modo significativo para a orientação que revela: «*Corporate Governance essentially focuses on the problems that result from the separation of ownership and control, and addresses in particular the principal-agent relationship between shareholders and directors*». Cfr. *infra*.

Tinham-no, desde logo, os esforços pioneiros norte-americanos que estiveram na origem dos *Principles of Corporate Governance* publicados em 1994 pelo American Law Institute[3], após um labor de mais de 15 anos.

Também em 1992, na sequência dos escândalos financeiros registados nas empresas do Grupo Maxwell, viu a luz, no Reino Unido, o *Report of the Committee on the Financial Aspects of Corporate Governance*[4], acompanhado de um *Code of Best Practice* e conhecido por *Cadbury Report*, que, representando um marco em escala mais ampla, teve, todavia, origem e contornos muito ligados à experiência britânica, dando, aliás, início a uma fase de especial dinamismo e intensidade de atenção inglesa às questões do governo das sociedades[5].

No final da década de 90, por seu turno, foram mais proximamente os eventos da crise asiática que estiveram na origem da aprovação, em Maio

---

[3] THE AMERICAN LAW INSTITUTE, *Principles of Corporate Governance: analysis and recommendations*, St. Paul, Minnesota, American Law Institute Publishers, 1994. Para uma alusão ao sistema destes *Principles*, três anos após a sua publicação, cfr. JOÃO SOARES DA SILVA, "Responsabilidade Civil dos Administradores de Sociedades: os deveres gerais e os princípios da *Corporate Governance*", *Revista da Ordem dos Advogados*, ano 57, vol. II (1997), que cremos ter sido o primeiro escrito jurídico em Portugal sobre a matéria. As posições que aí exprimissámos sobre a susceptibilidade de, à luz das normas portuguesas sobre deveres gerais dos administradores, serem transponíveis para o nosso direito alguns dos princípios subjacentes à chamada *business judgement rule*, orientações depois retomadas por PEDRO CAETANO NUNES, *Responsabilidade Civil dos Administradores perante os Accionistas*, Coimbra, Almedina, 2001, vieram recentemente a ter reflexo na jurisprudência portuguesa – cfr. sentença da 3.ª Vara Cível, 1.ª Secção da Comarca de Lisboa, *Colectânea de Jurisprudência – Acórdãos do STJ*, n.º 171, ano XI, tomo III (2003).

[4] *Report of the Committee on the Financial Aspects of Corporate Governance*, London, Gee Professional Publishing, 1992.

[5] Para além de múltiplas iniciativas de diversos sectores sociais e dos mercados, algumas delas sob a forma de códigos e regras próprios, como no caso do PIRC (*Pension Investment Research Consultants Limited – Corporate Governance 2000: PIRC's annual review of corporate governance trends and structures in the FTSE All Share Index*, London, PIRC, Novembro de 2000), ao *Cadbury Report* seguiu-se, em 1995, o *Greenbury Report* e, em 1998, o *Combined Code on Corporate Governance*, proposto pelo *Hampel Committee* e adoptado pela London Stock Exchange como referência obrigatória dos relatórios de governo societário das empresas cotadas.
Em Maio de 2003, na sequência dos relatórios elaborados por *Sir* DEREK HIGGS (*Review of the Role and Effectiveness of Non-Executive Directors*) e *Sir* ROBERT SMITH (*Audit Committees – Combined Code Guidance*), ambos publicados em Janeiro de 2003, o *Financial Reporting Council* decidiu a produção de um *Combined Code* revisto, que, após um período de discussão pública, viria a ser aprovado em Julho de 2003 e a entrar em vigor em 1 de Novembro último.

O *ACTION PLAN* DA COMISSÃO EUROPEIA E O CONTEXTO DA *CORPORATE GOVERNANCE* ...

de 1999, dos importantíssimos *OECD Principles of Corporate Governance*[6] – que exerceram especial influência à escala mundial –, os quais, atribuindo-se expressamente um carácter evolutivo e ajustável às circunstâncias, procuraram registar um conjunto de sugestões gerais, subordinadas à ideia directora central de que importava não cercear nem a flexibilidade de ajustamento (que é essencial à competitividade das empresas) nem a responsabilidade dos Estados pelo estabelecimento dos parâmetros normativos e regulamentares por si próprios determinados (que é essencial à função política).

É a partir destes *OECD Principles*, de carácter muito genérico e orientador, que reflexões mais ou menos localizadas se vão disseminando. Mas é significativo atentar que em 1998, conforme estudo-recolha recente[7], só existiam na União Europeia 10 códigos de *Corporate Governance* (dos quais, seis na Grã-Bretanha e quatro nos restantes países). Ou seja, menos de metade dos 25 códigos registados pelo mesmo estudo no final de 2001.

2. A intensa aceleração – quantitativa e qualitativa – que este movimento de ideias e preocupações, que se vinha desenvolvendo essencialmente ao longo da década de 90, viria a sofrer no início do actual século teve origem, como é sabido, nos grandes escândalos financeiros registados nos Estados Unidos da América, surgidos precisamente num momento de particular sensibilidade, no refluxo penoso de uma onda de euforia bolsista abruptamente terminada.

Quantitativamente, o impacto foi muito maior do que qualquer um dos precedentes relativamente circunscritos, sentindo-se muito intensamente à escala mundial.

Qualitativamente, gerou-se, como acima referido, um certo sentimento difuso de insuficiência estrutural do modo como tradicionalmente as empresas societárias organizavam o seu controlo e governo, o que muito influenciou os desenvolvimentos posteriores.

---

[6] ORGANIZATION FOR ECONOMIC COOPERATION AND DEVELOPMENT, *OECD Principles of Corporate Governance*, Paris, OECD Publications Service, 1997.

[7] WEIL, GOTSHAL & MANGES, *Comparative Study of Corporate Governance Codes Relevant to the European Union and Its Member States, on behalf of the European Commission, Internal Market Directorate General*, Janeiro de 2002.
Em Maio de 2003, o *Action Plan* da Comissão Europeia refere já a existência de cerca de 40 Códigos.

3. A reacção ao estado de coisas – ou à percepção dele – posto sob os holofotes globalizados dos mercados internacionais pelos grandes escândalos norte-americanos conduziu a dois grandes tipos de aproximação e intervenção, numa clivagem metodológica e conceptual que ainda hoje constitui um dos grandes desafios do diálogo transatlântico em matéria de *corporate governance.*

Nos Estados Unidos – fortemente pressionados pela necessidade de mostrar uma capacidade de reacção e intervenção enérgica e decidida –, o movimento foi essencialmente de cariz legislativo e regulamentar, tendo como grande expoente, para além da abundante produção normativa e regulamentar da *Securities and Exchange Comission*, o *Sarbanes-Oxley Act*, promulgado em Agosto de 2002. De uma forma geral, visou-se introduzir uma teia regulamentar minuciosa e apertada, regulando pormenorizadamente – não sem sérias dificuldades, como mostram os longos meses que foram necessários para aprovar os *Standards* de *Corporate Governance* da New York Stock Exchange[8] e da NASDAQ[9], propostos, respectivamente, em Agosto e Outubro de 2002 e finalizados e aprovados conjuntamente pela SEC apenas em Novembro de 2003 – desde os requisitos de elaboração e aprovação de demonstrações financeiras e respectiva certificação pelos *CEO* e *CFO* a requisitos normativos rígidos de independência dos administradores, reuniões periódicas separadas de administradores não executivos, composição e funcionamento de comissões de auditoria, aprovação obrigatória de normas de governo societário interno e códigos de ética, independência e incompatibilidade de auditores externos, normas de protecção de alertas internos (*whistle blowing*) e, até, controversos projectos, objecto de sucessivas reanálises, sobre imposição a advogados e assessores internos de obrigações de comunicação a sucessivos escalões hierárquicos (*up the ladder*) e renúncia ostensiva (*noisy withdrawal*).

Trata-se, pois, de uma orientação que se traduz essencialmente na cristalização de entendimentos e soluções através de normas rígidas e minuciosas[10]

---

[8] *New York Stock Exchange Inc. Proposed Rule Change (SR-NYSE-2003-33) to amend the Listed Company Manual, Amendment Nr. 3*, Outubro de 2003.

[9] *National Association Securities Dealer and Nasdaq Stock Exchange, Inc. Proposed Rule Change (SR-NASD-2002-41), Amendment Nr. 5*, Outubro de 2003.

[10] Num pólo de certo modo oposto continua a estar a filosofia de orientação dos *OECD Principles of Corporate Governance*, voltada para a identificação de *benchmarks* gerais e evolutivos,

– e, por outro lado, com forte pretensão de aplicação extraterritorial, não apenas quanto às empresas estrangeiras com valores mobiliários admitidos à negociação em mercados norte-americanos (os *foreign private issuers*) como, por exemplo, na zona de regulamentação da actividade de firmas de auditores externos e respectiva certificação e controlo.

Na Europa, por forte influência inglesa, a abordagem prevalecente continuou a ser, com hesitações embora, e em consonância com a ideia de que «*there is no single model of good corporate governance*»[11], a de que, em matéria de governo societário, "*one size does not fit all*"[12], e, bem assim, com desenvolvimento e multiplicação de iniciativas do âmbito da chamada *soft law*, em que avulta a proliferação dos denominados códigos de governo societário, originados quer

podendo hoje dizer-se que esta posição de princípio resulta de uma reafirmação consciente e deliberada.

De facto, na onda dos escândalos de 2000/2001, os ministros da OCDE resolveram, em Março de 2002, tomar a iniciativa de desencadear uma revisão dos *Principles* à luz dos desenvolvimentos recentes, antecipando a revisita prevista para 2005. E não faltou então quem, no calor da reacção aos eventos recentes, clamasse por uma alteração profunda dos *Principles*, de modo a torná-los mais explícitos, mais detalhados e mais vinculativos.

Não foi esta, porém, a orientação que prevaleceu, e os *OECD Principles of Corporate Governance* revistos que acabam de ser aprovados, no final de Abril de 2004, muito embora contendo adaptações e evoluções, mantém essencialmente – muito por influência da abordagem propugnada pelo *Steering Committee* encarregado de preparar a revisão – a mesma postura de identificação e recondução aos *very basics* que estão na origem do seu prestígio.

A revisão dos *OECD Principles of Corporate Governance* é um dos marcos centrais da evolução recente desta área, tendo sido precedidos de um importante trabalho de pesquisa e reflexão, contido no documento *Survey of Corporate Governance Developments in OECD Countries*, de Janeiro de 2004.

Um dos aspectos que agora se enfatiza, logo na abertura das novas "*Annotations*" que se seguem aos "*Principles*", é o da multiplicidade, interdisciplinaridade e ajustabilidade do quadro global do governo societário, a respeito do qual se afirma:

> «*This corporate governance framework typically comprises elements of legislation, regulation, self-regulatory arrangements, voluntary commitments and business practices that are the result of country specific circumstances, history and tradition. The desirable mix between legislation, regulation, self-regulation, voluntary standards, etc. in this area will therefore vary from country to country. As new experiences accrue and business circumstances change, the content and structure of this framework needs to be adjusted.*»

[11] A expressão é dos *OECD Principles of Corporate Governance*, 1999, mantendo-se na revisão aprovada em Abril de 2004.

[12] O princípio vem, por exemplo, invocado em WEIL, GOTSHAL & MANGES, *Comparative Study of...*, p. 57.

A PROPÓSITO DE *CORPORATE GOVERNANCE* E DE DIREITO DAS SOCIEDADES...

por impulso de organizações governamentais ou públicas[13] quer, no âmbito da chamada auto-regulação[14], por diversas organizações ligadas à sociedade e aos mercados financeiros.

Pedra angular da configuração que esta orientação tem vindo a revestir é uma evolução dupla: por um lado, erigindo em princípio prescritivo essencial, pelo menos para as empresas com valores cotados em bolsa, o da transparência e *disclosure*, tornando obrigatória a descrição do modo como se organiza o seu governo societário; por outro (também sob inspiração inglesa), acoplando essa obrigação de transparência com a referência a um determinado corpo (normalmente nacional) de orientações recomendatórias, relativamente às quais se impõe o dever de declarar conformidade ou explicar divergência: a chamada regra *"comply or explain"*[15].

O primeiro princípio tem merecido, crê-se que justificadamente, aplauso generalizado. O segundo, pese embora a sua disseminação, nem tanto. Uma formulação da sua defesa pode encontrar-se na carta de *Sir* Derek Higgins ao *Chancellor of the Exchequer* e ao *Secretary of State for Trade and Industry* em que remeteu o seu relatório que esteve na origem do *Revised Combined Code* actualmente em vigor:

> «*The Combined Code and its philosophy of "comply or explain" is being increasingly emulated outside the UK. It offers flexibility and intelligent discretion and allows for the valid exception to the sound rule. The brittleness and rigidity*

---

[13] Sobre o fenómeno dos códigos de *corporate governance* e a sua explosão na Europa e fora dela, cfr. PAULO CÂMARA, "Códigos de Governo das Sociedades", *Cadernos do Mercado dos Valores Mobiliários*, n.º 15 (Dezembro, 2002).

[14] Para uma crítica muito aguda, e cientificamente muito elaborada, sobre a compatibilidade da auto-regulação com as ordens jurídicas e os sistemas de fontes de direito de raiz continental, pronunciando-se contra a adopção de códigos de conduta (que considera, porém, valiosos instrumentos para pensar e preparar reformas do direito das sociedades), veja-se, em Espanha, ALBERTO ALONSO UREBA, "El Gobierno de las Grandes Empresas (Reforma Legal *versus* Códigos de Conducta)", *in* GAUDENCIO ESTEBAN VELASCO (coord.), *El Gobierno de las Sociedades Cotizadas*, Madrid, Marcial Pons, 1999, pp. 95 e ss.

[15] É esta também, como é sabido, a actual orientação em Portugal, onde o Regulamento da CMVM n.º 7/2001, modificado pelo Regulamento n.º 11/2003, impõe pela via regulamentar a elaboração de relatórios de governo societário e, bem assim, a expressa declaração de adopção ou não das "Recomendações da CMVM sobre o Governo das Sociedades Cotadas" (igualmente revistas em Novembro de 2003) e a justificação quanto às recomendações não adoptadas.

of legislation cannot dictate the behavior, or foster the trust, I believe is fundamental to the effective unitary board and to superior corporate performance.»

Mas, mesmo em Inglaterra, vozes autorizadas se têm levantado para assinalar que este tipo de abordagem está longe de ser inócuo, e os riscos e limitações que pode comportar, quer no que respeita à geração de consensos padronizados e progressos puramente aparentes, fundados mais na avaliação pragmática dos custos de adopção mecânica de regras em contraposição ao ónus de explicar a sua não adopção (o fenómeno conhecido como *"box ticking"*), quer, ainda, quanto ao risco de limitar o esforço de aproximação aos princípios substanciais ao que resulta do teor literal da recomendação[16-17].

---

[16] São muito significativas as posições tomadas pela London Stock Exchange, por intermédio do seu *Chairman*, Don Cruickshank, na comunicação de 9 de Abril de 2003 dirigida ao *Financial Reporting Council*, como resposta no processo de consulta pública sobre o projecto de *Revised Combined Code*:
  «*A thorough analysis of the proposed rules does not highlight many controversial measures. Indeed few of the proposals can be argued to be counterproductive or wrong in themselves.*»
E, seguidamente:
  «*It is somewhat inevitable that an increased number of rules of a revised Code would cement the box-ticking approach we are starting to experience in the UK. The US experience shows that new rating agencies will probably emerge to prepare company reports alongside the existing scrutiny of NAPF and PIR. There is a danger that long sets of rules create a mindset of "anything is allowed as long as it is not precluded."*
  [...]
  In any system of communication between shareholders and the Board, there is a practical limit to the number of exceptions requiring special explanation, before the overall quality of and confidence in communication is damaged. The key benefits of the current "comply or explain" regime stem from noncompliance being an occasional exception [...]. It is likely that extensive explanations of non-compliance will not be tolerated by shareholders, thereby forcing Boards into technical compliance, rather than considering the best approach to meeting the underlying principles. In other words, companies will resort to box ticking.»
Uma alusão breve a estas questões pode ver-se em JOÃO SOARES DA SILVA, "Pacote de Transparência: aplauso e algumas reservas", *Expresso*, 4 de Outubro de 2003.

[17] O próprio *Revised Combined Code*, aliás, veio a sentir necessidade de expressar, no seu preâmbulo, uma chamada de atenção para que as explicações a respeito da não adopção de recomendações «*should not be evaluated in a mechanistic way and departures from the code should not be automatically treated as breaches*», solicitando aos accionistas, especialmente os institucionais, uma avaliação razoável e cuidadosa.

4. É também à luz deste contexto recente que parece útil fazer referência ao chamado *Action Plan*, divulgado em 21 de Maio de 2003 pela Comissão Europeia[18], que constitui – juntamente com o *Sarbanes-Oxley Act* e demais iniciativas norte-americanas, a revisão dos *OECD Principles of Corporate Governance* e a revisão inglesa do *Combined Code on Corporate Governance* – um dos documentos fundamentais da evolução do último biénio e que mostra, aliás, ter desse contexto clara consciência.

Um primeiro aspecto que a estrutura e os antecedentes do *Action Plan* evidenciam é o de que a consideração conjunta do direito das sociedades e do governo societário presente no seu título resulta menos de uma articulação originária do que de um processo de justaposição.

De facto, em 4 de Setembro de 2001, na sequência do fracasso então registado no projecto de 13.ª Directiva[19], a Comissão Europeia criou um Grupo

---

[18] *Communication from the Commission to the Council and the European Parliament – Modernising Company Law and Enhancing Corporate Governance in the European Union – A plan to move forward*, COM (2003) 284 final, de 21 de Maio de 2003.

[19] *Proposal for a 13th European Parliament and Council Directive on company law concerning takeover bids*, COM (1995) 655 final.

Historiando brevemente – pela relação com a matéria que nos ocupa – o atribulado percurso da 13.ª Directiva sobre sociedades comerciais, incidente sobre ofertas públicas de aquisição, recordar-se-á que a primeira formulação comunitária na matéria constava da proposta de 13.ª Directiva sobre sociedades comerciais apresentada pela Comissão em 1989 (na sequência do *white paper* sobre mercado único de 1985) e revista em 1990. A proposta foi, ao tempo, tida por excessivamente pormenorizada e não obteve acolhimento.

Em consequência, a Comissão apresentou, em 1996, outra proposta de 13.ª Directiva, agora considerada de *harmonização mínima*. A proposta limitava-se a enunciar alguns princípios, deixando grande margem de liberdade aos Estados-Membros. Não era sequer imposta, em termos absolutos, uma oferta obrigatória, em caso de obtenção de controlo. Admitia-se a possibilidade de outros modos de protecção dos accionistas minoritários (artigo 3.º). E não se exigia sequer que a oferta fosse geral, podendo incidir apenas sobre uma parte substancial das participações (artigo 10.º). A proposta foi objecto de apreciação pelo Comité Económico e Social e pelo Parlamento Europeu, em comissões e em primeira leitura. Em consequência, a Comissão reformulou a sua proposta em 1997. Esta tornou-se mais específica, mas continuou a ser de harmonização mínima.

Em 2000, a Comissão e o Conselho adoptaram finalmente uma posição comum, sendo a proposta ainda mais específica. O PE votou diversas alterações à posição comum. Umas foram aceites pelo Conselho, outras não. As divergências fundamentais situavam-se na possibilidade ou não de medidas defensivas autorizadas pelo órgão de supervisão, mas não submetidas a aprovação da assembleia geral da sociedade visada, e na protecção dos trabalhadores. Um Comité de Conciliação do Parlamento e do Conselho conseguiu chegar a um texto de de Alto Nível de Peritos, presidido por Jaap Winter, com o objectivo de estudar e propor regras sobre ofertas públicas de aquisição e, numa segunda fase, estudar e recomendar certas medidas de modernização do direito das sociedades.

Foi só após o escândalo da Enron, nos EUA – e expressamente a propósito dele –, que o Conselho de Ministros de Oviedo, em 14 de Abril de 2002, aprovou a proposta da Comissão para que o mandato do Grupo de Alto Nível de Peritos fosse estendido «*to review further corporate governance and audit issues in the light of the Enron case*». A extensão do mandato deveria incluir «*the role of non-executive directors and of supervisory boards; management remuneration; and the responsibilities of management for the preparation of financial information*»[20].

---

consenso, próximo da posição comum (diferia-se apenas, por cinco anos, a entrada em vigor da necessidade de aprovação pela assembleia geral das medidas de defesa). Mas o PE não o aprovou, tendo-se verificado histórico empate na votação em 4 de Junho de 2001.

Foi este impasse que conduziu a Comissão Europeia a promover o *Relatório Winter I* (*Report of the High Level Group of Company Law Experts on Issues Related to Takeover Bids*, de 10 de Janeiro de 2002), na sequência do qual aquela veio a insistir em nova proposta de Directiva, em 2 de Outubro de 2002, com inabitual divisão interna (quatro comissários dissonantes), cujos projectos de artigo 9.º (sobre medidas defensivas) e artigo 11.º (sobre a desconsideração de certos mecanismos societários, como as limitações de voto e acordos parassociais, em caso de OPA, conhecida como *breakthrough rule*) continuassem a causar viva polémica.

Só após múltiplas revisões e compromissos (com importantes iniciativas portuguesas) se chegou a uma versão muito atenuada, com regime facultativo (*opt out*) na adopção dos artigos 9.º e 11.º, que foi aprovada pelo Parlamento Europeu, em primeira leitura, em 16 de Dezembro de 2003, e pelo Conselho a 30 de Março 2004.

Para algumas das críticas de fundo que a posição da Comissão (e do *Relatório Winter I*) quanto à *breakthrough rule* suscitou, veja-se LUCIAN A. BEBCHUK/OLIVIER HART, "A Threat to Dual--Class Shares – The recommendation of the breakthrough rule fails to recognize its broader implications", *Financial Times*, de 31 de Maio de 2002; PETER O. MÜLBERT, "Make It or Break It: the break-through rule as a break-through for the European Takeover Directive?", *ECGI – Law Working Paper* n.º 13/2003, Setembro de 2003; GERARD HERTIG/JOSEPH A. MCCAHERY, "Company and Takeover Law Reforms in Europe: misguided harmonization efforts or regulatory competition?", *ECGI – Law Working Paper* n.º 12/2003, Setembro de 2003. Crítica de sinal contrário pode ver-se em BARBARA DAUNER LIEB/MARCO LAMANDINI REINIER, "The New Proposal of a Directive on Company Law Concerning Takeover Bids and the Achievement of a Level Playing Field", *European Parliament Working Paper, Legal Affairs Series*, Dezembro de 2002. Uma análise de implicações pode consultar-se em KASPER MEISNER NIELSEN, "The Impact of a Break-Through Rule on European Firms", *European Journal of Law and Economics*, vol. 18, n.º 1 (2004).

[20] As citações são do *press release* da Comissão Europeia de 18 de Abril de 2002.

Esta justaposição ficou patente no relatório do Grupo de Alto Nível, que ficou conhecido como *Relatório Winter II*, o qual veio a agrupar a segunda parte do mandato inicial com a do mandato adicional de 2002[21], e transmitiu-se também ao *Action Plan* (solicitado à Comissão Europeia pelo Conselho de 30 de Setembro de 2002, para dar sequência ao relatório do Grupo de Alto Nível então em finalização).

5. Ainda quanto aos antecedentes do *Action Plan*, cabe referir que a Comissão havia também encomendado um estudo comparativo dos principais códigos de governo societário existentes na União Europeia.

Este estudo[22], concluído em Março de 2002, expressou, como ideias conclusivas principais, que os códigos de *corporate governance* dos países da União Europeia apresentam assinalável similaridade e representam uma força de convergência, o que, conjugado com a necessidade de as empresas reterem flexibilidade de adaptação, faz que não seja de recomendar o estabelecimento de um código de governo societário à escala da União Europeia.

Por outro lado, o estudo frisa que o papel de repositório de grandes princípios comuns de governo societário é já desempenhado, à escala internacional e de forma coerente, fundamentada e consensual, pelos *OECD Principles of Corporate Governance*, pelo que conclui que os esforços da União Europeia deveriam concentrar-se antes:

(i) Na redução de "barreiras de participação", que dificultam o voto transfronteiriço dos accionistas;

(ii) Na redução de "barreiras de informação", que inibem a correcta avaliação do governo de sociedades pelos accionistas e investidores.

6. A estrutura do *Action Plan* é simples e essencialmente programática, começando por uma introdução, uma justificação da iniciativa e uma enunciação dos objectivos políticos essenciais, para depois sumariar o plano de acção proposto.

---

[21] *Report of the High Level Group of Company Law Experts on a Modern Regulatory Framework for Company Law in Europe*, Bruxelas, 4 de Novembro de 2002.

[22] WEIL, GOTSHAL & MANGES, *Comparative Study of...*

Na introdução, a Comissão, após frisar que os objectivos prosseguidos requerem uma aproximação integrada e relembrar as iniciativas anteriores que considera relacionáveis[23], qualifica o *Action Plan* como a sua resposta ao *Relatório Winter II* e enumera os critérios políticos de referência (o respeito por princípios de subsidiariedade e proporcionalidade e a flexibilidade conjugada com firmeza de princípios).

Exprime, depois, a ambição de participar e influenciar a evolução regulatória internacionalmente, aproveitando para sublinhar, quanto ao *Sarbanes-Oxley Act,* que ele «*unfortunately creates a series of problems due to its outreach effects on European companies and auditors*».

E, após justificar a referência aos recentes escândalos financeiros, enumera como dois grandes objectivos políticos do *Action Plan* o reforço dos direitos dos accionistas e a protecção de terceiros e o aumento da eficiência e competitividade das empresas.

7. O Plano de Acção aborda separadamente a *corporate governance* e o direito das sociedades, começando, quanto àquela, por considerar que, sem se mostrar necessário (ou sequer conveniente) um código de governo societário à escala comunitária, será, todavia, preciso completar os contributos não vinculativos dos diversos códigos nacionais através da adopção, no âmbito da União Europeia, de algumas regras essenciais e da coordenação dos códigos de governo societário nacionais. Para tal, considera dever ter-se em particular atenção o recurso a medidas não legislativas e a preferência de normas de transparência de informação (uma vez que estas interferem menos com a vida societária).

É a esta luz que, subsequentemente, o *Action Plan* enumera e calendariza, no seu corpo e em dois quadros anexos, o tipo de intervenção que considera adequado e o grau de prioridade atribuído a cada uma das medidas a adoptar, nos seguintes termos resumidos:

---

[23] São elas o Plano de Acção dos Serviços Financeiros de 1999 (*Financial Services: implementing the framework for financial markets – Action plan,* Comunicação da Comissão COM (1999) 232, de 11 de Maio de 1999), o Plano sobre Divulgação de Informação Financeira de 2000 (*EU Financial Reporting Strategy: the way forward,* Comunicação da Comissão COM (2000) 359, de 13 de Junho de 2000) e o Relatório sobre Responsabilidade Social de 2002 (*Corporate Social Responsibility: a business contribution to sustainable development,* Comunicação da Comissão COM (2002) 347, de 2 de Julho de 2002).

a) Medidas a adoptar em curto prazo (2003-2005):

(i) Reforço da transparência das práticas de governo societário adopta-das pelas sociedades, incluindo a confirmação da responsabilidade colectiva dos membros do órgão de administração pelas informações de natureza não financeira (medida a concretizar por via legislativa, através de directiva).

Neste momento foi já lançado, e decorre até 4 de Junho de 2004, um processo de consulta pela Comissão, através de questionário.

(ii) Melhoria da comunicação e processo de decisão dos accionistas (participação nas reuniões e exercício dos direitos de voto, nomeadamente transfronteiriço) – medida também a concretizar por via legislativa, por meio de directiva.

(iii) Reforço do papel dos administradores não executivos e independentes e dos administradores com função de supervisão (acção a concretizar por via não legislativa, através de recomendação).

A este respeito, um projecto de recomendação da Comissão acaba de ser colocado a consulta pública, em 5 de Maio de 2004[24].

(iv) Estabelecimento de um regime adequado para a remuneração dos administradores (medida a concretizar por via não legislativa, através de recomendação).

Também aqui foi já elaborado um documento preparatório[26], sob a forma de questionário, cujo período de consulta terminou em 12 de Abril de 2004.

(v) Confirmação, no âmbito da União Europeia, da responsabilidade colectiva dos membros da administração pelas declarações financeiras

---

[24] EUROPEAN COMMISSION, INTERNAL MARKET DIRECTORATE GENERAL, *Recommendation on the Role of (Independent) Non-Executive or Supervisory Directors. Consultation document of the Services of the Internal Market Directorate General*, Bruxelas, 5 de Maio de 2004.

emitidas (medida a concretizar também por via legislativa, através de directiva).

(vi) Convocação de um fórum europeu de governo societário para coordenação do esforço dos Estados-Membros em matéria de governo societário (iniciativa não legislativa da Comissão).

b) Medidas a adoptar no médio prazo (2006-2008):

(i) Reforço da divulgação, pelos investidores institucionais, das suas políticas de investimento e voto (a concretizar por via legislativa, através de directiva).

(ii) Possibilidade de escolha, pelas sociedades cotadas, de um dos dois modelos (monista e dualista) de estrutura de administração (a concretizar por via legislativa, através de directiva)[25].

(iii) Reforço da responsabilidade dos membros do órgão de administração (direito de inquérito judicial, actuação em prejuízo de credores, inabilitação de administradores) – a concretizar por via legislativa, através de directiva.

(iv) Análise das consequências de uma abordagem visando uma plena democracia accionista (uma acção/um voto), pelo menos para as sociedades cotadas (medida não legislativa – simples estudo).

8. Para além deste plano de medidas no âmbito da *corporate governance*, o *Action Plan* contempla um conjunto de iniciativas no âmbito do direito das sociedades que excede o escopo formal (que não o âmbito material, dada a manifesta inter-relação) do presente escrito, mas cuja importância cabe destacar, designadamente no que respeita à prioridade de curto prazo de revisão da 2.ª Directiva (visando, *v.g.*, a simplificação dos regimes das contribuições em espécie, aquisição de acções próprias, cancelamento de acções e redução de capital, introdução de acções sem valor nominal, redução do âmbito da proibição de assistência financeira e dos direitos de preferência de accionistas – o

---

[25] EUROPEAN COMMISSION, INTERNAL MARKET DIRECTORATE GENERAL, *Fostering an Appropriate Regime for the Remuneration of Directors. Consultation document of the Services of the Internal Market Directorate General*, Bruxelas, 23 de Fevereiro de 2004.

que não deixa de causar algumas interrogações, tendo em conta tratar-se de princípios que, até hoje, têm constituído pedras basilares da edificação legislativa harmonizada desde o final da década de 60 – e seria conjugado com um estudo de médio prazo sobre alternativas ao sistema de manutenção do capital social), simplificação do regime das fusões e reestruturações, alteração da 10.ª Directiva para viabilizações de fusões transfronteiriças[26] e da 14.ª Directiva sobre transferência internacional de sede social[27], revisão do regime legal dos grupos de sociedades, com acréscimo imediato de transparência, proibição de admissão à cotação de estruturas de grupo utilizando "pirâmides abusivas" e revisão das formas jurídicas de pessoas colectivas, incluindo estudo sobre a criação de sociedades europeias.

Trata-se, como se vê, de um corpo muito significativo de reforma, que, por si só, justifica um estudo e atenção detalhados que aqui se não pode conter.

9. Quanto à *corporate governance*, é naturalmente muito cedo para fazer uma apreciação sistematizada da importante iniciativa que, no plano do governo societário à escala europeia, representa o *Action Plan*. Algumas notas, no entanto, se justificará deixar enunciadas.

A primeira é a de que, quer quanto à *occasio* quer quanto à selecção dos temas, o *Action Plan* (como o *Relatório Winter II* que o precede) se mostra muito marcadamente produto do ambiente pós-Enron.

A despeito, porém, do inerente risco de resultar afectada a frieza e distância propícias à preparação de reformas de fundo, há sinais de ponderação e realismo que importa realçar[28].

Um deles é, seguramente, a ênfase e prioridade atribuídas a matérias que parecem capazes de simultaneamente ser muito consensuais e muito eficazes, como o reforço da transparência e divulgação de informação (incluindo sobre a prática de governo societário e informação não financeira) e o reforço dos

---

[26] Conforme é sabido, esta possibilidade de escolha, recentemente introduzida em França e Itália, está consagrada em Portugal desde o Código das Sociedades Comerciais de 1986.

[27] A respectiva proposta de Directiva, apresentada em Novembro de 2003, foi a primeira medida de execução do *Action Plan*.

[28] O projecto de 14.ª Directiva do Parlamento Europeu e da Comissão sobre a transferência de sede de uma sociedade de um Estado-Membro para outro Estado-Membro com alteração da lei aplicável foi colocado em consulta pública, encerrada em 15 de Abril de 2004.

direitos dos accionistas e condições do seu exercício (incluindo o direito de propor deliberações e colocar questões e a redução dos limites ao exercício dos direitos de participação e voto, designadamente transfronteiriço, bem como o funcionamento das cadeias de depositários e custodiantes).

Trata-se, provavelmente, de área em que é possível esperar que o apuramento de soluções possa proximamente conduzir a soluções legislativas estruturadas e harmonizadas.

Outra nota de ponderação e realismo será, por exemplo, a posição tomada quanto ao princípio *one share/one vote*, que o *Action Plan* agenda como devendo ser objecto de um estudo de médio prazo, resistindo aos apelos frequentemente efectuados com invocação da "democracia accionista"[29] e invertendo de sinal a posição tomada na proposta da 13.ª Directiva. De facto, cremos que uma porventura apressada e certamente imprudente (precisamente por não precedida de um estudo e avaliação profundos e globais, e não meramente sectoriais) adopção de uma das variantes deste princípio (a *breakthrough rule*, proposta no *Relatório Winter I* sob invocação da *"proportionality between risk bearing capital and control"*) esteve no centro de um dos mais penosos fracassos da construção de direito comunitário, reflectido no *Relatório Winter I* e no Projecto de 2002 de 13.ª Directiva, que a recente aprovação desta em versão "aguada" poderá ou não vir a atenuar.

Outro exemplo ainda, agora já no plano das medidas de execução do *Action Plan*, poderá ser visto na abstenção de recomendar a separação das funções de *Chairman* e *CEO*, não obstante se tratar de uma orientação que muitos proclamam como um *must* de bom governo societário, em resultado de a Comissão ter entendido que, havendo vantagens e desvantagens, não era desejável uma recomendação, por não existir consenso claro[30].

---

[29] Expressámos já este ponto de vista em João Soares da Silva, "Corporate Governance in EU: a new wave as the dust settles? (Closing remarks)", secção *"Corporate Governance and the Lawyer's Role"* do 47.º congresso da *Union Internationale des Avocats* em Lisboa, em Setembro de 2003.

[30] Veja-se, por exemplo, a posição da *Association of the British Insurers*, de 6 de Agosto de 2003, no quadro da consulta pública do *Action Plan*, ao expressar que *«[w]e feel strongly that there is a need for a more effective and stronger action to develop a full shareholder democracy. [...] The relegation of this issue to the medium term phase of the Action Plan and to a mere study project is particularly disappointing [...]»* (European Commission, Internal Market Directorate General, *Recommendation on the Role...*, p. 8).

A PROPÓSITO DE *CORPORATE GOVERNANCE* E DE DIREITO DAS SOCIEDADES...

Já no plano da organização interna das sociedades (estrutura e funções do órgão de administração, remunerações, etc.), a impressão que se colhe não é isenta do receio de que – independentemente da maior ou menor defensabilidade das recomendações em si mesmas – se possa incorrer nos riscos, acima aludidos, de exagero no volume recomendatório e falta de prevenção contra consequências perversas do sistema *comply or explain*[31].

Por último, e ainda em relação com a democracia accionista – e com um velho debate do direito das sociedades entre teses contratualistas e institucionalistas –, será de ter presentes as críticas que, designadamente no seio do Parlamento Europeu[32], têm sido dirigidas ao *Action Plan*, por apresentar a questão da *corporate governance* como um problema limitado às relações entre accionistas e administradores, numa visão de que o interesse social se reconduziria ao interesse comum dos accionistas apenas e não também ao interesse da empresa em si, compreendendo o de todos os *stakeholders* (trabalhadores, credores, clientes, fornecedores, organizações sociais, administração pública, etc.), para não referir o interesse geral na continuidade e prosperidade da empresa[33].

---

[31] Pensamos, por exemplo, na longa lista de critérios de falta de independência dos administradores contida no projecto de Recomendação acima citado. Já noutro lugar tivemos oportunidade de expressar preferência pelo sistema do *Combined Code* inglês, onde a lista de factores de ausência de independência, além de mais sucinta, é tratada como de meros índices, cabendo ao *Board* a responsabilidade de analisar a existência ou não de independência dos seus membros, e apenas se impondo um especial dever de fundamentar se algum índice se verificar e a qualificação for de independência. Cfr. João Soares da Silva, "Pacote de Transparência...".

[32] Cfr. as posições da Comissão dos Assuntos Jurídicos e do Mercado Interno (projecto de relatório de F. Ghilardotti, de 30 de Março 2004), da Comissão dos Assuntos Económicos e Monetários (22 de Fevereiro de 2004) e, especialmente, a da Comissão do Emprego e Assuntos Sociais (20 de Fevereiro 2004).

[33] É significativa, a este respeito, a frase do *Action Plan* que citámos na nota 2, *supra*. Uma manifestação desta concepção é também a orientação adoptada na 13.ª Directiva, assente numa perspectiva, muito acrítica, de bondade geral das ofertas públicas, vista de uma perspectiva do contraponto de accionistas e administradores e olvidando, designadamente, os contextos em que as medidas de defesa podem desempenhar um papel positivo na própria protecção dos interesses dos accionistas. A este respeito, advogando a necessidade de um espaço de liberdade do órgão de administração similar ao da *business judgment rule*, Christian Kirchner//Richard W. Painter, "European Takeover Law – Towards a European modified judgment rule for takeover law", *European Business Organizations Law Review*, vol. 1, n.º 2 (2000).

O *ACTION PLAN* DA COMISSÃO EUROPEIA E O CONTEXTO DA *CORPORATE GOVERNANCE* ...

10. Como reflexão final, cremos que muitos dos aspectos focados ilustrarão que um dos principais desafios que enfrenta hoje a problemática, relativamente recente, da *corporate governance*, olhada numa perspectiva jurídica, é ainda, de algum modo, metodológico: qual o lugar do governo societário no sistema de fontes e de normas jurídicas, como organizar a interacção e aprofundamento de reflexões e contributos de origem ou natureza não directamente jurídicas (ciências de gestão, características dos mercados financeiros, ambientes sociais e institucionais, papel das sociedades comerciais enquanto agentes de desenvolvimento económico, etc.) e, sobretudo, como identificar, ponderar, decantar e contemplar os aspectos merecedores de tutela jurídica específica, e por que forma, salvaguardando a flexibilidade e autonomia privada e os interesses legítimos co-envolvidos, com adequada selecção e hierarquização destes.

Por outras palavras, e para usar a recentíssima expressão dos *OECD Principles of Corporate Governance (Revised Text)* de Abril de 2004: como seleccionar e estruturar, nos diferentes planos, a vertente jurídica do *"mix"* que compõe o *"corporate governance framework"*.

A este respeito, pensamos que um papel primordial não pode deixar de caber ao que se pode chamar *subsistema cogente*[34], que se desenvolve sobretudo no âmbito específico do direito societário e direito dos valores mobiliários – continuando, aliás, a crer que, neste domínio, um lugar central deve caber ao apuramento, integração e condições de coercibilidade dos deveres legais dos administradores, sejam eles os deveres gerais, sejam os chamados deveres específicos[35].

O papel central das normas injuntivas foi também reconhecido pela CMVM, aquando da publicação das suas actuais *Recomendações da CMVM sobre o Governo das Sociedades Cotadas*, ao salientar o carácter residual e complementar destas recomendações, decorrente da expressa «convicção de que o sistema jurídico nacional se encontra suficientemente apetrechado

---

[34] Isto tem, aliás, sido salientado pelas agências internacionais de *rating*, que vêm sublinhando a importância da qualidade da envolvente normativa na avaliação do governo societário. Cfr., por exemplo, STANDARD & POOR's, *Standard & Poor's Corporate Governance Scores and Evaluations – Criteria, methodology and definitions*, New York, Standard & Poor's Governance Services, 2003.

[35] Cfr. JOÃO SOARES DA SILVA, "Responsabilidade Civil dos...", p. 627.

com soluções que, sem empregarem esta designação [de *corporate governance*], já dão resposta aos problemas ligados a esta temática».

A consideração deste papel deve constituir razão decisiva, pensamos, para que se reveja, modere e reenquadre a actual tendência para a proliferação de iniciativas de cariz recomendatório (mormente quando associadas a mecanismos de pressão social de observância), as quais, podendo ser utilíssimas no progresso do governo societário – sobretudo como incubação de futuras reformas legislativas e dinamização e disseminação de experiências e influências[36] –, comportam sério risco de redundar em apressadas e algo forçadas (ainda que por via da relativa coacção do sistema *comply or explain*) "boas práticas" e uniformizações formais, sem o conveniente espaço para maturação e enraizamento[37].

---

[36] Cfr. PAULO CÂMARA, "Códigos de Governo...", p. 80.

[37] Conforme no lugar ultimamente citado observámos a respeito da responsabilidade dos administradores nos EUA, ela é uma responsabilidade por *negligence* e não por *malpractice*, como a de certos profissionais liberais, e assim cremos que deve continuar a ser. Por razões paralelas, não acompanhamos PAULO CÂMARA, "Códigos de Governo...", p. 79, quando admite um possível papel de integração de lacunas para os chamados códigos de governo societário.

5. Nótula sobre *passivity rule* e *optimal default* nacional em tempo de revisão da directiva das OPA*

A Miguel Galvão Teles, meu Mestre, patrono, amigo e sócio fraterno
de muitas décadas e inspiração e exemplo de toda a vida

1. A Directiva 2004/25/CE do Parlamento e do Conselho, datada de 21 de Abril de 2004 (doravante "13.ª Directiva", "Directiva das OPA" ou simplesmente "Directiva")[1], teve, ao longo de três décadas de elaboração, uma longa e atribulada história, que é bem conhecida[2].

O seu artigo 20.º contém uma cláusula de revisão com o seguinte teor (citamos da versão inglesa):

---

* Publicado em JORGE MIRANDA *et al.* (coord.), *Estudos em Homenagem a Miguel Galvão Teles*, vol. II, Coimbra, Almedina, 2012, pp. 783-800.

[1] Na versão de língua inglesa, *Directive 2004/25/EC of the European Parliament and of the Council of 21 april 2004 on takeover bids*, publicada no *JO* L 142/12, de 30/03/2004, p. 38, *amended by Regulation (EC) 219/2009 of the European Parliament and of the Council of 11 March 2009*, disponível em <http://ec.europa.eu/ internal_market/company/official/index_en.htm>.

[2] Fizemos uma resenha dessa história, com algumas interrogações sobre o seu desfecho, em JOÃO SOARES DA SILVA, "O *Action Plan* da Comissão Europeia e o Contexto da *Corporate Governance* no Início do Século XXI", *Cadernos do Mercado de Valores Mobiliários*, n.º 18 (Agosto, 2004), pp. 72 e ss.

A PROPÓSITO DE CORPORATE GOVERNANCE E DE DIREITO DAS SOCIEDADES...

> *«Five years after the date laid down in Article 21(1), the Commission shall examine this Directive in the light of the experience acquired in applying it and, if necessary, propose its revision. That examination shall include a survey of the control structures and barriers to takeover bids that are not covered by this Directive.»*

Esta data de revisão, estabelecida a partir da data-limite de transposição fixada no artigo 21.º, n.º 1, era 20 de Maio de 2011.

2. Cumprindo o estabelecido na Directiva, a Comissão Europeia desencadeou o processo de revisão, encomendando, ainda em 2010, um estudo externo à firma Marccus Partners, que foi efectuado em articulação com o *Center for European Policy Studies (CEPS)* e veio a ser publicamente divulgado no final de 2011 (doravante *"Marccus Report"*)[3].

Eram objectivos fixados pela Comissão Europeia a esse estudo externo, designadamente, citando a síntese do mesmo relatório externo:

> *«(i) To analyse the current implementation of the EU Takeover Directive in national laws and in practice;*
> *(ii) To evaluate the view of various market participants on the provisions of the EU Takeover Directive, in particular in comparison with provisions applied in relevant non-EU countries; and*
> *(iii) To determine, in consideration of the situation in relevant non-EU countries, the control structures and barriers to takeover bids that have not yet been addressed by the EU Takeover Directive.»*

3. Na sequência do *Marccus Report*, a Comissão veio a publicar muito recentemente, em 28 de Junho de 2012, o seu Relatório (doravante "Relatório da CE de Junho de 2012") sobre a revisão da Directiva, intitulado *Report from the Commission to the European Parliament, the Council, the European Economic*

---

[3] MARCCUS PARTNERS/CENTRE FOR EUROPEAN POLICY STUDIES, *The Takeover Bids Directive Assessment Report*, Junho de 2002, disponível em <http://ec.europa.eu/internal_market/company/docs/takeoverbids/study/study_en.pdf>.

and Social Committee and the Committee of the Regions – Application of Directive 2004/25/EC on takeover bids[4].

Este Relatório da CE de Junho de 2012 encontra-se agora aberto a comentários e observações que a Comissão solicitou ao Parlamento Europeu, Comité Económico e Social e quaisquer partes interessadas.

4. Para além de todo o intenso debate que precedeu e sempre acompanhou a vida da Directiva, têm surgido também – agora com proximidade ou a propósito da sua revisão pré-estabelecida – diversos inquéritos e estudos recentes importantes[5].

5. O Relatório da CE de Junho de 2012, louvando-se em larga medida no teor do *Marccus Report* (e do inquérito a *stakeholders* e participantes no mercado neste último integrado), sustenta quatro conclusões principais:

a) A primeira é a de entender que, em geral, a Directiva se mostra satisfatoriamente clara e reforçou a protecção dos accionistas minoritários, tendo contribuído positivamente para o correcto e eficiente funcionamento do mercado (embora os *stakeholders* inquiridos manifestassem que não produziu alterações significativas nos Estados-Membros, por muitas das suas disposições já constarem nos respectivos ordenamentos);

b) A segunda, a de que, no que toca às disposições de adopção opcional (artigos 9.º e 11.º, respeitantes à chamada *board neutrality rule* e à

---

[4]   COM (2012) 347 final, disponível em <http://ec.europa.eu/internal_market/company/docs/takeoverbids/COM2012_347_en.pdf>.

[5]   Entre muitos outros, FRESHFIELDS BRUCKHAUS DERINGER, *Reform of the EU Takeover Directive and of German Takeover Law – Survey report*, Novembro de 2011, disponível em <www.freshfields.com>, EDDY WYMEERSCH, "A New Look at the Debate about the Takeover Directive", *Financial Law Institute Working Paper* n.º 2012-05, Ghent University, 2012, disponível em <https://ssrn.com/abstract=1988927>, e GEORGINA TSAGAS, "EU Takeover Regulation: one size can't fit all", *International Journal of Private Law*, vol. 4, n.º 1 (2011), disponível em <http://ssrn.com/abstract=1922295>. Da mesma autora e integrado na onda de reacções que em Inglaterra suscitou o *takeover* da Kraft sobre a Cadbury, GEORGINA TSAGAS, "Reflecting on the Value of Socially Responsible Practices Post Takeover of Cadbury's Plc by Kraft Foods Inc: implications for the revision of the EU Takeover Directive", *University of Oslo Faculty of Law Legal Studies Research Paper Series* n.º 2012-06, disponível em <http://ssrn.com/abstract=2083451>.

breakthrough rule, respectivamente)[6], elas tiveram impacto reduzido, quer por muito diminuta adopção quanto à *breakthrough rule*[7], quer pela subsistência de muitas defesas pré-oferta (que, todavia, o inquérito parece considerar susceptíveis de em geral serem ultrapassadas);

c) A terceira, na esteira de múltiplas críticas doutrinárias que se vinham acumulando[8], que as normas que instituem OPA obrigatória (*mandatory bid rule*), sendo susceptíveis de actuar como desincentivadoras de ofertas públicas, são, neste momento, as únicas que carecem de alguma revisão, designadamente quanto à incerteza e insegurança da noção de *"action in concert"* e à ampla diversidade e discricionariedade do leque de derrogações permitidas pelas diversas leis nacionais, bem como a alguns dos seus tipos;

d) A quarta, pese embora a linguagem trabalhosamente rebuscada, pode talvez dizer-se que é, no fundo, a de que as *normas opcionais não são verdadeiramente necessárias*. Diz-se, com efeito, que, «*although the board neutrality is a relative success, the breakthrough rule was not so successful*»[9], não se tendo verificado a esperada pressão de accionistas para que essas regras opcionais fossem adoptadas, pelo que «*the Directive is not very effective in regulating the use of defensive measures*», vindo a propor-se – com base na justificação expressa de que isso não parece ter trazido obstáculos de maior à actividade das OPA – manter as disposições

---

[6] O Relatório da CE de 21 de Junho de 2012 sintetiza assim as duas regras: quanto à primeira, «*the board neutrality rule (Article 9 of the Directive) provides that during the bid period the board of the offeree company must obtain prior authorization from the general meeting of shareholders before taking any action which might result in the frustration of the bid*». E quanto à segunda, «*the breakthrough rule (Article 11 of the Directive) neutralizes pre-bid defences during a takeover by making certain restrictions (e.g. share transfer or voting restrictions) inoperable during the takeover period and allows a successful offeror to remove the incumbent board of the offeree company and modify its articles of association*». Como referimos adiante, a primeira síntese é pelo menos de exactidão questionável.

[7] O Relatório refere que apenas três Estados-Membros – a Estónia, Lituânia e Letónia – adoptaram a *breakthrough rule* prevista no artigo 11.º da Directiva.

[8] Vejam-se as violentas críticas de EDDY WYMEERSCH, "A New Look...", que ultrapassam em muito os aspectos que o Relatório da CE de Junho de 2012 considera carecerem de revisão, questionando mesmo, além do carácter desincentivador da norma, o próprio bom fundamento da regra de OPA obrigatória em todos os casos em que não há um explícito pagamento de prémio de controlo que deva ser estendido à generalidade dos accionistas.

[9] Ambas as coisas medidas pelo critério simplista do número de Estados-Membros adoptantes.

opcionais actuais inalteradas, de novo com a significativa expressão: «*it does not, therefore, seem appropriate at this stage to propose to make the optional articles of the Directive mandatory*»[10].

6. A avaliar pelo Relatório da CE de Junho de 2012, é muito provável, pois, que as questões em torno da *mandatory bid rule* venham a estar – aliás, a justo título – no centro do processo vindouro de revisão da 13.ª Directiva, mas elas estão fora do objecto do presente trabalho.

Esse objecto é antes a primeira daquelas regras opcionais, a da obrigação de abstenção de medidas susceptíveis de frustrar a oferta pública que impende sobre o órgão de administração da sociedade visada – a *passivity rule*, também por vezes designada como *neutrality rule*.

Tudo apontará, como resulta do exposto, para que esta regra, bem como o seu actual carácter opcional, permaneçam intocados na revisão em curso da Directiva.

Mas não será despiciendo aproveitar o ensejo do debate sobre a revisão da Directiva para alguma brevíssima reflexão sobre, precisamente, a "opção" subjacente à transposição efectuada pela legislação nacional.

7. Embora na última fase já juntamente com a *breakthrough rule* – esta, porém, uma invenção pouco feliz mais recente, trazida à ribalta pelo chamado *Winter Report* de 2002[11-12] –, a *passivity rule* esteve durante décadas no cerne das polémicas, discussões e atribulações do processo de aprovação da

---

[10] O optimismo ou ligeireza do Relatório da CE de Junho de 2012 não se limita, aliás, às normas opcionais. Também no que respeita a alguns dos principais mecanismos dificultadores de OPA actualmente fora do objecto da Directiva, mas que o *Marccus Report* fora encarregado de estudar (as chamadas estruturas piramidais e as participações cruzadas em sociedades), o Relatório desvaloriza sumariamente a relevância num simples parágrafo, dizendo que «*both mechanisms are considered weak defences against takeovers*».

[11] Segundo um projecto colocado em consulta pública pela CMVM no Outono de 2011 (felizmente, ao que parece, deixado cair entretanto), Portugal terá corrido o risco de vir a ter a duvidosa honra de se juntar aos três países bálticos citados como quarto país dos 27 a adoptar a *breakthrough rule*.

[12] JAAP WINTER *et al.*, *Report of the High Level Group of Company Law Experts on Issues Related to Takeover Bids*, Bruxelas, 2002, disponível em <http://ec.europa.eu/internal_market/company/docs/takeoverbids/2002-01-hlg-report_en.pdf>. Trata-se do relatório de um grupo de sábios liderado pelo professor e advogado holandês Japp Winter, encomendado pela CE com vista

13.ª Directiva, que só veio a alcançar a luz do dia através do expediente[13] de a considerar (bem como à *breakthrough rule* e ainda à chamada *reciprocity rule*) regra de adopção opcional pelos Estados-Membros.

Neste equilibrismo pragmático, a Directiva veio a contemplar um complexo encadeado de opções, segundo as quais (artigo 12.º, intitulado *"Optional arrangements"*), no que concerne à *passivity rule*, e muito em síntese:

a) Os Estados-Membros podem escolher não obrigar as sociedades com sede no seu território a adoptar a regra da abstenção de conduta do órgão de administração susceptível de frustrar uma oferta sem autorização da assembleia geral constante dos artigos 9.º, n.ºs 2 e 3, da Directiva;

b) Se fizerem essa escolha (*opt out*) de não aplicação obrigatória da *passivity rule*, os Estados- Membros devem dar às sociedades em causa – em segundo grau de opcionalidade – o direito de optarem elas próprias (*opt in*) pela sua sujeição a essa regra de passividade, opção que é sempre reversível;

c) Se, por alguma das vias anteriores, uma sociedade vier a estar sujeita à regra da passividade do órgão de administração, o Estado-Membro pode, ainda assim, autorizá-la a optar por não aplicar essa regra na hipótese de ser alvo de oferta pública por sociedade que a essa regra não esteja sujeita (excepção de reciprocidade ou *reciprocity rule*).

8. Para efeitos da reflexão a que nos propomos sobre a *passivity rule*, será especialmente relevante centrar a atenção em três disposições da Directiva.

A primeira faz parte das traves-mestras da Directiva e consta do artigo 3.º, n.º 1, alínea c), que consagra os *General Principles* a que os Estados-Membros devem obediência[14]:

à reforma do direito societário no quadro europeu. Abordámos a génese deste relatório em JOÃO SOARES DA SILVA, *"O Action Plan..."*.

[13] Aliás, como se sabe, por sugestão de última hora da delegação portuguesa.

[14] Continuamos no presente a citar a versão inglesa da Directiva. Na versão portuguesa, o artigo 3.º, n.º 1, alínea c), diz: «[o] órgão de administração da sociedade visada deve agir tendo em conta os interesses da sociedade no seu conjunto e não pode impedir os titulares de valores mobiliários de decidirem o mérito da oferta». Salvo o devido respeito, esta tradução não parece reproduzir o exacto sentido da norma e deveria antes ser: "[o] órgão de administração

> *«1. For the purpose of implementing this Directive, Member States <u>shall ensure</u>*
> *<u>that the following principles are complied with:</u>*
> *[...]*
> *(c) <u>the board of an offeree company must act in the interest of the company as a</u>*
> *<u>whole and must not deny the holders of securities the opportunity to decide on</u>*
> *<u>the merits of the bid.</u>»* (sublinhados nossos)

A segunda, em concretização desse princípio geral, é *o próprio enunciado da passivity rule previsto* no n.º 2 do artigo 9.º:

> *«During the period referred to in the second subparagraph, the board of the*
> *offeree company <u>shall obtain the prior authorisation of the general meeting of</u>*
> *<u>shareholders given for this purpose before taking any action, other than seeking</u>*
> *<u>alternative bids,</u> which may result in the frustration of the bid and in particu-*
> *lar before issuing any shares which may result in a lasting impediment to the*
> *offeror's acquiring control of the offeree company.»* (sublinhado nosso)

Finalmente, importará para a exposição subsequente ter presente a norma do n.º 5 do mesmo artigo 9.º, sobre a *obrigatória tomada de posição* do órgão de administração:

> *«The board of the offeree company <u>shall draw up and make public a document</u>*
> *<u>setting out its opinion of the bid and the reasons on which it is based, including</u>*
> *<u>its views on the effects of implementation of the bid on all the company's interests</u>*
> *and specifically employment, and on the offeror's strategic plans for the offeree*
> *company and their likely repercussions on employment and the locations of the*
> *company's places of business as set out in the offer document in accordance with*
> *Article 6(3)(i). [...]»* (sublinhado nosso)

9. Do conjunto destas disposições da Directiva ressalta desde logo uma questão terminológica, que não queremos deixar de assinalar.

---

da sociedade visada deve agir no interesse da sociedade como um todo e não pode impedir os titulares de valores mobiliários de decidirem sobre o mérito da oferta".

De facto, parece de todo *inexacta*, à luz da Directiva, a expressão *"neutrality rule"* que muito frequentemente se emprega em sinonímia com *"passivity rule"*.

Na verdade, se bem atentarmos, a Directiva está muito longe de impor – ou sequer permitir – que o órgão de administração da sociedade visada adopte, perante uma oferta pública que a tenha como alvo, uma atitude *neutral*.

Bem ao invés, *impõe-lhe*, antes, desde logo, como princípio geral, o estrito dever de actuar segundo os interesses da sociedade visada como um todo (*«must act in the interest of the company as a whole»*) e impõe-lhe também que tenha e publicite uma *opinião própria sobre a oferta* – que poderá ser, à luz daquele princípio geral, *favorável, neutra ou desfavorável* à oferta (sendo bem sabido esta última situação ocorrer frequentemente na prática, por vezes de forma violentíssima). E também lhe torna lícito – senão mesmo obrigatório – que (embora só quando considere que uma tomada de controlo através de oferta alternativa serve melhor o *interesse da sociedade como um todo*, como resulta da necessária compatibilização de normas) procure estimular os promotores de uma oferta alternativa (usualmente designada por procura de *white knight*).

Estamos muito longe, pois, de qualquer dever de neutralidade – pelo contrário, existe, para o órgão de administração, um *dever de não ser neutral*, quando seja esse o caminho que exijam os interesses da sociedade como um todo.

O que se passa, verdadeiramente, na Directiva (*recte*, na imposição que esta traz às legislações nacionais que optem por acolher a regra) é algo muito diverso: ainda quando da consideração do interesse da sociedade como um todo resulte o dever de não ser neutral, o órgão de administração está *fulminado* por uma *obrigação de abstenção ou passividade* relativamente à adopção de certas condutas (incluindo aquela que, não fora a obrigação de abstenção, poderia e deveria decidir tomar à luz do interesse da sociedade).

Ou seja, o órgão de administração pode ser, simultaneamente, *aberta e declaradamente contrário* à oferta e obrigado à abstenção de actos que a possam frustrar.

Por isso, preferimos resolutamente adoptar, para aludir a esta regra, a designação de *passivity rule* (obrigação de abstenção ou passividade), afastando a de, embora também muito usada, *neutrality rule*.

10. Há, porém, questões mais importantes do que a terminologia que ressaltam igualmente do mero cotejo das normas acima transcritas.

Na verdade, é manifesto que há uma *evidente contradição* entre o dever fundamental de actuar segundo o interesse da sociedade como um todo – consagrado no artigo 3.º como princípio geral, a que todas as demais normas deveriam ser subordinadas – e a norma subsequente que impõe abstenção ou passividade, pois, mesmo quando a defesa daquele interesse da sociedade exigisse porventura combater uma concreta oferta julgada a elas contrária, o órgão de administração está, pela norma do artigo 9.º, n.º 2 – nas legislações que tiverem optado por aceitar a *passivity rule* –, impedido de o fazer (salvo verbalmente, atacando o mérito da oferta no seu relatório, ou buscando uma tomada de controlo alternativa que seja boa – ou apenas menos má – à luz dos interesses da sociedade).

Neste sentido, e perante esse tipo de conflito, a regra da passividade não poderá deixar de ser vista como *anómala*.

Mas é manifesta também a *origem* da contradição: ela provém do propósito de compatibilizar o princípio geral de que o órgão de administração «*must act in the interest of the company as a whole*» com o outro princípio geral contido na mesma norma do artigo 3.º de que o órgão de administração «*must not deny the holders of securities the opportunity to decide on the merits of the bid*» – ambos consagrados com igual dignidade.

11. A *passivity rule* está longe de constituir uma aberração ou absurdo.

Ela representa, simplesmente, *um dos modos típicos tradicionais* de enfrentar uma questão indiscutivelmente real e importante: a do violento *conflito de interesses* que atinge os administradores da sociedade sujeita a uma oferta pública visando a aquisição do controlo, cujo sucesso, usualmente, representará, com grande probabilidade ou mesmo certeza, a perda dos seus cargos e inerentes benefícios – e o consequente risco de que, na reacção à oferta, o órgão de administração acabe por actuar predominantemente movido pelo interesse próprio no seu insucesso.

Será a melhor reacção para esse problema?

A questão excede o objecto do presente trabalho e tem sido seguramente a mais intensa e apaixonadamente discutida, ao longo das últimas quatro décadas, a respeito das ofertas de aquisição, sobretudo nos Estados Unidos e também crescentemente na Europa – e por isso, aliás, esteve no centro do bloqueio e demora do processo de aprovação da 13.ª Directiva.

Numa síntese muito apertada, e em larga medida, estão antes de mais em causa posições filosóficas e sobre grandes questões de direito das sociedades: a sociedade como instituição ou como nexo de contratos, o interesse da sociedade como correspondente ao interesse dos accionistas ou mais amplo do que ele, a relevância dos interesses dos demais *stakeholders* (trabalhadores, credores, meio social), os accionistas como donos da sociedade ou simples titulares de participações transmissíveis e *residual claims*, bem como questões económicas e políticas relativas ao papel e valor do chamado *mercado de controlo*, frequentemente influenciado pelas susceptibilidades nacionais quanto a operações transfronteiriças.

Outro tipo de questões gerais que influenciam o debate é também ligado aos benefícios que se reconheçam ou não aos *takeovers* (ou ao simples receio ou ameaça deles) como elemento disciplinador da gestão e, bem assim, às diferenças que a respeito deste (e de muitos dos demais) aspecto resultam entre situações de estruturas accionistas muito dispersas no mercado (e tipos de accionistas que as integram) e estruturas accionistas concentradas, ainda quando sem um único accionista maioritário.

Os adversários da regra da passividade esgrimem tradicionalmente, *inter alia*, com o papel e os deveres dos administradores, o seu superior grau de conhecimento e informação (sobre a sociedade, as suas perspectivas e o mérito da oferta), a ineficiência dos mercados, o *bargaining power* que um órgão de administração autorizado a resistir pode ter na elevação do preço da oferta, o risco de prevalência de uma perspectiva de curto prazo com prejuízo dos interesses de longo prazo da sociedade, os riscos de *shareholder coercion* resultantes da incapacidade de acção colectiva coordenada dos accionistas e com o próprio risco de que a proibição de agir perante uma oferta leve a uma maior profusão – e rigidez – de mecanismos de defesa pré-oferta.

Devem, por isso, sustentam, a reacção perante a oferta e mesmo o eventual combate dela ser antes de mais deixados ao juízo próprio em moldes adequados (*business judgement rule*) do órgão de administração, admitindo--se, porque o conflito de interesses é especialmente forte[15], que o *standard* de

---

[15] Embora por vezes se defenda, mas pouco convincentemente, que o conflito de interesses pode ser pelo menos atenuado se se estabelecer uma política remuneratória que compense os administradores em caso de sucesso da oferta hostil.

apreciação deva ser agravado e mais exigente – uma *modified business judgement rule* –, cabendo em última instância aos tribunais fiscalizar a correcção legal do comportamento dos administradores.

Entendem, por seu turno, os defensores da regra da passividade que, havendo que salvaguardar que a decisão final seja dos accionistas, e se há necessariamente um tão óbvio e intenso conflito de interesses dos administradores das sociedades alvo de *takeover*, então a solução deverá ser uma solução radical e, aliás, com a sedução adicional de ser a típica dos conflitos de interesses: proibição absoluta de agir.

Terá também, como todas as soluções radicais, a vantagem de ser relativamente simples e clara – e reduzir a necessidade de intervenção dos tribunais – ainda que à custa da postergação do dever de agir no interesse da sociedade que constitui o núcleo dos deveres dos administradores.

Passivity rule versus modified business judgement rule é, assim, o grande contraponto que na literatura jurídica, económica e de *corporate governance* se vê enunciado, frequentemente também dispondo, embora entendamos que com impropriedade, *shareholder's primacy versus director's primacy*.

12. Nos Estados Unidos, a polémica foi especialmente acesa a partir dos anos 80, no auge de intensa actividade de *takeovers*, e está longe de esgotada.

Do ponto de vista doutrinário, foi e continua especialmente pujante uma grande corrente, sobretudo de académicos, que sustentaram e desenvolveram a tese da defesa da passividade do órgão de administração e inadmissibilidade do *board veto*[16], opondo-se-lhe, em vivíssimo debate, outra corrente de pensamento, onde obteve proeminência Martin Lipton, um nome lendário da advocacia societária americana (e inventor de um dos mais eficazes

---

[16] Veja-se, 20 anos depois, uma panorâmica do debate na obra central de LUCIAN A. BEBCHUK, "The Case Against Board Veto in Corporate Takeovers", *University of Chicago Law Review*, vol. 69 (2002), pp. 973-1035 (2002), disponível em <https://ssrn.com/abstract=314703>. Este autor começa por referir-se à fundamentação da tese na obra clássica de FRANK H. EASTERBROOK/DANIEL R. FISCHEL, "The Proper Role of a Target's Management in Responding to a Tender Offer", *Harvard Law Review*, vol. 94, n.º 6 (April, 1981), pp. 1161 e ss., que defendia a completa passividade, aludindo depois à sua própria defesa de que deveria ser permitido ao órgão de administração solicitar ofertas alternativas, em LUCIAN A. BEBCHUK, "The Case for Facilitating Competing Tender Offers", *Harvard Law Review*, vol. 95, n.º 5 (*March*, 1982) pp. 1028-1056, a pp. 1054-56.

mecanismos de defesa, a chamada *poison pill*), defendendo que é direito e dever do órgão de administração poder decidir apoiar ou combater ofertas, como *gatekeeper* do interesse social[17-18].

A orientação prevalecente no ordenamento jurídico norte-americano veio a consolidar-se neste último sentido, muito por influência e actuação dos tribunais do Estado do Delaware, onde se concentram as sedes de muitas das principais sociedades americanas cotadas[19].

As orientações jurisprudenciais consagradas no Estado do Delaware foram cristalizadas em duas decisões fundamentais:

a) No caso *Unocal* (*Unocal Corp. v. Mesa Petroleum Co.*), decidido em 1985, o *Delaware Supreme Court* (após decisão inicial contrária do *Delaware Court of Chancery*) decidiu serem lícitas medidas de combate a oferta decididas pelo órgão de administração, mas que os administradores têm o ónus de demonstrar *(i)* que uma apreciação e investigação de boa fé os levou a considerar que a oferta representava uma ameaça «*to the corporate policy and effectiveness*» e *(ii)* que as medidas defensivas usadas são razoáveis e proporcionadas («*reasonable in relation to the threat posed*»). Para essa avaliação, o Supremo Tribunal entendeu que os

---

[17] Cfr. MARTIN LIPTON, "Twenty-Five Years After 'Takeover Bids in the Target's Boardroom': old battles, new attacks and the continuing war", *Business Lawyer*, vol. 60, n.º 4 (2005), disponível em <https://ssrn.com/abstract=2017093>. A obra clássica inicial aí referida é MARTIN LIPTON, "Takeover Bids in the Target's Boardroom", *Business Lawyer*, vol. 35 (1979-1980), pp. 101 e ss., considerada por BEBCHUK, "The Case Against...", p. 975, como a verdadeira iniciadora do debate dos anos 80.
Este autor – que se mantém muito activo, aos 81 anos, designadamente em *blog* da Harvard Law School – voltaria diversas vezes à liça após o seu artigo nuclear inicial.

[18] Outros autores, embora em menor número, têm procurado defender posições mitigadas, visando discernir casos em que a abstenção da oferta pelo órgão de administração seria admissível de outros em que o não seria. Cfr. ARTEM SHTATNOV, "Just Say No: the effects of Delaware antitakeover law on shareholder wealth", 2011, disponível em <https://ssrn.com/abstract=1860316>.

[19] Esta concentração de sedes de sociedades no Estado do Delaware, motivada por legislação estadual tida como mais *friendly*, foi, ela própria, objecto de controvérsia, discutindo-se se a arbitragem de localização pelas sociedades é uma *race to the bottom* ou uma *race to the top*. Cfr., entre outros, JOHN ARMOUR/DAVID A. SKEEL JR., "Who Writes the Rules for Hostile Takeovers, and Why? The Peculiar Divergence of US and UK Takeover Regulation", *Faculty Scholarship Paper* 687 (2007), disponível em <http://scholarship.law.upenn.edu/faculty_scholarship/687>.

administradores podem ter em consideração factos como a existência de *shareholder coercion,* a inadequação do preço oferecido, questões de legalidade, o impacto em *stakeholders* diversos dos accionistas, como os trabalhadores, credores e clientes, o risco de não concretização e a qualidade da contrapartida em espécie oferecida. O Tribunal rejeitou explicitamente que houvesse um dever de abstenção ou passividade impendendo sobre os administradores, mas considerou – um dos seus aspectos mais relevantes – que, perante o risco de conflito de interesses, a apreciação judicial da licitude da defesa em face dos *fiduciary duties* dos administradores deve ser mais exigente, aplicando-se um *enhanced scrutiny,* uma *modified business judgement rule,* mais severa e estrita do que a normal *business judgement rule;*

b) No caso *Revlon (Revlon v. Mac Andrews and Forbes Holdings, Inc.),* de 1986, o *Delaware Supreme Court* considerou, porém, que, uma vez chegadas as coisas a um estado em que se torne certo que a sociedade vai inevitavelmente ser adquirida, então o órgão de administração deixa de poder atender a quaisquer outros interesses, ou sequer à própria protecção da empresa societária, e fica limitado exclusivamente a procurar que a venda ocorra ao melhor preço possível para os accionistas.

E as linhas jurisprudenciais definidas por estes dois arestos fundamentais mantêm-se (com afinações pontuais trazidas por um ou outro caso concreto) como as grandes orientações prevalecentes nos EUA, não obstante permanecerem também muito vivas as críticas e oposição da corrente doutrinária adversa a que acima aludimos[20].

---

[20] Para melhor descrição da *business judgment rule* aplicada às transacções de controlo, veja-se a obra monográfica de DENNIS J. BLOCK/NANCY E. BARTON/STEPHEN A. RADIN, *The Business Judgment Rule: fiduciary duties of corporate directors,* vol. I, Gaithesburg, Aspen Law & Business, 1987, pp. 637 e ss. Um balanço crítico e proposta de modificação da jurisprudência *Unocal* é feito por RONALD J. GILSON, "Unocal Fifteen Years Later (And What We Can Do About It)", *Columbia Law School Working Paper* n.º 177 (*June,* 2000), disponível em <https://ssrn.com/ abstract=235417>, com contundente resposta de MARTIN LIPTON, "Pills, Polls and Professors: a reply to Professor Gilson", *New York University Center for Law and Business Research Paper* n.º 01-006 (*April,* 2001), disponível em <https://ssrn.com/abstract=268520>.
Sem aqui poder desenvolver o tema, é, no entanto, importante notar que mesmo autores que continuam, após *Unocal,* a defender vigorosamente a regra da abstenção, acabam por se ver forçados a defender modelações. Por exemplo, na obra fundamental acima referida, LUCIAN

13. Em Inglaterra, as coisas estabilizaram relativamente mais cedo e com um panorama de discussão bastante menos agitado, com origem remota num caso célebre.

No final de 1958, a batalha pelo controlo da British Aluminium, entre a Reynolds e a Alcoa, teve uma intervenção inesperada de um sindicato de instituições bancárias da *City* aliado ao *management* da BA em favor da Alcoa, com invocação do interesse nacional e da permanência do *target* em mãos britânicas, vindo essa estratégia a sofrer uma estrondosa derrota (com um coro intenso de críticas ao comportamento da administração, que teria actuado com menosprezo dos interesses dos accionistas, que vieram a aceitar massivamente a oferta da Reynolds).

A onda gerada por este caso originou uma forte tomada de posição de investidores institucionais através da *Association of Investment Trusts*, no sentido de que «*it is wrong for directors to allow any change in control or the nature of the business without referring to shareholders*», orientação que prevaleceu na elaboração, nos anos subsequentes, sob a égide do *Bank of England*, do *City Code on Takeovers and Mergers*, que permaneceu até hoje (com algum retoque formal e de natureza em 2008, por via das necessidades de transposição da 13.ª Directiva) como grande corpo normativo regulador da actividade das ofertas públicas[21].

Só há muito pouco os alicerces do *City Code* abalaram limitadamente, na esteira da onda de críticas que rodeou em 2009 a tomada de controlo de uma das mais tradicionais empresas britânicas, a Cadbury pela multinacional Kraft Foods, com profunda alteração do seu perfil cultural tradicional e incumprimento de alguns anúncios de intenção feitos pelo oferente, nomeadamente em matéria de preservação de fábricas em Inglaterra e de níveis de emprego.

A. BEBCHUK, "The Case Against...", este autor, que enumera e rebate, ponto por ponto, os argumentos da corrente defensora da licitude de defesa do órgão de administração, sustenta que é *pre-requisite* dessa sua posição que possa estar assegurada uma *undistorted shareholder's choice*, acabando por sustentar que, para assegurar esse pré-requisito, pode ser aconselhável e lícito um bloqueio temporário da oferta pelo órgão de administração.

[21] Esta resenha histórica é retirada de JOHN ARMOUR/DAVID A. SKEEL JR., "Who Writes the...".

Essa reacção, com forte eco no Governo, no Parlamento britânicos e na opinião pública, esteve na origem da recente, mas algo tímida, reforma do *City Code* em 2010, num sentido geral *target friendly* de maior protecção dos interesses da sociedade-alvo em diversos aspectos (clarificação de que os interesses a prosseguir pelo órgão de administração não estão circunscritos à obtenção de melhor preço, na esteira do «*interest of the company as a whole*» da 13.ª Directiva, regras mais exigentes dos chamados *shadow bids* através de maior exigência da regra *put up or shut up*, proibição geral das chamadas *deal protection measures*, designadamente os *inducement fees*, etc.)[22].

14. O prestígio granjeado ao longo de décadas pelo *City Code on Takeovers and Mergers* levou a que ele tenha servido manifestamente de modelo na elaboração da 13.ª Directiva, que recolheu muitas das suas orientações e regras, entre as quais a *passivity rule* – embora despertando, a propósito desta, uma vaga de dúvida e reacção em diversos países, que levou a que não pudesse ser consagrada senão com o assinalado carácter opcional.

Tal como já havia, antes mesmo da Directiva, influenciado diversas legislações europeias, levando designadamente a que várias delas – porventura com menor grau de ponderação das diferenças dos seus mercados relativamente ao mercado inglês – adoptassem a *passivity rule* na sua ordem interna, entre elas Portugal, logo a partir do Código do Mercado de Valores Mobiliários de 1991.

Mas a verdade é que, no que se refere à *passivity rule*, embora a escolha de *opt in* tenha sido feita por uma maioria numérica de países, o *opt out* – eleição de não aplicar na ordem interna a *passivity rule*, não impondo ao órgão de administração obrigações de abstenção diversas ou contrárias das que possam resultar da disciplina dos seus direitos e deveres decorrentes da lei societária interna – foi, e continua a ser, a escolha de legislações europeias tão importantes como as da Alemanha, Holanda, Bélgica, Dinamarca, Luxemburgo e Polónia.

---

[22] Pode ver-se notícia mais desenvolvida desta reforma de 2010 no *Marccus Report* (MARCCUS PARTNERS/CENTRE FOR EUROPEAN POLICY STUDIES, *The Takeover Bids...*) e em, entre diversos outros, G. TSAGAS, "Reflecting on the...", predominantemente numa perspectiva de chamada de atenção para as lacunas do *City Code* e da Directiva em matéria de protecção da responsabilidade social.

15. Conforme já referido, não é propósito do presente texto procurar defender uma escolha entre o regime *anómalo* (mas alegadamente necessário) da *passivity rule* e o regime *normal* (mas alegadamente insuficiente) de actuação do órgão de administração no quadro exclusivo da disciplina traçada pela lei societária. Não queremos esconder que, reconhecendo embora vantagens de segurança e certeza na regra radical de passividade absoluta – ao jeito de quem defende que cortando preventivamente as mãos a um potencial ladrão se dificultará que eventualmente roube no futuro – e reconhecendo mesmo que a solução alternativa depende de tribunais muito preparados e eficazes, nos impressiona sobremaneira que essas vantagens sejam alcançadas à custa da *entorse violenta no sistema de normas* que representa a forçada postergação dos deveres dos membros do órgão de administração de actuar no interesse da sociedade – muito mais quando pensamos numa ordem jurídica como a portuguesa, onde a lei (artigo 64.º do Código das Sociedades Comerciais, na Reforma de 2006) comina aos administradores um dever de lealdade «no interesse da sociedade, atendendo aos interesses de longo prazo dos sócios e ponderando os interesses dos outros sujeitos relevantes para a sustentabilidade da sociedade, tais como os seus trabalhadores, clientes e credores».

Seja como for, o que agora nos move é antes e apenas procurar aproveitar o ensejo aberto pelo processo de revisão da Directiva para suscitar o repensar do quadro de opcionalidade adoptado pela lei portuguesa – quadro que, conforme já referido, comporta um *degrau duplo* de opções situadas uma no plano da lei e outra no de cada sociedade.

16. Numa obra célebre sobre *optimal defaults* a considerar pelos legisladores em caso de dúvida ou incerteza, Bebchuk e Hamdani sustentam com brilho que, «*when public officials must choose between two or more default arrangements and face significant uncertainty as to which one would best serve shareholders, they should err in favor of the arrangement that is less favorable to managers*»[23].

---

[23] Lucian A. Bebchuk/Assaf Hamdani, "Optimal Defaults for Corporate Law Evolution", *Northwestern University Law Review*, vol. 96, n.º 2 (2002), pp. 489-520, disponível em <https://ssrn.com/abstract=293585>.

Sem discutir aqui o mérito e as limitações da tese em abstracto – nem a impropriedade da contraposição entre accionistas e administradores –, há, porém, vários elementos que nos inclinariam sempre a duvidar do bem fundado da sua aplicação à situação que nos ocupa, a que seguidamente – sem poder aqui desenvolver o tema, como sem dúvida se justificaria – fazemos breve e quase telegráfica alusão.

O primeiro destes elementos é desde logo o de que duvidamos seriamente de um princípio e ponto de partida que enforma toda a 13.ª Directiva: o de que se possa afirmar um princípio de "bondade" geral das OPA.

Já o afirmámos noutro lugar[24]. Mas é muito significativo notar que é agora o próprio Relatório da CE de Junho de 2012 que, depois de enunciar o de *"Facilitation of Takeover Bids"* como um dos objectivos fundamentais da Directiva (apocrifamente, pois em vão o procuraríamos no texto da Directiva, mas com indesmentível verdade substancial), vem afinal a, na esteira do *Marccus Report* e do Estudo da *CEPS* a ele anexo, *abrir uma surpreendente brecha* ao escrever:

> *«More generally, economic analysis shows that although takeover bids promote economic efficiency in theory, this is not always the case in practice because the conditions of rational behaviour, fully informed market participants and absence of transaction costs are not always met (e.g. takeover bids might be made for empire building purposes and shareholders might face incomplete information, high transaction costs and pressure to tender).»*

Por isso se têm ouvido opiniões na doutrina não apenas reclamando a transposição para o âmbito europeu da *modified business judgement rule*[25], mas sobretudo – e por vozes especialmente autorizadas como a de Luca Enriques[26] –, a reclamar uma *neutral approach* na legislação europeia.

---

[24] João Soares da Silva, "O *Action Plan*...".

[25] Cfr., com algumas limitações de operacionalidade evidentes, Christian Kirchner/ /Richard W. Painter, "European Takeover Law – Towards a European modified business judgment rule for takeover law", *European Business Organization Law Review*, vol. 1, n.º 2 (*June*, 2000), pp. 353-400, disponível em <https://doi.org/10.1017/S1566752900000185>.

[26] Luca Enriques, "European Takeover Law: the case for a neutral approach", *University College Dublin Working Papers in Law, Criminology & Socio-Legal Studies Research Paper* n.º 24/2010 (2009), disponível em <https://ssrn.com/abstract=1523307>.

Em segundo lugar, importa atentar que, ao contrário do por vezes sugerido até na terminologia corrente (e por isso recusámos acima a propriedade do contraponto entre *shareholders supremacy* e *management supremacy*), um regime que autorize a actuação defensiva do órgão de administração não o autoriza por isso – muito menos necessariamente – a postergar o direito dos accionistas de decisão última sobre a aceitação da oferta, antes simplesmente reconduz o dever de não postergar esse direito aos quadros e regras gerais do direito societário aplicável, designadamente ao quadro dos deveres fundamentais dos administradores.

Ou seja, como têm salientado diversos autores, *os princípios são essencialmente os mesmos*[27], sendo a *passivity rule* apenas uma *técnica diferente* de os servir.

Basta atentar no que acima se disse quanto aos acórdãos *Unocal* e *Revlon* nos Estados Unidos para verificar facilmente que, longe de permitirem arbitrariedade, eles são particularmente exigentes no que respeita precisamente à observância dos *fiduciary duties* pelos administradores quando confrontados com uma oferta pública.

Em terceiro lugar, e articulando estreitamente com o ponto anterior, tem também sido insistentemente posto em evidência pela melhor doutrina que – ao contrário do que se passa nos Estados Unidos, em que os direitos de intervenção e voto dos accionistas, designadamente na eleição e destituição de administradores, são ainda limitados e onde a combinação entre *staggered board* e *poison pill* representa uma combinação de medidas de defesa quase inultrapassável (embora com restrições que a jurisprudência lhe vai apondo, como o veto das chamadas *dead hand poison pill*, insusceptíveis de modificação por um novo *board*) – a generalidade das ordens jurídicas europeias disciplina os poderes dos administradores e dos accionistas de modo a impor um grau de controlo por parte destes[28] que impossibilitaria, já por si, muitos dos abusos que a *passivity rule* visa, de forma radical, evitar.

---

[27] Cfr., entre muitos outros, Marco Ventoruzzo, "The Thirteenth Directive and the Contrasts between European and U.S. Takeover Regulation: different (regulatory) means, not so different (political and economic) ends?", *Bocconi Legal Studies Research Paper* n.º 06-07 (2005), disponível em <https://ssrn.com/abstract=819764>.
[28] Muito especialmente em legislações, como a portuguesa, em que os accionistas podem destituir *ad nutum* e substituir os administradores a todo o tempo por maioria simples.

Isto tem sido reconhecido mesmo no próprio Reino Unido – onde a actuação dos administradores está severamente limitada pela doutrina do *proper purpose* e entendimentos judicialmente definidos[29] –, mas é-o mais ainda em ordens jurídicas continentais[30].

Em quarto lugar, e ainda de muito perto ligado aos dois anteriores, será particularmente impressivo para um observador português atentar na realidade da crítica feita por muita doutrina internacional de que a *passivity rule* pode estimular a subsistência e uso de mecanismos de defesa (ou mecanismos diversos, mas susceptíveis de em certas circunstâncias funcionarem como tal) em termos bem mais fortes e adversos para uma oferta pública – incluindo no que concerne a uma limitação ou denegação prática do direito fundamental dos accionistas de se pronunciarem sobre a oferta – do que aqueles que seriam permitidos ao órgão de administração na ausência da *passivity rule*[31].

Em quinto lugar, e talvez sobretudo, impressiona sobremaneira o modo como boa parte da doutrina mais recente tem também defendido, com razões ponderosas, a conveniência de permitir a cada sociedade, à luz dos seus valores e circunstâncias próprios – entre os quais avulta muito particularmente a protecção da possibilidade de investimento com segurança do seu pessoal *core* na valorização e comprometimento com uma estratégia de longo prazo –, escolher o seu *own degree of*, isto é, escolher, *inter alia*, até que ponto os seus accionistas preferem subordinar eventuais ganhos de curto prazo à criação de condições de valor a longo prazo através da redução do seu próprio grau

---

[29] DAVID KERSHAW, "The Illusion of Importance: reconsidering the UK's takeover defence prohibition", *International & Comparative Law Quarterly*, vol. 56, n.º 2 (*April*, 2007), pp. 267-307, disponível em <https://doi.org/10.1093/iclq/lei165>.
Veja-se ainda, por exemplo, RHYS PIPPARD, "A Takeover Too Far: can the UK prohibition on board defensive action be justified any longer?" (2011), disponível em <https://ssrn.com/abstract=1962291>.

[30] CARSTEN GERNER-BEUERLE/DAVID KERSHAW/MATTEO ALFREDO SOLINAS, "Is the Board Neutrality Rule Trivial? Amnesia about Corporate Law in European Takeover Regulation", *LSE Legal Studies Working Paper* n.º 3/2011 (2011), disponível em <https://ssrn.com/abstract=1799291>.

[31] Lembrem-se os casos das ofertas públicas sobre a Portugal Telecom e o BPI em 2006 e o papel que em ambas, de modos diferentes, desempenhou a dificuldade de remoção de limitações estatutárias à contagem de votos.

de *contestability*. Dizem, a este respeito, Davies, Schuster e Ghelcke em estudo recente[32]:

> «*We propose a simplified and more coherent board neutrality rule, solely based on shareholder decision making. Acknowledging that a system allowing management to prevent unwanted bids might have advantages over a pure board neutrality rule in certain circumstances, we argue that shareholders are in a better position to decide on the optimal rules for a particular company than legislation.*»

E é também especialmente significativo atentar no que diz uma voz tão autorizada como a de Eddy Wymeersch[33] a propósito já da revisão em curso da Directiva:

> «*The 2004 directive was conceived in times where the company paradigm was mainly based on the dispersed ownership model in which since individual shareholders are unable to exercise power, the management mainly dominates the company, and the takeover instrument was needed to discipline that management. [...] Since then much has changed: the corporate governance movement was still in its infancy and its ideas are almost entirely absent from the Directive. The financial crisis has shaken our belief in several aspects of the prevailing thinking of the late 1990s: the efficient market hypothesis is put into doubt or at least is not the only explanation theory put forward. [...] [T]he beneficial influence block holders and even controlling shareholder as elements of growth, stability and long term investment are being rediscovered. All these elements are likely to have a profound influence on the revision of the Takeover Directive. [...]*
> *A new regime should strive to strike a balance between flexibility including contestability and stability and long term value creation, including in terms of human capital.*»

---

[32] PAUL L. DAVIES/EDMUND-PHILIPP SCHUSTER/EMILIE VAN DE WALLE DE GHELCKE, "The Takeover Directive as a Protectionist Tool", *ECGI – Law Working Paper* n.º 141/2010 (2010), disponível em <https://ssrn.com/abstract=1554616>.
[33] EDDY WYMEERSCH, "A New Look...".

Temos infelizmente, conforme já acima referimos, uma dose maior de cepticismo do que a de Wymeersch quanto ao que se pode com realismo esperar da revisão da Directiva.

Mas isso não impedirá – antes deverá estimular – que a legislação nacional aproveite o ambiente de discussão em curso para ponderar algum passo próprio.

17. Aqui chegados, dir-se-ia porventura que iríamos sugerir o abandono pela legislação portuguesa da opção pela *passivity rule*, substituindo-a por uma escolha de *opt out* (que nos termos do artigo 12.º, n.º 2, da Directiva implicaria a necessária outorga às sociedades nacionais do direito de optarem elas pela adopção da *passivity rule*).

Essa sugestão – que colocaria as sociedades portuguesas na situação em que se encontram as alemãs, holandesas, dinamarquesas, polacas ou belgas – seria porventura a mais consentânea com a reflexão efectuada, mas essa reflexão não pôde aqui ser levada ao ponto necessário para avaliar e ajuizar suficientemente sobre todas as implicações de uma alteração radical da regra que tem vigorado em Portugal nos últimos 20 anos.

Por outro lado, não pode ser ignorado o dado da experiência de que a faculdade teórica de as sociedades daqueles países onde vigora o *opt out* decidirem pelo *opt in* não tem revelado consistência prática, não tendo até hoje nenhuma sociedade, nos Estados-Membros em que o poderiam fazer, optado pela adopção estatutária da *passivity rule*.

Isso poderá levar aqui a seguir inclinação próxima da de Bebchuk e Hamdani, embora por razões diferentes, quanto à definição do *optimal default* em caso de dúvida.

Optaríamos, assim, pela sugestão de um mais pequeno – e mais prudente – passo, mas que, julgamos, seria já de alcance e evolução muito significativos.

É ele o de seguir o exemplo da Itália, cuja recente reforma de Setembro de 2009[34], entrada em vigor em 1 de Julho de 2010, optou pelo regime da *passivity*

---

[34] *Decreto Legislativo 25 settembre 2009, n. 146, Disposizioni integrative e correttive del decreto legislativo 19 novembre 2007, n. 229, recante attuazione della direttiva 2004/25/CE concernente le offerte pubbliche di acquisto.* Este diploma veio alterar pela segunda vez o regime da *passivity rule* em Itália após a 13.ª Directiva, que começou por ser de *opt in*, passou em 2008 (em plena crise financeira e de desvalorização das acções das sociedades cotadas e movida por um assumido

rule como regime legal-regra (regime de *default*), *mas autorizando expressamente as sociedades italianas a, por alteração estatutária, escolherem derrogar a regra da passividade, que deixa nesse caso de lhes ser aplicável.*

Sem pejo de modificar por três vezes o regime legal da *passivity rule* após a entrada em vigor da Directiva em 2004, o legislador italiano veio a assentar num regime de *default* que não impõe a passividade perante escolha diversa das sociedades, permitindo a estas um largo grau de escolha quanto ao seu *own degree of contestability*.

Mesmo para quem seja defensor da pura passividade como regra, esta abertura e escolha no plano societário parece um passo importante, prudente e sensato, que ao legislador português não ficará mal seguir.

Estará o legislador português disponível para este desafio?

Lisboa, Setembro de 2012

---

e explicitado receio de vulnerabilidade das empresas italianas a ataques) a ser de *opt out*, e é, desde 1 de Julho de 2010, o regime descrito no texto, que manteve a opcionalidade para as sociedades italianas, mas agora com inversão de sentido.

Uma expressa defesa desta orientação foi feita, com carácter geral e com a dupla autoridade académica e de presidente da *CONSOB* italiana, por LUCA ENRIQUES, "European Takeover Law...", p. 21.

6. *Voting caps* em sociedades cotadas: algumas reflexões*

I. Origens

As limitações ao direito de voto de grandes accionistas (*voting caps*) aparecem no final do século XVIII e durante o século XIX sobretudo nos EUA como forma de *protecção dos pequenos accionistas* contra o *abuso de poder* dos maiores accionistas.

Aparecem sobretudo em empresas dedicadas a grandes projectos (ferroviários, pontes, estradas), mas também em bancos, onde os pequenos accionistas eram ainda *utentes* ou *consumidores* e receavam que a sociedade fosse monopolizada ao serviço dos grandes accionistas[1].

A fórmula mais frequente de *voting caps* – ainda hoje subsistente e aliás também consagrada entre nós[2] – consiste em estabelecer nos estatutos que

---

* Publicado em PAULO CÂMARA (coord.), *O Novo Direito dos Valores Mobiliários – I Congresso sobre Valores Mobiliários e Mercados Financeiros*, Coimbra, Almedina, 2017, pp. 91-104, tendo por base a comunicação feita ao Congresso.

[1] HENRY HANSMANN/MARIANA PARGENDLER, "The Evolution of Shareholder Voting Rights: separation of ownership and consumption", *Yale Law Journal*, vol. 123, n.º 4 (*January*, 2014), pp. 948-1013.

[2] No que respeita a Portugal, a possibilidade de estabelecer *voting caps* está prevista no artigo 384.º do Código das Sociedades Comerciais desde a respectiva redacção originária de 1986. Ao abrigo desta norma, surgiram, na prática jurídica portuguesa, especialmente em sociedades cotadas (sendo o primeiro caso o do Banco Comercial Português, logo em 1993), diferentes tipos de cláusulas estatutárias, que poderão ter valoração diferente. Num primeiro exemplo:

nenhum accionista (nem que tenha mais acções) pode votar com mais de x%
do total dos votos.

São, assim, na origem, mecanismos que visam *desviar o pêndulo* do poder
societário de um princípio *plutocrático* (mais poder a quem detém mais capital)

> «1 – Não são contados os votos emitidos por um accionista, directamente ou por representante:
>
> a) que excedam 30% dos votos correspondentes ao capital social;
>
> b) que excedam a diferença entre os votos contáveis emitidos por outros accionistas que, com o accionista em causa, se encontrem e, sendo o caso, na medida em que se encontrem, em qualquer das relações previstas no número 2 deste artigo, e 30% da totalidade dos votos correspondentes ao capital social.
>
> 2 – Para efeitos da alínea b) do número anterior consideram-se abrangidos:
>
> a) Os votos correspondentes a acções detidas por pessoas que, para com ele, estejam incursas no artigo 20.º do Código de Valores Mobiliários, com as delimitações do artigo 20.º-A do mesmo diploma;
>
> b) Os votos de accionistas que, num contexto de oferta pública de aquisição ou de troca relativa a valores mobiliários emitidos pela sociedade:
>
> i) Cooperem activamente com o oferente tendo em vista assegurar o êxito da oferta; ou
>
> ii) Se encontrem, para com ele, nalguma das situações abrangidas pela alínea a) do presente número.
>
> 3 – As limitações resultantes do número anterior têm aplicação proporcional a cada um dos abrangidos, em função do número de votos a exercer.»

E, num segundo exemplo:

> «1 – A cada acção corresponde um voto.
>
> 2 – Não são contados os votos:
>
> a) Emitidos por um só accionista, em nome próprio e também como representante de outro ou outros, que excedam vinte por cento da totalidade dos votos correspondentes ao capital social;
>
> b) Emitidos por um só accionista, por si e também como representante de outro ou outros, e por pessoas que com ele se encontrem em qualquer uma das relações previstas no n.º 1 do artigo 20.º do Código dos Valores Mobiliários e que excedam, no seu conjunto, vinte por cento da totalidade dos votos correspondentes ao capital social.
>
> 3 – Verificando-se a situação prevista na alínea b) do número anterior, a redução de votos far-se-á proporcionalmente ao número de votos que a cada um dos accionistas caberia se não houvesse tal redução.»

Tendo em consideração o disposto na norma habilitante do n.º 3 do artigo 384.º do Código das Sociedades Comerciais, o segundo exemplo poderá suscitar dúvidas de legalidade, já que o preceito (ao contrário do que sucede, por exemplo, no artigo 20.º do Código dos Valores Mobiliários) não autoriza agregação ficcional de votos de accionistas distintos e ela não parece admissível sem previsão legal. Já no primeiro exemplo, um resultado semelhante é conseguido com o estabelecimento de uma *limitação múltipla sempre e só para cada accionista* (consoante a situação em que se encontrar), o que assegura a legalidade.

VOTING CAPS EM SOCIEDADES COTADAS: ALGUMAS REFLEXÕES

na direcção de um princípio mais *democrático* (ampliação do poder relativo do maior número de accionistas minoritários)[3].

Esta característica *democrática* de restrição do poder plutocrático mantém-se hoje, mas a sua visão alterou-se com a passagem, a partir do início do século XX, da disseminação do *accionista-consumidor* para a predominância de *accionistas-investidores*, o que veio a acentuar o princípio plutocrático, com voto ligado ao capital detido.

Como podemos olhar hoje este instrumento, que tem na sua génese e conformação esta ideia de *democracia accionista* ou de *diluição do poder de controlo*?

II. Visão recente: primeira fase

Simplificando – e concentrando – a análise, pode dizer-se que o modo de olhar os *voting caps* foi profundamente influenciado, sobretudo a partir da década de 80 do século XX, por aspectos ligados ao movimento de *corporate governance* e, muito em particular, uma certa visão dos *takeovers* como instrumento do chamado *market for corporate control*.

Os *takeovers* podem, de facto, ser vistos – e eram-no então muito vivamente – como forma de promover eficiência e como modo de disciplinar os gestores de sociedades para alinharem os seus interesses com os dos accionistas, pelo receio de, caso conduzam a gestão da sociedade de forma ineficiente, abrirem caminho a terceiros oferentes, que tenderiam a substituir a anterior (e ineficiente) gestão por quem garantisse maior valor[4].

---

[3] Neste sentido, JORGE COUTINHO DE ABREU (*in* AA. VV., *Código das Sociedades Comerciais em Comentário*, vol. VI, Coimbra, Almedina, 2013, anotação ao artigo 384.º, pp. 124-136, a p. 128), ao referir que «*[m]enos plutocrático* (ou mais democrático) é o modelo (hodiernamente o menos seguido) caracterizado pelos tetos de voto: o poder de voto dos mais possidentes é limitado, é menos que proporcional ao número de ações possuídas, possibilitando que o interesse da sociedade (interesse comum a todos os sócios enquanto tais) seja determinado por mais vozes». V. ainda EDUARDO DE MELO LUCAS COELHO, *Direito de Voto dos Accionistas nas Assembleias Gerais das Sociedades Anónimas*, Lisboa, Rei dos Livros, 1987, pp. 51-52 e 57.

[4] JONATHAN R. MACEY, "Market for Corporate Control", *in* DAVID R. HENDERSON (ed.), *The Concise Encyclopedia of Economics*, disponível em <http://www.econlib.org/library/Enc/MarketforCorporateControl.html>. A este respeito, v. ainda ALESSIO M. PACCES, *Rethinking Corporate Governance: the law and economics of control powers*, Oxford, Routledge, 2012, p. 105.

Neste contexto (embora com importantes posições contrárias, *v.g.* nos EUA), irrompeu com inusitada força na literatura académica e no *policy making* uma dupla ideia:

a) A de que favorecer a possibilidade de *takeovers* (OPA) e de um mercado de controlo societário livre e desimpedido seria *em si mesmo um valor*, tanto na perspectiva dos interesses financeiros dos accionistas como na da disciplina de *managements* ineficientes e controlo de *agency costs*;
b) A consequente ideia geral de que tudo o que pudesse dificultar as OPA deveria ser combatido[5].

Ligados às temáticas do *market for corporate control*, embora não exclusivamente, e a dois princípios erigidos como fundamentais, o de *shareholder's decision* e o de *proportionality*, receberam então especial atenção crítica os chamados *control enhancement mechanisms* ("*CEM*").

Dentro dos *CEM*, distinguem-se por vezes mecanismos de *leverage* de controlo ou de *concentração* (como estruturas de pirâmide ou acções de voto múltiplo) e mecanismos de *diffusion* de controlo (ou também de *lock-in* de controlo), entre os quais se encontravam os *voting caps*, que viriam também a receber a designação vulgarizada, em quase-anátema, de "*blindagens*"[6].

---

[5] Conforme referido, a visão sobre a "bondade geral" dos *takeovers* estava longe de ser coincidente na Europa e nos EUA, manifestando-se, designadamente, na existência na Europa de uma exigência de neutralidade da administração que acabou por não vingar nos Estados Unidos. V. WILLIAM MAGNUSON, "Takeover Regulation in the United States and Europe: an institutional approach", *Pace International Law Review*, vol. 21, n.º 1 (*Winter*, 2009) pp. 205--240; JOHN ARMOUR/DAVID A. SKEEL JR., "Who Writes the Rules for Hostile Takeovers, and Why? The Peculiar Divergence of US and UK Takeover Regulation", *Faculty Scholarship Paper* n.º 687 (2007).

Abordámos alguns aspectos a este respeito em JOÃO SOARES DA SILVA, "Nótula sobre *Passivity Rule* e *Optimal Default* Nacional em Tempo de Revisão da Directiva das OPA", *in* JORGE MIRANDA *et al.* (coord.), *Estudos em Homenagem a Miguel Galvão Teles*, vol. II, Coimbra, Almedina, 2012, pp. 783-800.

[6] Note-se, porém, que os *voting caps*, em rigor, não serão sempre *CEM* em sentido próprio, uma vez que não contribuem em regra para uma *ampliação* de controlo, mas, ao invés, para a sua *limitação*, ao evitarem que haja accionistas que concentrem uma quantidade substancial de direitos de voto, assim limitando a respectiva capacidade de influência nas decisões societárias (com a consequente fragmentação do poder accionista) – mas também com alguma potencialidade de cristalização (*lock in*) de controlo, especialmente se for o caso de um ou

No plano europeu, é do auge desta tendência crítica aos *CEM* a proibição dos *voting caps* na Alemanha em 1998 – embora muito ligada à situação específica dos bancos alemães como concentradores de *proxies*[7] –, proibição seguida depois também por Itália.

Teve nesta fase papel central um estudo promovido pela Comissão Europeia, o chamado *Relatório Winter I* de 2002, emitido por um Grupo de Alto Nível de Peritos, presidido por Jaap Winter, que teve como objectivo estudar e propor regras sobre ofertas públicas de aquisição e, de um modo mais geral, *corporate governance*[8] e que, entre outros aspectos, e com epicentro no valor atribuído aos princípios da *decisão accionista* sobre as OPA e da *proporcionalidade* entre capital e voto, recomendou, na sua primeira versão – embora sem visar proibir em geral os *CEM* –, que fosse, pelo menos em caso de OPA, adoptada a chamada *breakthrough rule*.

A *breakthrough rule* proposta traduzia-se essencialmente em *desconsiderar* certos *CEM* – não todos, mas incluindo os *voting caps* –, num cenário de OPA, em dois momentos: *(i)* no momento prévio de autorizar ou não a administração a tomar medidas defensivas e, *(ii)* após a OPA, sempre que o oferente alcançasse uma percentagem elevada do capital (75%).

Esta recomendação acabou por ter na Directiva das Ofertas Públicas de Aquisição um acolhimento expresso, embora mitigado e facultativo[9], pelas

---

mais accionistas minoritários o deterem. V. Mike Burkart/Samuel Lee, "One Share–One Vote: the theory", *Review of Finance*, vol. 12, n.º 1 (2008), pp. 1-49, a pp. 36-37 e 41.

[7] Efectivamente, existia então uma presença significativa de bancos nas assembleias de sociedades alemãs cotadas, agindo em representação de accionistas minoritários, que acabaram por ter poder determinante no resultado de algumas OPA hostis por (contrariamente ao que sucedia com os maiores accionistas que estivessem limitados com tectos estatutários de direito de voto) não existir um limite quanto ao número de votos que os bancos podiam representar, o que desencadeou a alteração legislativa. V. *Report of the High Level Group of Company Law Experts on Issues Related to Takeover Bids*, Bruxelas, 10 de Janeiro de 2002, María Isabel Sáez Lacave, "¿Por Qué Prohibir las Restricciones del Derecho de Voto?", *InDret – Revista para el Análisis del Derecho*, n.º 2 (2010), pp. 13-14.

[8] *Report of the High Level Group of Company Law Experts on Issues Related to Takeover Bids*, Bruxelas, 10 de Janeiro de 2002.

[9] Segundo esta Directiva (Directiva 2004/25/CE do Parlamento Europeu e do Conselho, de 21 de Abril de 2004, relativa às ofertas públicas de aquisição), os Estados-Membros podem escolher não consagrar a regra (*opt out*), embora permitindo às sociedades escolher adoptá-la (*opt in*). A escolha do *opt in* por Estados-Membros foi muito reduzida, praticamente limitada aos Estados bálticos, tendo a maioria dos Estados escolhido o *opt out*. A propósito do *Winter*

A PROPÓSITO DE *CORPORATE GOVERNANCE* E DE DIREITO DAS SOCIEDADES...

resistências que a Directiva, nesse e noutros aspectos especialmente contro-versos, encontrava junto de diversos Estados-Membros[10].

Era então o tempo de quase endeusamento da regra da *proportionality* entre direitos de *cash flow* e de voto e do princípio *one share/one vote*, visto na altura como *"the new holy graal"*[11].

E o tempo em que a Comissão Europeia chegou a pensar impô-lo como regra europeia, tendo, na sequência do *Relatório Winter* e do anunciado no seu *Action Plan* de 2003 (que, prudentemente, tinha então ainda diferido a sua adopção até mais amplo estudo), encomendado à Shearman & Sterling/ /ISS/ECGI um importante estudo, o *Report on the Proportionality Principle in the European Union*, de 2007[12].

Lê-se, nos termos de referência desse relatório:

> «*According to the Report of the High Level Group of Company Law Experts of 2002, "proportionality between ultimate economic risk and control means that share capital which has an unlimited right to participate in the profits of the company or in the residue on liquidation, and only such share capital, should normally carry control rights, in proportion to the risk carried. The holders of these rights to the residual profits and assets of the company are best equipped to decide on the affairs of the company as the ultimate effects of their decisions will be borne by them", hereinafter the "Proportionality Principle". The European Commission agreed that an external study was necessary in order to obtain a factual basis for assessing the views of the High Level Group of Experts. [...]*»

Este importante estudo foi *inconclusivo*, como adiante referiremos.

Report, v. GUIDO FERRARINI, "One Share–One Vote: a European rule?", *ECGI – Law Working Paper* n.º 58/2006 (2006), e também JOÃO SOARES DA SILVA, "O *Action Plan* da Comissão Europeia e o Contexto da *Corporate Governance* no Início do Século XXI", *Cadernos do Mercado de Valores Mobiliários*, n.º 18 (Agosto, 2004), pp. 72-80.

[10] Fizemos um breve resumo da história atribulada dos 15 anos que levou a aprovação da Directiva das OPA de 2004 em JOÃO SOARES DA SILVA, "O *Action Plan*...".

[11] VIVIANE DE BEAUFORT, "One Share–One Vote, The New Holy Graal?", *ESSEC Working Papers* n.º DR 06019 (2006).

[12] Disponível em: <http://ec.europa.eu/internal_market/company/docs/shareholders/study/final_report_en.pdf>.

Isto não impediu que alguns paladinos mais entusiastas da proporcionalidade continuassem nesse combate[13]. O debate sobre o tema foi também impulsionado por um estudo do *OECD Steering Group on Corporate Governance* de 2007[14], embora também ele sem chegar a conclusões claras.

E igualmente em Espanha, os *voting caps* vieram a ser proibidos em 2010 para as empresas cotadas pela chamada "emenda Florentino", ainda que também em contexto particular[15].

III. Apreciação e algumas reflexões

Mesmo nesta primeira fase de ambiente generalizado adverso aos *CEM*, já então o ambiente e as críticas aos *voting caps* deixavam na sombra aspectos importantes, que merecem ser considerados.

Comecemos pelo que respeita directamente a *takeovers*.

É inegável que as OPA podem ser dificultadas pela existência de *voting caps*, pois um oferente não tem segurança de obter controlo apenas pela mera quantidade de acções adquiridas.

Mas essa existência também *não as impossibilita*, como mostrou, por exemplo, na Alemanha, o caso da OPA da Pirelli sobre a Continental, em que o limite de 5% dos direitos de voto consagrado estatutariamente foi afastado em assembleia geral extraordinária (ainda que esse afastamento tenha sido posteriormente contestado judicialmente)[16], e também, entre nós, o caso recente da OPA do CaixaBank sobre o BPI, concluída com sucesso em 2017.

---

[13] Veja-se a exposição de KOEN GEENS/CARL CLOTTENS intitulada "One Share–One Vote: fairness, efficiency and (the case for) EU harmonisation revisited" e o debate subsequente no colóquio do Jan Ronse Institute da KU Leuven publicado em KOEN GEENS/KLAUS J. HOPT (ed.), *The European Company Law Action Plan Revisited*, Leuven, Leuven University Press, 2010, pp. 145 e ss.

[14] *Lack of Proportionality between Ownership and Control: overview and issues for discussion*, disponível em <https://www.oecd.org/daf/ca/40038351.pdf>.

[15] A alteração legislativa em causa deu-se no decurso de uma tentativa frustrada de a sociedade cotada espanhola ACS, liderada por Florentino Pérez, tomar o controlo da também cotada Iberdrola (cujos estatutos previam um *voting cap* de 10%).

[16] V. JULIAN FRANKS/COLIN MAYER, "Ownership and Control of German Corporations", *Review of Financial Studies*, vol. 14, n.º 4 (2001), pp. 943-977, e TIM JENKINSON/ALEXANDER LJUNGQVIST, "The Role of Hostile Stakes in German Corporate Governance", *in* RUUD A. I.

A PROPÓSITO DE *CORPORATE GOVERNANCE* E DE DIREITO DAS SOCIEDADES...

Na verdade, bem vistas as coisas, o *voting cap*, se tem certamente como efeito *diminuir a frequência ou facilidade* de uma OPA, traz consigo também, todavia, *uma exigência de maior atractividade*, a par de um *reforço da capacidade negocial*, já que o oferente terá de conseguir:

(i) Ou convencer um número tão grande de accionistas que lhe permita alcançar o controlo, mantendo-se os votos limitados pelo *voting cap* (conseguir 71% se o limite for 30%, 81% se o limite for 20%, etc.);

(ii) Ou então convencer os accionistas à *prévia remoção*, por eles próprios, do *voting cap*, estabelecendo essa remoção como condição da OPA.

É sabido que esta última é a hipótese mais frequente (OPA condicionada à prévia remoção da "blindagem").

Estes aspectos de exigência de atractividade e reforço de poder negocial (aliás reconhecidos – embora rejeitados – logo no *Relatório Winter*[17]) seriam já por si importantes.

Mas isto traz à colação um outro aspecto também muito importante.

De facto, numa obra clássica, mas cujo relevo permanece hoje reconhecido, Bebchuk e Hart[18] demonstraram que a *solução ideal* para salvaguarda das OPA e protecção dos accionistas seria aquela que combinasse:

(i) um *voto colectivo prévio* sobre a aprovação da oferta e, separadamente,

(ii) uma *decisão individual posterior* sobre aceitação ou não da oferta.

---

van Frederikslust/James S. Ang/P. S. Sudarsanam (ed.), *Corporate Governance and Corporate Finance: a European perspective*, Oxford, Routledge, 2007, p. 683.

[17] O *Relatório* aborda aspectos de algum modo comuns aos da chamada *passivity rule* do órgão de administração, referindo: «*[i]t is sometimes argued that allowing the board to frustrate a takeover bid can be justified as a means to help the pressure to tender that shareholders face, to increase the premium paid to them and to take into consideration the interests of other stakeholders in the company, notably the employees. The Group rejects these views. Even if board resistance to a takeover bid might in some circumstances help to achieve these goals, which is not always clear, any regime which confers discretion on a board to impede or facilitate a bid inevitably involves unacceptable cost and risk*».

[18] Lucian A. Bebchuk/Oliver Hart, "Takeover Bids vs. Proxy Fights in Contests for Corporate Control", *NBER Working Paper* n.º 8633 (2001).

Só essa combinação afastaria suficientemente dois riscos centrais em matéria de *takeovers*:

(i) A *pressure to tender*, que desprotege os accionistas – com dificuldades de coordenação entre si (dilema do prisioneiro) –, coagindo-os a aceitar ofertas mesmo pouco atractivas pelo receio de ficarem minoritários e desprotegidos após o sucesso da OPA.

Nas palavras de Bebchuk: «*[a] target's shareholder might well tender his shares even if he views the offered acquisition price as lower than the value of the independent target. The shareholder might tender out of fear that, if he does not tender, the bidder might still gain control, in which case the shareholder would be left with low-value minority shares in the acquired target. Consequently, a bidder may succeed in gaining control over a target even if the value-maximizing course of action for the target's shareholders would be to reject the bid*»[19]; e

(ii) O *free rider problem*, que pode afectar, ao invés, o sucesso das OPA por conduzir accionistas a não vender mesmo em ofertas atractivas, esperando beneficiar da valorização subsequente à OPA trazida pelo oferente.

Conforme dizem Grossman e Hart, «*[a]ny profit a raider can make from the price appreciation of shares he purchases represents a profit shareholders could have made if they had not tendered their shares to the raider. In particular, suppose each shareholder is so small that his tender decision will not affect the outcome of the raid. Then, if a shareholder thinks that the raid will succeed and that the raider will improve the firm, he will not tender his shares, but will instead retain them, because he anticipates a profit from their price appreciation*»[20-21].

---

[19] LUCIAN A. BEBCHUK, "The Pressure to Tender: an analysis and a proposed remedy", *Delaware Journal of Corporate Law (DJCL)*, vol. 12 (1987), pp. 911-949, a p. 911.
[20] SANFORD J. GROSSMAN/OLIVER D. HART, "Takeover Bids, the Free-Rider Problem, and the Theory of the Corporation", *The Bell Journal of Economics*, vol. 11, n.º 1 (*Spring*, 1980), pp. 42-64, a pp. 42-43.
[21] Quanto a *pressure to tender* e *free rider problem*, v. ainda LUCIAN A. BEBCHUK/OLIVER HART, "Takeover Bids vs..."; S. HIROTA/T. SAIJO/Y. HAMAGUCHI/T. KAWAGOE, "Does the Free-Rider

A PROPÓSITO DE *CORPORATE GOVERNANCE* E DE DIREITO DAS SOCIEDADES...

Ora, a verdade é que já no desenvolvido estudo anexo ao "Report on Proportionality" de 2007, atrás referido, foi salientada por Burkart e Lee[22] que – uma vez que os *voting caps* podem ser removidos pelos accionistas e que isso é normalmente condição prévia da OPA – o *voting cap* acaba por conseguir aqui um *verdadeiro equivalente* à fórmula defendida por Bebchuk e Hart[23], ou seja:

(i) um voto colectivo *prévio* sobre a remoção da *"blindagem"*, que é um verdadeiro *referendo* à OPA, e

(ii) uma decisão *individual* separada e posterior sobre a aceitação da oferta, se a primeira votação houver tido vencimento.

Estes autores reconhecem que esta combinação permite resolver o problema de protecção dos accionistas contra o risco crucial da *pressure to tender*[24] nas OPA – aspecto que não tem sido suficientemente destacado[25].

Vejamos agora outros aspectos mais gerais.

Aduz-se muitas vezes que, ao tornar as OPA menos fáceis e menos frequentes (salvo sempre ofertas muito atractivas, designadamente porque muito negociadas), o *voting cap* acentua o risco de *management entrenchment*, podendo, no limite, tornar a sociedade cativa dos seus gestores e agravar os chamados *agency costs*.

Problem Occur in Corporate Takeovers? Evidence from Laboratory Markets", *ISER Discussion Paper* n.º 0512 (2000); e ALESSIO M. PACCES, *Rethinking Corporate Governance...*, pp. 322 e ss.

[22] MIKE BURKART/SAMUEL LEE, "One Share–One...".

[23] Em LUCIAN A. BEBCHUK/OLIVER HART, "Takeover Bids vs...".

[24] Embora terminem com uma rejeição – muito sumária – dos *voting caps*, com base no potencial de *management entrenchment*. Segundo estes autores, o *voting cap* não resolveria já o problema do *free rider*, mas a verdade é que ele é inexistente ou, pelo menos, muito reduzido nos sistemas, como o nosso, que prevêem *squeeze out* após o sucesso de uma OPA.

[25] Têm sido pensados outros meios de combater a *pressure to tender*. Por exemplo, na Alemanha, a solução legal encontrada – que cremos, todavia, menos perfeita e eficaz – consiste em dar obrigatoriamente uma *second chance* aos accionistas para decidirem sobre a aceitação da OPA, através da previsão legal de um período adicional de duas semanas após a primeira publicação de resultados da oferta. É o que consta do parágrafo 16 (2) da *Wertpapiererwerbs- und Übernahmegesetz*, que, na tradução inglesa publicada pelo BaFin, diz: «*(2) In the case of a takeover bid, the shareholders of the target company who have not accepted the offer may accept the offer within two weeks of the publication referred to in section 23(1) sentence 1 no. 2 (additional acceptance period). Sentence 1 shall not apply if the offeror has made the offer subject to the acquisition of a minimum proportion of shares and such minimum proportion has not been achieved upon expiry of the acceptance period*».

Esse risco é real – embora também esteja longe de ser indiscutível em todos os casos, sendo sobretudo próprio das sociedades de capital muito disperso, o que não é a regra na Europa[26] – mas a verdade é que só é totalmente evitado nas estruturas com accionista dominante e pode ser combatido pelo aperfeiçoamento – hoje inegavelmente cada vez maior – dos mecanismos de *governance* internos e das próprias regras legais que tutelam os deveres e conduta dos administradores[27].

Mas é também reconhecido que os *voting caps*, obstaculizando ofertas especulativas expropriadoras ou simplesmente *value decreasing*, contribuem – tal como se reconhece que sucede nas sociedades com accionista dominante, *v.g.*, as de controlo familiar – para dar condições de *estabilidade a projectos empresariais com criação de valor no longo prazo*, afastando a pressão *short termist* e permitindo designadamente os fortes investimentos em capital humano que esses projectos reclamam[28].

Neste sentido, a escolha estatutária de um *voting cap*, representando sempre, antes de mais, uma *manifestação de soberania accionista* (a todo o momento, os accionistas podem decidir introduzi-los, modificá-los ou também extingui-los)[29], acaba por representar também um *compromisso com base em confiança* – o de que a combinação de permissão de accionistas influentes, mas impedidos de ser controladores, e de gestores escolhidos pelos accionistas sem uma influência de voto dominante única pode maximizar as condições de um projecto empresarial estável e mais imunizado das pressões de curto prazo.

Esse compromisso é, na realidade, como que um *termo intermédio*, aproximando-se das vantagens de estabilidade das sociedades controladas, mas *com muito maior liberdade e poder das minorias*, já que não há alocação irremovível

---

[26] O próprio *Relatório Winter* refere, abrangendo os *voting caps*: «*[s]ome structures, like special control rights for the board, voting caps and depository receipt structures have arguably been developed to protect a company with dispersed ownership against a small minority dominating the general meeting in the usual absence of the vast majority of shareholders*». E depois, embora já mais centrado no voto múltiplo: «*[b]y creating a strong minority shareholder who controls the company from the inside, such structure may have helped to overcome the problems related to disciplining management of companies with dispersed ownership*».

[27] SÁEZ LACAVE, "¿Por Qué Prohibir...", pp. 10 e ss., e MIKE BURKART/SAMUEL LEE, "One Share–One...", p. 4.

[28] SÁEZ LACAVE, "¿Por Qué Prohibir...", p. 25.

[29] Como sucedeu em Portugal, por exemplo, na Cimpor e também (com particularidades) no BPI.

nem apropriação de um poder de controlo absoluto, antes conservando uma *margem de poder de autodeterminação accionista*, com um peso *ampliado* dos minoritários, decorrente da limitação de voto.

Por outro lado, essa aproximação (bem como o grau de dificuldade opcional que ela introduza sobre tentativas de tomada de controlo) pode ser conseguida também com *grande flexibilidade, permitindo a construção de um modelo individual de cada sociedade.*

Esse modelo pode *variar significativamente pelas circunstâncias concretas*: é muito diferente existir um *voting cap* de 5% ou existir um de 30%, haver na concreta sociedade um ou mais accionistas próximos ou acima do limiar de votos, estarem estes coordenados ou afastados entre si, estarem os demais accionistas concentrados ou dispersos, etc.

Ponto é que, cremos, esse compromisso *(i)* seja objecto de adequada *disclosure*, para que quem investe esteja plena e adequadamente informado, e *(ii) represente uma escolha feita por uma maioria significativa de accionistas* que tenha de incluir uma larga aceitação pelos accionistas minoritários – como é de facto previsto entre nós para as alterações de disposições estatutárias, que exigem maioria qualificada de dois terços.

Reforço de *disclosure* era, aliás, a recomendação central dos *OECD Principles of Corporate Governance* de 2004[30], mantida ainda na recente revisão destes princípios em 2015 (*G20/OECD Principles of Corporate Governance*[31]), onde se lê:

> *«Capital structures and arrangements that enable certain shareholders to obtain a degree of influence or control disproportionate to their equity ownership should be disclosed.»*

E, seguidamente,

> *«[t]he optimal capital structure of the firm is best decided by the management and the board, subject to the approval of the shareholders.»*

---

[30] Disponíveis em <www.oecd.org/corporate/ca/corporategovernanceprinciples/31557724. pdf>. Mas também a escolha accionista é salientada: «*[o]nce they have invested, their rights should not be changed unless those holding voting shares have had the opportunity to participate in the decision*».

[31] Disponíveis em <www.oecd.org/daf/ca/corporate-governance-principles-eng.pdf>.

Participação alargada era, aliás, o que exclusivamente recomendava o código de bom governo espanhol de 2006 (*Código Unificado de Buen Governo*), cujo n.º II.1 (*"Limitaciones Estatutarias"*) dizia:

> «*No obstante, tales medidas pueden estar justificadas en casos excepcionales, particularmente cuando [...] hubieran sido aprobadas más tarde por un porcentaje muy elevado de accionistas, lo que podría ser indicio de que se han adoptado por razones de eficiencia (por ejemplo, para proteger inversiones específicas o incrementar el poder de negociación del conjunto de accionistas en caso de ofertas no pactadas).*» (sublinhados nossos)

Por aqui se vê, segundo pensamos, o bem fundado da recomendação do actual Código do Governo das Sociedades do IPCG, de Maio de 2016, que aceita a quebra da proporcionalidade entre capital e voto (que inclui os *voting caps*) quando «*devidamente fundamentada em função dos interesses de longo prazo da sociedade*» (recomendação II.5).

E, aliás, também, o bem fundado da recomendação seguinte (recomendação II.6), na parte em que aconselha a revisão periódica das "blindagens" estatutárias pelo menos a cada cinco anos.

Mas *não já* da segunda parte desta última recomendação II.6, quando sugere que, na reunião periódica, se *desconsidere a opção estatutária dos accionistas*, numa espécie de *breakthrough* recomendatório (sucedâneo da, felizmente abandonada, tentativa de o impor entre nós legislativamente em 2011[32], agora retomada, também com grande infelicidade, em 2016[33]).

---

[32] V. consulta pública n.º 3/2011 da CMVM, sobre o anteprojeto de alteração do artigo 182.º-A do Código dos Valores Mobiliários.

[33] O Decreto-Lei n.º 20/2016, de 20 de Abril, veio, por alteração ao Regime Geral das Instituições de Crédito e Sociedades Financeiras (aprovado pelo Decreto-Lei n.º 298/92, de 31 de Dezembro), *compelir* os accionistas de instituições de crédito cotadas (e só estas, não se aplicando às demais) a reavaliarem periodicamente a justificação dos limites estatutários em matéria de exercício dos direitos de voto, mas fazendo caducar os limites existentes quando esta reavaliação não seja feita, e estabelecendo que (embora com o elemento mitigante de isso suceder apenas na alteração que seja proposta pelo órgão de administração) a votação se faça *desconsiderando* as limitações de voto estatutárias e sem cuidar de quaisquer aspectos de indemnização para os accionistas minoritários que vejam os seus direitos confinados pela ampliação do poder de voto dos accionistas libertos de limitação.

De facto, e sem prejuízo de outras críticas fundadas que lhe são dirigidas, a análise anterior ajudará a mostrar que a *breakthrough rule*, prevista na 13.ª Directiva sobre OPA (embora apenas opcionalmente), para além de ser sempre uma *expropriação de valor* (que careceria sempre pelo menos de adequada indemnização) e uma *agressão à soberania accionista*, é também, na perspectiva da protecção accionista, um mecanismo inferior ao proporcionado pela existência de um *voting cap* no que respeita ao aspecto crucial de defesa contra a *pressure to tender*, não a eliminando, antes a *exacerbando*[34] – se os accionistas sabem que, a partir de certo limite de aceitação, a OPA vencerá, porque as limitações de poder estatutárias cairão, continuarão pressionados a vender, mesmo achando a OPA indesejável.

IV. Visão hodierna: uma segunda fase?

Há talvez razões para indagar se se estará já hoje, progressivamente, no que poderá ser uma *segunda fase* na visão sobre os *CEM*, incluindo os *voting caps*.

De facto, a partir do carácter inclusivo do estudo contido no *Report on Proportionality* de 2007, a Comissão Europeia, em declaração célebre do comissário Mac Creevy de Outubro de 2007, *deixou cair a cruzada* em favor do princípio *one share/one vote*, de que aquele era grande paladino e cuja supremacia se não conseguiu demonstrar, aceitando o argumento desse estudo de que a liberdade estatutária poderia responder adequadamente aos interesses em causa, desde que se desse relevo primacial à *disclosure* e – aceitando também a conclusão de que a regra de *proportionality* e o *one share/one vote* tanto poderiam ser benéficas como prejudiciais para o valor da sociedade e os interesses dos accionistas, dependendo de múltiplas circunstâncias da própria sociedade

---

[34]   Quanto às críticas normalmente apontadas à *breakthrough rule*, v. Guido Ferrarini, "One Share–One Vote...", pp. 3 e ss., e ainda Alessio M. Pacces, *Rethinking Corporate Governance...*, pp. 352 e ss., Rolf Skog, "The Takeover Directive, the 'Breakthrough' Rule and the Swedish System of Dual Class Common Stock", *European Business Law Review*, vol. 15 (2004), n.º 6, pp. 1439-1451, Thomas Papadopoulos, "Legal Aspects of the Breakthrough Rule of the European Takeover Bid Directive", *in Takeover Regulation: a legal approach*, Hyderabad, ICFAI University Press, 2008, Tobias James Whitlock, *The Board Neutrality and Breakthrough Rules in Europe – A case for reform*, Durham University, 2014, disponível em <http://etheses.dur.ac.uk/10933/>.

VOTING CAPS EM SOCIEDADES COTADAS: ALGUMAS REFLEXÕES

e do contexto – o mercado fosse suficientemente informado das restrições estatutárias e seus efeitos[35].

Por outro lado, assiste-se hoje, nomeadamente em França e em Itália[36], com o reforço ou introdução das *acções de voto múltiplo* para accionistas com detenção prolongada (*loyalty shares*), ao reconhecimento das virtualidades da quebra da proporcionalidade em prol da estabilidade e dos interesses de longo prazo das sociedades (também já com repercussão doutrinária em Portugal[37]), falando-se, significativamente, num "*disappearing taboo*".

A Comissão Europeia juntou-se à corrente que elege e identifica como uma das principais preocupações de hoje a batalha contra o *short-termism*[38] e a promoção do *long-term shareholder engagement,* conforme resulta do seu *Action Plan on Company Law and Corporate Governance,* adoptado em Dezembro de 2012, e ficou espelhado na proposta de directiva de alteração da directiva dos direitos dos accionistas, de 2014[39].

Essa batalha intensifica-se por todo o lado, com vozes autorizadas do sector privado, como a de Warren Buffet, um dos subscritores do documento publicado em 2009 pelo Aspen Institute, intitulado *Overcoming Short-termism*[40], no qual se recomendava o desenvolvimento de políticas que atribuíssem direitos de participação accionista reforçados a quem detivesse uma participação social por um período mínimo de tempo.

---

[35] FRANCISCO VICENT CHULIÁ, "'One Share One Vote' en España", *El Notario del Siglo XXI,* n.º 30 (*Marzo-Abril,* 2010), pp. 19-25, disponível em <http://www.elnotario.es/index.php/editorial/86- -secciones/opinion/opinion/1260-one-share -one-vote-en-espana-0-8352817174375818>.

[36] V. MARCO VENTORUZZO, "The Disappearing Taboo of Multiple Voting Shares: regulatory responses to the migration of Chrysler-Fiat", *ECGI – Law Working Paper* n.º 288/2015 (2015).

[37] MADALENA PERESTRELO DE OLIVEIRA, "Direito de Voto nas Sociedades Cotadas: da admissibilidade de categorias de acções com direito de voto plural às *L-shares*", *Revista de Direito das Sociedades,* ano VII, n.º 2 (2015), pp. 435-470.

[38] KLAUS J. HOPT, "Corporate Governance in Europe: a critical review of the European Commission's initiatives on corporate law and corporate governance", *ECGI – Law Working Paper* n.º 296/2015 (2015), pp. 25 e ss.

[39] Proposta de directiva do Parlamento Europeu e do Conselho que altera a Directiva 2007/36/CE no que se refere aos incentivos ao envolvimento dos accionistas a longo prazo e a Directiva 2013/34/UE no que se refere a determinados elementos da declaração sobre o governo das sociedades.

[40] Disponível em <https://assets.aspeninstitute.org/content/uploads/files/content/docs/ pubs/overcome_short_state0909_0.pdf>.

A atenção acrescida aos interesses de longo prazo perpassa até na revisão inglesa de 2010 do *City Code on Takeovers and Mergers*, a partir da indignação pública gerada pela OPA da Kraft sobre a Cadbury. Com efeito, procurou-se, nesta revisão (que foi curiosamente precedida por um estudo emitido em Outubro de 2010 pelo *Department for Business Innovation and Skills* britânico, intitulado *A Long-Term Focus for Corporate Britain: a call for evidence*), a adopção de um modelo mais *stakeholder-oriented*, sendo reforçados, entre outros aspectos, os poderes e a protecção dos interesses das sociedades objecto de oferta, de forma a torná-las menos vulneráveis a ofertas hostis, e os mecanismos de informação[41].

Em Espanha, os *voting caps*, proscritos em 2010, foram reintroduzidos em 2013 (embora com uma *breakthrough rule* de 70%).

Reconhece-se hoje, aliás, mais acentuadamente que os *takeovers*, podendo ser importantes mecanismos de disciplina de ineficiências, *nem sempre são bons*, existindo diferenças a atender, como proclama o próprio Relatório da Comissão Europeia de Junho de 2012, a respeito da revisão da 13.ª Directiva – revisão que a Comissão entendeu não ser de efectuar quanto ao aspecto, por que alguma doutrina clamava, de tornar obrigatória a *breakthrough rule* e outras disposições opcionais da Directiva –, designadamente quanto à existência de condições para racionalidade de comportamentos, informação dos participantes do mercado e ausência de custos de transacção[42].

---

[41] Em termos detalhados no *Study on the Application of Directive 2004/25/EC on Takeover Bids*, estudo encomendado pela Comissão Europeia e elaborado pela Marccus Partners em articulação com o *Centre for European Policy Studies*, disponível em <http://ec.europa.eu/internal_market/company/docs/takeoverbids/study/study_en.pdf>, especialmente nas pp. 94-95. V. ainda, a este propósito, Soares da Silva, "Nótula sobre *Passivity*...", p. 794, e Georgina Tsagas, "Reflecting on the Value of Socially Responsible Practices Post Takeover of Cadbury's Plc by Kraft Foods Inc: implications for the revision of the EU Takeover Directive", *University of Oslo Faculty of Law Legal Studies Research Paper Series* n.º 2012-06 (2012), disponível em <http://ssrn.com/abstract=2083451>, pp. 73-75.

[42] Segundo o referido *Report from the Commission to the European Parliament, the Council, the European Economic and Social Committee and the Committee of the Regions – Application of Directive 2004/25/EC on takeover bids*, COM (2012) 347 final, disponível em http://ec.europa.eu/internal_market/company/docs/takeoverbids/COM2012_347_en.pdf, «*[m]ore generally, economic analysis shows that although takeover bids promote economic efficiency in theory, this is not always the case in practice because the conditions of rational behaviour, fully informed market participants and absence of transaction costs are not always met (e.g. takeover bids might be made for empire building purposes and shareholders might face incomplete information, high transaction costs and pressure to tender)*».

E, sobretudo, são cada vez mais escutadas as vozes que reclamam uma *neutral approach* na legislação[43], que permita aos accionistas de cada sociedade escolher livremente o seu *own degree of contestability*[44].

Muito recentemente, já em 2016, um excelente estudo sistemático do longo debate sobre *CEM*[45], assinalando que, mesmo hoje, «*the research is still fragmented and far from conclusive*», e referindo as conclusões do *Report on Proportionality* de 2007 acima citado («*it is suggested that whether a CEM can be beneficial or harmful for a company depends on the setting in which it is adopted, as well as on the current and prospective shareholder structure*»), refere também, após enfatizar as opiniões críticas, que, «*[n]evertheless, in many countries these devices have supported business growth and continuity through capital widening without hampering firm control*», concluindo, uma vez mais, pela admissão de diversidade e pelo acento tónico na transparência:

> «*We contend that this choice should encourage the use of the CEMs that support business growth and continuity, while limiting the mechanisms that have a distorting effect on company governance. Moreover, our research echoes a movement towards better corporate transparency in firms that use CEMs as an additional tool to improve the investors' trust and to attract their financial resources.*»

Estaremos já, pois, numa segunda fase, em que os *voting caps* – sem esquecer todos os seus defeitos e riscos – podem ser encarados com *normalidade*, como opção accionista legítima e não merecedora de qualquer anátema?

Com algum optimismo, julgo bem que sim.

---

[43] Luca Enriques, "European Takeover Law..."; Paul L. Davies/Edmund-Philipp Schuster/Emilie van de Walle de Ghelcke, "The Takeover Directive...".

[44] Como fizeram os de sociedades como a Cimpor ou BPI ao eliminar o *voting cap* e fazem os das sociedades que decidem introduzi-lo, mantê-lo ou, como recentemente no BCP, redimensioná-lo, ajustando-o.

[45] Sara Saggese/Fabrizia Sarto/Corrado Cuccurullo, "Evolution of the Debate on Control Enhancing Mechanisms: a systematic review and bibliometric analysis", *International Journal of Management Reviews*, vol. 18, n.º 4 (Outubro, 2016), pp. 417-439.

B. Direito das Sociedades e dos Valores Mobiliários

7. Acções próprias e atribuição de dividendos*

Parecer

1. Pede-se opinião urgente sobre a forma como, no nosso actual direito, as sociedades devem dar cumprimento à disposição da alínea a) do n.º 1 do artigo 324.º do Código das Sociedades Comerciais ("CSC"), segundo a qual, *«[e]nquanto as acções pertencerem à sociedade, devem: a) [c]onsiderar-se suspensos todos os direitos inerentes às acções, excepto o de o seu titular receber novas acções no caso de aumento de capital por incorporação de reservas».*

Especificamente, visa-se a questão – sem dúvida complexa – da atribuição de dividendos.

2. A disposição legal citada é uma das inovações do Código das Sociedades Comerciais e, que conheça, não recebeu ainda atenção detalhada da doutrina nacional.

Anteriormente ao Código das Sociedades Comerciais, o regime vigente constava essencialmente do § 2.º do artigo 169.º do Código Comercial, que se limitava a determinar que «[a] aquisição de acções próprias e as operações sobre elas só poderão ser feitas pela respectiva sociedade nos termos estipulados no contrato social, sendo no silêncio deste absolutamente proibidas».

---

* Proferido em Março de 2005.

3. Na vigência do artigo 169.º do Código Comercial, a prática quanto a partilha de lucros em caso de existência de quotas ou acções próprias orientava-se predominantemente no sentido de não contar com as quotas ou acções próprias, dividindo todo o lucro pelos restantes, embora com divergências e vozes dissonantes[1].

A sustentação teórica mais importante desta orientação veio a ser dada pelo estudo de RAUL VENTURA intitulado "Auto-Participação da Sociedade: as acções próprias" e publicado na *Revista da Ordem dos Advogados*, ano 38, vols. II e III (Maio-Agosto e Setembro-Dezembro, 1978).

Neste local, e a propósito do direito ao dividendo, Raul Ventura começa por aludir às posições de autores que «não vêem motivo algum para a sociedade deixar de exercer os direitos pecuniários inerentes às acções», bem como daqueles que, como PAULETTE VEAUX-FOURNIÈRE (*L'Acquisition de ses Propres Actions ou Parts Sociales par la Société Émettrice*, Paris, Sirey, 1953, p. 297), negam ou depreciam a relevância prática da discussão, referindo, a propósito desta última posição:

> «Tome-se o direito ao dividendo; se a sociedade não puder exercê-lo, a importância correspondente conserva-se no património social; o mesmo sucede se a sociedade vier a receber essa importância; nos dois casos haverá apenas um jogo de contabilidade, passagem da importância correspondente ao dividendo das acções próprias, da conta de lucros e perdas ou resultados de exercício a uma conta de reserva.»

A posição do Prof. Ventura é, porém, resolutamente negativa quanto à própria "possibilidade jurídica" do exercício de tais direitos pela sociedade, «pois em última análise e se fosse necessário chegar a essa argumentação, haveria uma confusão com efeito extintivo».

E quanto à questão de saber se a parte dos lucros correspondente às acções próprias deve ser repartida pelos outros accionistas, toma posição pelo entendimento que acima referi como tradicional, nos termos seguintes:

---

[1] Cfr. F. V. GONÇALVES DA SILVA/JOÃO MANUEL ESTEVES PEREIRA, *Contabilidade das Sociedades*, 7.ª ed., Lisboa, Plátano Editora, 1987, p. 184.

«Atentando apenas neste efeito extintivo da confusão quanto a cada dividendo anualmente votado, alguns autores, põem o [problema] de saber se a parte dos lucros correspondente às acções próprias deve ser repartida pelos outros accionistas no mesmo ano da votação ou no ano seguinte[. S]obre essa base, dir-se-á: a confusão produz-se quanto a um direito existente e, portanto, as acções da sociedade devem ser consideradas para efeito de dividendo, não consideradas para pagamento mas consideradas para cálculo; por exemplo, o lucro votado para o dividendo é 100 e as acções são 1000, das quais 100 próprias; a sociedade terá direito a 10 e os outros accionistas a 90, o direito da sociedade aos 10 extingue-se por confusão, de modo que são retidos na sociedade esses 10; deve, nesse ano, ser distribuído 100 às 900 acções em circulação ou os 10 correspondentes às acções próprias transitarão para o ano seguinte, para serem distribuídos então? Claramente, o interesse dos accionistas estará na primeira hipótese, pois os 10 transitados para o ano seguinte não podem ser reservados para o dividendo e correm o risco de não serem distribuídos. Se o problema pudesse ser colocado apenas nos referidos termos de confusão do direito ao dividendo votado anualmente, preferiríamos a segunda solução, pois o facto de parte do lucro não ser recebida por um accionista em certo ano não torna a respectiva importância um lucro do ano distribuível aos outros accionistas.

O problema tem de se colocar, porém, de maneira diferente; não chega a haver confusão do direito e dívida relativos ao dividendo votado em certo ano, porque esse direito não chega a nascer, visto estar suspenso o direito dessas acções a dividendo. Sem entrar na discussão da natureza e estrutura do direito accionista ao dividendo, é indubitável que a sociedade não chega a ter o direito ao dividendo votado.

Assim, uma assembleia geral da sociedade possuidora de acções próprias, ao calcular a parte do lucro anual destinada a dividendo deve ter logo em conta que nenhum será atribuído às acções próprias; se fixou uma quantia global para dividendo, deverá pensar que o divisor é reduzido do número de acções próprias; se fixou uma quantia a atribuir como dividendo a cada acção, deve lembrar-se de que o multiplicador sofre idêntica redução.»

4. Tem interesse anotar que, por esta altura, em Itália – onde o artigo 2357 do *Codice Civile*, em estrita correspondência com a 2.ª Directiva Comunitária, não referia senão o impedimento de direito de voto das acções próprias –, a discussão era bem acesa.

Uma corrente significativa negava o direito ao dividendo, na base da ideia de que seria "um contra-senso a sociedade exigir um pagamento a si própria".

Mas outro sector não menos importante de pensamento, liderado pela voz autorizada de Messineo[2], entendia que às acções próprias não haveria que deixar de atribuir dividendo nos mesmos termos que a quaisquer outras, na ausência de proibição legal expressa. E, rebatendo agudamente a tese adversa, não aceitava que tal fosse "um contra-senso": verdadeiro e próprio contra--senso, dizia, é o facto de uma sociedade poder adquirir acções de si própria; admitido isto – e tem de se admitir porque a lei expressamente o consente –, tudo o mais, designadamente a exigência de dividendo a si própria, não é mais que corolário[3].

Creio que esta observação se reveste de grande utilidade metodológica: de facto, situando-nos no domínio de algo tão desconforme aos princípios como o é a susceptibilidade de uma relação unisubjectiva (titularidade de acções próprias), e não podendo pôr esta em causa em homenagem ao império da lei, parece então também que só tendencialmente dos comandos legais – e muito dificilmente dos princípios – se pode tentar extrair soluções para pontos menos claros.

Ainda em Itália, e na vigência do direito anterior, terá interesse assinalar duas posições doutrinárias de sinal convergente: a de Vivante, segundo o qual «a sociedade pode atribuir dividendos às acções adquiridas como se elas estivessem em circulação e destiná-los ao reforço das suas reservas»[4], e a de Fré, para quem «nada impede a assembleia de deliberar que não seja distribuída uma parte dos lucros correspondente ao dividendo a atribuir às acções próprias, mas tal deliberação deverá considerar-se como criando um

---

[2]   FRANCESCO MESSINEO, "Spettanza dei Dividendi sulla Propria Azione, Acquistata dalla Società", *Rivista delle Società*, ano 11, n.º 3 (Maio/Junho, 1966), pp. 417 e ss., citado, com expressa concordância, por FIORENZO LIZZA, *L'Acquisto di Azioni Proprie nell'Economia dell'Impresa*, Milano, Giuffrè Edittore, 1893, pp. 118 e ss.

[3]   FIORENZO LIZZA, *L'Acquisto di...*, p. 120.

[4]   Citado por GONÇALVES DA SILVA/ESTEVES PEREIRA, *Contabilidade das Sociedades...*, p. 168.

ACÇÕES PRÓPRIAS E ATRIBUIÇÃO DE DIVIDENDOS

fundo de reserva e não como atribuindo à sociedade uma parte dos seus lucros»[5].

A lei mudou, porém, sensivelmente ao mesmo tempo, quer em Itália (1986[6]) quer em Portugal (Código das Sociedades Comerciais, de 2 de Setembro de 1986) – em ambos os casos indo *claramente além* do imposto pelo artigo 22.º, alínea a), da 2.ª Directiva CEE (que, à semelhança do preceito italiano anterior, apenas manda considerar *"em qualquer caso suspenso"* o direito de voto).

A alteração legislativa italiana é particularmente significativa para a matéria que nos ocupa, porquanto o n.º 2 do artigo 2357-*ter* do *Codice Civile* dispõe:

"o direito ao lucro e o direito de preferência (*opzione*) serão atribuídos proporcionalmente às outras acções".

Poderia, portanto, à primeira vista parecer que, no direito italiano, a questão ficava encerrada por opção do legislador.

Não é, no entanto, assim.

5. Parece inquestionável, com efeito, que a nova redacção do preceito italiano veio desautorizar a corrente, minoritária, que contestava que o direito ao dividendo ficasse sequer suspenso[7].

Mas assente agora que existe essa suspensão (esse efeito restritivo temporário que dura *«finché le azioni restano in proprietà della società»*), suscitou-se na moderna doutrina italiana a questão de saber se a forma de proceder indicada no *secondo comma* do artigo 2357-*ter* deveria reputar-se *imperativa* ou antes *supletiva* (susceptível de afastamento por acto de autonomia privada e, designadamente, por deliberação social) e, neste último caso, em que medida.

---

[5] GIANCARLO FRÉ, *Società per Azioni*, Roma, Zanichelli, 1966, citado por RAUL VENTURA, "Auto-Participação da Sociedade: as acções próprias", *Revista da Ordem dos Advogados*, ano 38, vols. II e III (Maio-Agosto e Setembro-Dezembro, 1978), p. 436.

[6] Redacção do artigo 10 do *Decreto del Presidente della Repubblica* de 10 de Fevereiro de 1986, n.º 30. Na reforma de 2003, a redacção foi novamente alterada, abrangendo-se a possibilidade de a assembleia autorizar o exercício do direito de preferência.

[7] A tese da suspensão já era claramente maioritária, sustentada por autores como De Gregorio, Brunetti, G. Rossi, entre diversos outros.

A PROPÓSITO DE *CORPORATE GOVERNANCE* E DE DIREITO DAS SOCIEDADES...

Em importante obra monográfica de 1988, Francesco Carbonetti[8], por exemplo, sustenta o carácter parcialmente supletivo do preceito em causa, estruturando esta tese em passos de raciocínio que poderia resumir-se assim:

a) O direito ao dividendo (bem como o de preferência em aumento de capital) relativo às acções próprias deve considerar-se *quiescente* e, portanto, nem extinto por confusão nem imediatamente exercitável;

b) Esta quiescência (suspensão de direitos) é *imperativa*, inderrogável por deliberação social que, por hipótese, pretendesse atribuir às acções próprias os referidos direitos;

c) A fórmula usada pelo artigo 2357-*ter* ("são atribuídas proporcionalmente às restantes acções"), porém, não deve ser vista senão como *uma das técnicas possíveis* de tratamento dos direitos suspensos;

d) Por isso, em si mesma, a técnica de atribuição proporcional dos direitos suspensos às demais acções deve olhar-se como *supletiva*, susceptível de substituição por deliberação social diferente, *posto que não fique em causa o princípio da suspensão ou quiescência* que a atribuição proporcional visa adjectivamente exprimir.

Chegado a este ponto da exposição, o autor citado vinca o *interesse prático* da conclusão, frisando, nomeadamente, que tomar como necessária e inafastável a "atribuição proporcional às outras acções" imporia gravíssimas dificuldades às sociedades que operem no mercado com os seus próprios títulos, impondo-lhes a *cristalização da posse de acções próprias* por tempo mais ou menos prolongado: no caso do direito ao dividendo (e desde que se queira manter a útil e tradicional fixação em número redondo), não se tornaria possível comprar ou vender acções próprias entre a elaboração da proposta do conselho de administração e a deliberação social.

Tendo em conta especialmente este inconveniente prático, conclui este autor:

---

[8] Francesco Carbonetti, *L'Acquisto di Azioni Proprie*, Milano, Giuffrè Editore, 1988, pp. 136 e ss.

«Per quanto riguarda i diritti agli utili, riterrei legittima una proposta del consiglio (cui segua una conforme delibera assembleare di distribuzione) che fissi sia l'importo complessivo degli utili da distribuire sia il dividendo unitario pagabile alle azioni che, al momento della distribuzione, risultino in circolazione; l'esistenza, in quel momento, di azioni proprie in portafoglio comporterà un mancato esborso, che si tradurrà contabilmente in un riporto di utili a nuovo. Con questo meccanismo, che salvaguarda completamente il principio della sospensione del diritto agli utili, si mantiene alla società la possibilità di operare sulle proprie azioni, dato che l'unico momento rilevante diviene quello della distribuzione: fino a quel momento tutte le azioni sono potenzialmente portatrici del diritto al dividendo, che non diventerà attuale solo per quelle che, in quel momento, risultino di proprietà della società.» (sublinhado nosso)

6. Sem poder, perante a urgência requerida, desenvolver os fundamentos, julgo que posição semelhante a esta construção de F. Carbonetti se pode sustentar em face do direito português vigente, *v.g.* da disposição em apreço da alínea a) do n.º 1 do artigo 324.º do CSC.

Creio mesmo que, relativamente ao direito italiano, duas diferenças, aliás, virão reforçar adicionalmente a admissibilidade da tese:

- a qualificação da situação como de quiescência ou suspensão não é, no direito português, meramente implícita, mas *expressamente afirmada* pelo legislador, com carácter simplesmente temporário («enquanto as acções pertencerem à sociedade»);
- não é legislativamente formulada entre nós (nem imperativa nem supletivamente) a regra da atribuição proporcional às demais acções.

O plano que releva é o da *legalidade* em sentido estrito (não desconformidade com a lei) da deliberação social de distribuição de dividendos, sendo certo que as *diferenças de resultado prático* entre as duas concepções em confronto têm a sua óbvia importância, mas serão matéria sujeita à opção discricionária da assembleia – que, saliente-se, é livre de delimitar o dividendo a distribuir, seja em valor absoluto, seja em montante unitário por acção.

A PROPÓSITO DE *CORPORATE GOVERNANCE* E DE DIREITO DAS SOCIEDADES...

7. Afigura-se, pois, em conclusão, que:

a) O critério tradicional de atribuir proporcionalmente às demais acções o montante dos dividendos que caberia às acções próprias é perfeitamente legal e compatível com o disposto no artigo 324.º do CSC;

b) Tal critério quadra melhor, porém, nas suas implicações práticas, às sociedades com auto-participação estabilizada, sendo susceptível de embaraçar e dificultar uma actuação permanente da sociedade relativamente aos seus próprios títulos;

c) Será também perfeitamente legal e compatível com a norma do artigo 324.º do CSC uma deliberação social que fixe o montante global (ou o valor unitário) do dividendo a pagar, calculando-o relativamente à totalidade do capital social emitido, mas estabelecendo que a parte correspondente às acções que na data do pagamento (ou no 1.º dia do período do pagamento) pertençam à sociedade não será distribuído (independentemente da discussão de qual o exacto tratamento contabilístico desta verba, *v.g.* como reserva)[9].

d) As duas orientações em confronto conduzem a resultados práticos diversos, mas tal diversidade está, contudo, na disponibilidade da assembleia geral (posto que não exista conflito com percentagem de distribuição obrigatória), não suscitando implicações de legalidade.

---

[9] Fiorenzo Lizza, *L'Acquisto di...*, p. 121, cita, como exemplo de deliberações sociais deste tipo (anteriormente à reforma de 85), o balanço da FIAT de 1978 («*distribuire agli azionisti lire 185 per azione, sia priveligiata sia ordinaria, dedotte le azioni in possesso della società*») e o da SKF de 1979. Quanto ao tratamento contabilístico, cita igualmente o Credito Varesino de 1980 («*riserva de dividendi su azioni proprie*»), o da Banca Nazionalle dell'Agricoltura de 1979 e o da Assicurazioni Generali de 1979 («*riserva de dividendi azioni sociali*»).

Entre nós, o Tribunal de 2.ª Instância das Contribuições e Impostos, em acórdão de 11 de Maio de 1966, entendeu que «[n]ão é devido Imposto de Capitais – Secção A pelos lucros distribuídos a uma quota pertencente a sociedade por quotas, para mais se esses lucros foram levados a um Fundo de Reserva Especial" (Gonçalves da Silva/Esteves Pereira, *Contabilidade das Sociedades...*, p. 185).

8. *Mandatory bid rule* e alternativa necessária em dinheiro: nota sobre o artigo 188.º, n.º 3, do Código dos Valores Mobiliários*

1. O artigo 187.º do Código dos Valores Mobiliários ("CVM"), prosseguindo na ordem jurídica portuguesa uma opção e tradição legislativas limitadamente iniciadas com o Código das Sociedades Comerciais ("CSC") em 1986 e depois abertamente desenvolvidas com o Código do Mercado de Valores Mobiliários de 1991 ("Cód. MVM"), consagra a chamada *mandatory bid rule*, impondo a certas pessoas, em certas circunstâncias, o dever de, independentemente de terem nisso interesse ou vontade, formular obrigatoriamente oferta pública de aquisição de âmbito geral, isto é, dirigida à totalidade das acções e outros valores mobiliários que confiram direitos à subscrição ou aquisição de acções das chamadas sociedades com o capital aberto ao investimento do público (ou simplesmente sociedades abertas), tal como definidas no artigo 13.º do mesmo Código.

Tem sido objecto de longo e muito vivo debate, sobretudo na segunda metade do século XX, não apenas a questão, predominantemente económica mas também com importantes reflexos jurídicos, de saber se é em geral benéfica

---

* Publicado em António Menezes Cordeiro/Luís Menezes Leitão/Januário da Costa Gomes (org.), *Estudos em Homenagem ao Professor Doutor Inocêncio Galvão Telles*, vol. IV (*Novos Estudos de Direito Privado*), Coimbra, Almedina, 2003, pp. 1031-1054.

a aquisição de empresas por oferta pública e a existência e funcionamento de um *market for corporate control*, como, em especial, aquela outra de determinar se o chamado "prémio de controlo", ou sobrepreço normalmente ligado à aquisição de uma participação de controlo (em relação às aquisições de acções a que o controlo não está associado), deve ser olhado como propriedade exclusiva de quem tem o domínio da sociedade ou, ao invés, como um bem da própria sociedade cujo controlo é adquirido – reclamando, consequentemente, neste último caso, medidas legislativas que assegurem a efectiva repartição do prémio por todos os accionistas (entre as quais, precisamente, ocupa lugar destacado a regra da obrigatoriedade de formulação de oferta pública geral quando exista aquisição de controlo) e repelindo a apropriação exclusiva por aquele ou aqueles que alienem o controlo[1].

Não temos aqui o propósito de discutir ou analisar o fundamento do regime da obrigatoriedade de formulação de ofertas públicas gerais de aquisição de acções das sociedades abertas[2], visando-se na presente nota tão somente destacar, dentro do regime positivo vigente no direito português, alguns

---

[1] Para uma análise, enfocada no direito português, desta problemática, lançada com a publicação, em 1932, da obra clássica de ADOLF BERLE/GARDINER MEANS, *The Modern Corporation and Private Property*, v. PAULO CÂMARA, "O Dever de Lançamento de Oferta Pública de Aquisição no Novo Código dos Valores Mobiliários, *in* AA. VV., *Direito dos Valores Mobiliários*, vol. II, Coimbra, Instituto dos Valores Mobiliários/Coimbra Editora, 2000, pp. 246-247, e bibliografia aí citada. Cfr. também, no direito anterior, JORGE BRITO PEREIRA, *A OPA Obrigatória*, Coimbra, Almedina, 1998, pp. 38 e ss.
No direito estrangeiro, a bibliografia é abundantíssima. Vejam-se, por todos, em GIANLUCA ROMAGNOLI, *Le Offerte Pubbliche d'Acquisto Obbligatorie*, Milano, CEDAM, 1996, pp. 143 e ss., sobretudo, ROSANNA RICCI, *L'Obbligo di Offerta Pubblica d'Acquisto tra Tutela degli Azionisti e Tutela del Mercato*, Roma, Edizioni Quasar, 1996, pp. 11 e ss.; em França, ALAIN VIANDIER, *OPA-OPE et Autres Offres Publiques*, Paris, Éditions François Lefèbvre, 1999, pp. 44 e ss.; e em Espanha, JAVIER GARCÍA DE ENTERRÍA, *La OPA Obligatoria*, Madrid, Civitas, 1996, em especial pp. 167-199.
[2] Embora não partilhando inteiramente da proposição de PAULO CÂMARA ("O Dever de...", p. 247, nota 112) de que a discussão sobre o tratamento do prémio de domínio deva ter predominantemente lugar à luz dos princípios da *corporate governance*, não deixaremos de, em nota marginal, assinalar o papel central que o autor aí atribui, na concepção relativa ao governo societário, aos deveres gerais dos administradores e sua «confirmação positiva no artigo 64.º CSC», o que vai ao encontro da posição que, então algo desacompanhadamente, tivemos oportunidade de expressar em escrito anterior. Cfr. JOÃO SOARES DA SILVA, "Responsabilidade Civil dos Administradores de Sociedades: os deveres gerais e os princípios da *Corporate Governance*", *Revista da Ordem dos Advogados*, ano 57, vol. II (1997).

aspectos específicos – os ligados ao estabelecimento, em articulação com a imposição de uma contrapartida mínima, de uma necessária "alternativa em dinheiro" – que, podendo revestir elevada importância prática no contexto das ofertas públicas obrigatórias, se prestam, todavia, a não poucas dúvidas de interpretação e delimitação.

2. No centro mesmo dos regimes onde vigore o princípio de oferta obrigatória está a questão da existência e determinação de uma contrapartida mínima a estabelecer para as ofertas obrigatórias que sejam exigidas.

A este respeito, a opção do legislador português encontra-se vertida nos n.ºs 1 e 2 do artigo 188.º do CVM, que dispõem:

> «1 – A contrapartida de oferta pública de aquisição obrigatória não pode ser inferior ao mais elevado dos seguintes montantes:
>
> a) O maior preço pago pelo oferente ou por qualquer das pessoas que, em relação a ele, estejam em alguma das situações previstas no n.º 1 do artigo 20.º pela aquisição de valores mobiliários da mesma categoria, nos seis meses imediatamente anteriores à data da publicação do anúncio preliminar da oferta;
>
> b) O preço médio ponderado desses valores mobiliários apurado em mercado regulamentado durante o mesmo período.
>
> 2 – Se a contrapartida não puder ser determinada por recurso aos critérios referidos no n.º 1 ou se a CMVM entender que a contrapartida, em dinheiro ou em valores mobiliários, proposta pelo oferente não se encontra devidamente justificada ou não é equitativa, por ser insuficiente ou excessiva, a contrapartida mínima será fixada a expensas do oferente por auditor independente designado pela CMVM.»

Problema complementar, mas distinto, do da existência e determinação de uma contrapartida mínima para a oferta obrigatória é, no entanto, o de saber se deve ou não haver algum grau de *predeterminação da natureza da contrapartida* e, designadamente, se deve exigir-se – sempre ou apenas em algumas circunstâncias, e de modo exclusivo ou alternativo – que aos accionistas destinatários da oferta obrigatória seja assegurada a possibilidade de saída da sociedade com compensação em dinheiro.

É no mesmo preceito do artigo 188.º do CVM, agora no seu n.º 3, que a lei portuguesa formula a sua resposta ao quesito, estabelecendo:

«3 – Se a contrapartida consistir em valores mobiliários, deve o oferente indicar alternativa em dinheiro de valor equivalente.»

3. É possível identificar com alguma nitidez, na norma do artigo 188.º do CVM, *cinco níveis de opções legislativas secundárias*, subsequentes à opção básica de consagração da *mandatory bid rule*:

1.º Nos casos de oferta obrigatória, a respectiva contrapartida tem de ter um certo nível mínimo;

2.º Esse nível mínimo é apurado através de uma dupla aferição, funcionando o maior valor resultante de dois critérios eleitos;

3.º A contrapartida tanto pode consistir em valores mobiliários como em dinheiro, como, ainda, ter composição mista, de valores mobiliários e dinheiro;

4.º Se a contrapartida consistir em valores mobiliários, o oferente deve «indicar» uma «alternativa em dinheiro»;

5.º Essa alternativa em dinheiro cuja indicação é necessária deve ter um «valor equivalente».

Esta disposição do artigo 188.º apresenta diversos aspectos de originalidade relativamente a outros ordenamentos, pelo que interessará um rápido relance de direito comparado.

4. No âmbito da *União Europeia*, a tentativa de adopção de uma Directiva sobre ofertas públicas de aquisição tem um longo e acidentado historial, traduzido na elaboração de múltiplas propostas pela Comissão Europeia ao longo de mais de 13 anos[3].

---

[3] Em 9 de Janeiro de 1989, a Comissão apresentou ao Conselho uma primeira proposta de 13.ª Directiva no domínio do direito das sociedades relativa às ofertas públicas de aquisição (*JO* C 64, de 14/03/1989, p. 8; exposição de motivos no *Bol. CE* Supl. 3/89). Em 10 de Setembro de 1990, a Comissão adoptou uma proposta alterada (*JO* C 240, de 26/09/1990, p. 7; exposição de motivos no documento COM (90) 416 final), em que tomava em consideração os pareceres

A mais recente proposta da Comissão é a Proposta de 13.ª Directiva do Parlamento Europeu e do Conselho relativa às ofertas públicas de aquisição, apresentada em 2 de Outubro de 2002[4].

Está longe de ser fácil, na presente data, prever a evolução e vicissitudes que esta actual proposta de 13.ª Directiva poderá ainda vir a sofrer. Na matéria que nos ocupa, interessa, porém, registar que ela consagra as seguintes orientações:

a) Adopta resolutamente, tal como na proposta anterior, o princípio da *mandatory bid* (n.º 1 do artigo 5.º)[5];

do Comité Económico e Social (*JO* C 298, de 27/11/1989, p. 56) e do Parlamento Europeu (*JO* C 38, de 19/02/1990, p. 41).

A proposta defrontou-se com a forte oposição de alguns Estados-Membros e, em 8 de Fevereiro de 1996, a Comissão apresentou ao Conselho e ao Parlamento Europeu uma nova proposta de 13.ª Directiva relativa às ofertas públicas de aquisição (*JO* C 62, de 06/06/1996, p. 5; exposição de motivos no documento COM (95) 655 final), tendo a Comissão adoptado, em finais de 1977, uma proposta alterada que tomava em consideração os pareceres emitidos pelo Comité Económico e Social e pelo Parlamento Europeu.

Em 19 de Junho de 2000, o Conselho adoptou a sua Posição Comum por unanimidade (*JO* C 23 de 24/01/2001, p. 1). Em Dezembro de 2000, o Parlamento Europeu, em segunda leitura, propôs um determinado número de alterações (*JO* C 232, de 17/08/2001, p. 168) que não recolheram o aval do Conselho. O procedimento de conciliação daí decorrente foi encerrado mediante um acordo obtido no âmbito do Comité de Conciliação, em 6 de Junho de 2001.

Em 4 de Julho de 2001, verificou-se uma divisão das posições no Parlamento Europeu, tendo o texto de compromisso sido rejeitado com 273 votos contra e 273 a favor.

A Comissão decidiu então apresentar uma nova proposta de Directiva, tendo, para tal, instituído um Grupo de Alto Nível de peritos no domínio do direito das sociedades, sob a presidência de Jaap Winter, a fim de lhe apresentar propostas com vista a solucionar os problemas colocados pelo Parlamento Europeu, tendo as recomendações formuladas por este Grupo constado no seu relatório, publicado em Janeiro de 2002 (*Relatório do Grupo de Alto Nível de Peritos no Domínio do Direito das Sociedades*, Bruxelas, 10 de Janeiro 2002).

[4] COM (2002) 534 final, 02/10/2002.

[5] Diz o n.º 1 do artigo 5.º da Proposta:

«1. Sempre que uma pessoa singular ou colectiva, na sequência de uma aquisição efectuada por si ou por outras pessoas que com ela actuam em concertação, venha a deter valores mobiliários de uma sociedade na acepção do n.º 1 do artigo 1.º que, adicionados a uma eventual participação que já detenha e à participação detida pelas pessoas que com ela actuam em concertação lhe confiram directa ou indirectamente uma determinada percentagem dos direitos de voto nessa sociedade, permitindo-lhe dispor do controlo da mesma, os Estados-Membros deverão assegurar que essa pessoa <u>seja obrigada a lançar uma oferta</u> a fim de proteger os accionistas minoritários dessa sociedade. Esta oferta deve ser dirigida

A PROPÓSITO DE *CORPORATE GOVERNANCE* E DE DIREITO DAS SOCIEDADES...

b) Estabelece, para a oferta obrigatória, um regime de exigência de *"preço equitativo"* – para cuja definição, porém, se basta com um único critério (fundado no preço de aquisição praticada pelo oferente ou pessoas relacionadas num certo período), embora não vedando de todo a adopção pelas leis nacionais de outros critérios (n.º 4 do mesmo artigo 5.º)[6];

c) Permite a ausência de compensação em numerário, prevendo que a contrapartida da oferta obrigatória seja constituída *exclusivamente por valores mobiliários,* desde que estes sejam valores cotados e dotados de liquidez[7], num compromisso que pode, residualmente, obrigar à

---

o mais rapidamente possível a todos os titulares de valores mobiliários, para a totalidade dos seus valores mobiliários, a um preço equitativo.» (sublinhado nosso)

[6] Este n.º 4 do artigo 5.º da Proposta dispõe:

«4. Por preço equitativo, entende-se o preço mais elevado pago pelos mesmos valores mobiliários pelo oferente, ou pelas pessoas que com ele actuam em concertação, ao longo de um período de seis a 12 meses que precede a oferta prevista no n.º 1.

Os Estados-Membros podem autorizar as autoridades de supervisão a alterar o preço referido no primeiro parágrafo em circunstâncias e de acordo com critérios claramente determinados. Para o efeito, estabelecerão uma lista de circunstâncias em que o preço mais elevado pode ser alterado, tanto no sentido da sua subida como descida, por exemplo, se o preço mais elevado tiver sido fixado mediante acordo entre o adquirente e o vendedor, se os preços de mercado dos valores mobiliários em causa tiverem sido manipulados, se os preços do mercado em geral ou em especial tiverem sido afectados por acontecimentos excepcionais, ou a fim de permitir a recuperação de uma empresa em situação difícil. Podem igualmente definir os critérios a utilizar em tais casos como, por exemplo, o valor médio de mercado ao longo de um determinado período, o valor de liquidação da sociedade ou outros critérios objectivos de avaliação geralmente utilizados na análise financeira.

Qualquer decisão das autoridades de supervisão no sentido de alterar o preço equitativo deve ser sempre fundamentada e divulgada ao público.» (sublinhado nosso)

A circunstância de a lei portuguesa ter adoptado uma protecção reforçada, traduzida numa aferição pelo maior valor resultante de um duplo critério (à semelhança de leis mais modernas como a italiana e austríaca), é posta em relevo por PAULO CÂMARA, "O Dever de...", p. 249.

[7] A exigência de que os valores mobiliários sejam valores cotados com liquidez encontra paralelo, embora em moldes não coincidentes, na legislação portuguesa. Com efeito, o artigo 177.º do CVM, depois de estabelecer, no seu n.º 1, que «[a] contrapartida pode consistir em dinheiro, em valores mobiliários emitidos ou a emitir, ou ser mista», exige no seu n.º 3 que, se «a contrapartida consistir em valores mobiliários, estes devem ter adequada liquidez e ser de fácil avaliação», abrindo a alínea h) do artigo 55.º do CVM a possibilidade de intervenção regulamentar da CMVM quanto aos valores mobiliários admissíveis.

existência de uma alternativa em dinheiro nos casos de aquisições recentes em numerário (n.º 5, ainda do artigo 5.º)[8].

Se as duas primeiras orientações desta Proposta de Directiva de 2 de Outubro de 2002 correspondiam ao que era já a inclinação predominante das legislações nacionais (apenas a Alemanha, até muito recentemente, e a Holanda não tinham adoptado o princípio da OPA obrigatória), já a terceira, respeitante à autorização ou não, para a *mandatory bid*, de contrapartida em valores mobiliários (e, nesse caso, à exigência ou não de uma alternativa em dinheiro), resultou de laborioso compromisso.

Segundo anota a própria Comissão em formulação sintética[9], registou-se, nas discussões que precederam a Proposta, uma maioria de países favorável à existência da necessidade de contrapartida (ou alternativa) em dinheiro, com base nos seguintes argumentos:

a) (Só) a contrapartida (ou alternativa) em dinheiro dá efectivamente aos accionistas da sociedade a escolha entre sair da sociedade ou permanecer nesta como accionistas sob novo controlo[10];

---

[8] O n.º 5 do artigo 5.º da Proposta estabelece:
«5. A contrapartida proposta pelo oferente pode ser exclusivamente constituída por valores mobiliários dotados de liquidez.
Sempre que a contrapartida proposta pelo oferente não consistir em valores mobiliários dotados de liquidez admitidos à negociação num mercado regulamentado, os Estados--Membros podem prever que essa contrapartida deva incluir uma parte em numerário, pelo menos a título de opção.
Em todo o caso, o aferente deve propor, pelo menos como alternativa, uma contrapartida em numerário quando tiver adquirido em numerário mais de 5% de valores mobiliários ou direitos de voto da sociedade visada, a título individual ou em conjunto com pessoas que com ele actuam em concertação, num período que se inicie três meses antes do lançamento da sua oferta nos termos do n.º 1 do artigo 6.º e até ao termo do período de aceitação da oferta.» (sublinhados nossos)

[9] Comissão Europeia, Mercado Interno, *Proposed Takeovers Directive – Questions and answers*, Maio de 2002.

[10] Também Paulo Câmara, "O Dever de...", pp. 252-253, subscreve o argumento ao citar Francesco Carbonetti, "La Nuova Disciplina delle Offerte Pubbliche di Acquisto", *Rivista delle Società* (Setembro/Outubro, 1998), p. 1363, dizendo que a contrapartida em valores mobiliários emitidos pelo oferente não impede que o accionista fique "preso" na sociedade, apenas o fará "mudar de cárcere".

b) No caso de contrapartida em acções com alternativa em dinheiro, esta última protege os accionistas da sociedade visada contra a queda de valor dos valores mobiliários oferecidos em contrapartida, mas permite-lhes beneficiar do acréscimo desse valor.

Em contraponto, porém, a Comissão refere também que um "considerável número" de países se opôs à consagração obrigatória de uma alternativa em dinheiro, aduzindo designadamente, como contra-argumentação:

a) A exigência de contrapartida (ou alternativa) em dinheiro impede uma sociedade oferente de obter os fundos necessários para a operação directamente junto dos accionistas da sociedade visada[11];
b) A exigência de tal contrapartida (ou alternativa) eleva o custo de transacção de ofertas públicas, especialmente se se tiver em conta a tendência para exigir que elas abranjam 100% de capital da sociedade visada, o que representaria um radical desfavor relativamente à situação existente, em que muitas das mais vultuosas aquisições podem ser feitas (e na realidade geralmente só se fazem) através de oferta pública de troca de acções;
c) As ofertas públicas que oferecem como contrapartida apenas valores mobiliários produzem um acréscimo de liquidez dos títulos oferecidos como contrapartida e, consequentemente, da liquidez do mercado em geral.

Tendo presente essa discussão, a Comissão veio a optar por *não propor, como regra, a exigência de contrapartida (ou sequer alternativa) em dinheiro* nas ofertas obrigatórias de aquisição. Mas, mais ainda, pode até ter querido – de modo sem dúvida algo surpreendente – restringir severamente a liberdade aos Estados-Membros, seja para exigir sempre contrapartida em dinheiro (vedando a contrapartida em valores mobiliários) na OPA obrigatória, seja para admitir a

---

[11] Este argumento é, ao invés, apreciado negativamente por PAULO CÂMARA, "O Dever de...", p. 252, que qualifica como «risco sério» a possibilidade de fazer recair sobre o destinatário da oferta o esforço financeiro da tomada.

contrapartida em valores mobiliários, mas apor-lhe a exigência de necessária alternativa em dinheiro.

Com efeito, pelo menos numa interpretação *a contrario sensu* – e com as reservas que, como é sabido, este tipo de caminho interpretativo deve sempre suscitar –, o n.º 5 do artigo 1.º da Proposta de 13.º Directiva poderá ser lido como *só autorizando* os Estados-Membros a exigirem contrapartida (ou alternativa) em dinheiro (para além dos casos do 3.º parágrafo, em que isso é obrigatório) quando a contrapartida em valores mobiliários não seja constituída por valores admitidos à negociação em mercado regulamentado, o que, a vingar (e a ter efectivamente este significado, o que neste momento deixamos ainda com a assinalada reserva), poderá pôr em causa, para futuro, a licitude das disposições como a do n.º 3 do artigo 188.º do CVM português.

A diversidade de soluções era, aliás, o panorama que à data da Proposta se verificava – e continua a verificar – em algumas das principais ordens jurídicas europeias, como de seguida brevemente veremos.

5. No *direito alemão*, a matéria respeitante às ofertas públicas só muito recentemente apareceu regulada[12] na lei de ofertas públicas aprovada em 15 de Novembro de 2001 e que teve o seu início de vigência no dia 1 de Janeiro de 2002. A *Lei das Ofertas de Aquisição* alemã (*Wertpapiererwerbs-und Übernahmegesetz*) distingue três tipos de ofertas: ofertas de aquisição (capítulo 3), ofertas públicas de aquisição (capítulo 4) e ofertas obrigatórias (capítulo 4).

Nas simples ofertas de aquisição, reguladas no capítulo 3, não se exige que o oferente disponibilize contrapartida em dinheiro.

Relativamente às ofertas públicas de aquisição e às ofertas obrigatórias, o regime da nova lei alemã (§ 29 a § 39) compreende os seguintes elementos essenciais quanto às contrapartidas que deverão ser propostas pelo oferente:

---

[12] Tendo em conta a longa tradição alemã de prevalência da orientação de que os direitos dos accionistas minoritários podem ser protegidos por mecanismos diversos da oferta pública obrigatória, é com manifesta satisfação que a Comissão Europeia no documento acima referido (nota 9, *supra*) assinala que também a Alemanha acaba de se "converter" à solução da *mandatory bid*.

a) a contrapartida oferecida deverá ser adequada e *poderá consistir em dinheiro ou em valores mobiliários líquidos* admitidos à negociação em mercado regulamentado;

b) a contrapartida oferecida corresponderá à média ponderada do preço por acção nos três meses anteriores à oferta ou o maior preço pago pelo oferente (ou sua subsidiária) no mesmo período;

c) a contrapartida deverá ser objecto de ajustamento sempre que o oferente tenha, directa ou indirectamente, adquirido, no período entre a publicação do documento da oferta e a publicação do resultado final da oferta, acções com contrapartida em valor mais elevado do que aquele indicado na oferta;

d) a contrapartida será obrigatoriamente em dinheiro quando o oferente *(i)* tenha, directa ou indirectamente, adquirido, com contrapartida em dinheiro, uma participação correspondente a, pelo menos, 5% das acções ou dos direitos de voto da sociedade visada, nos três meses anteriores ao anúncio da decisão de aquisição, ou *(ii)* tenha adquirido, com contrapartida em dinheiro, uma participação correspondente a, pelo menos, 1% das acções ou dos direitos de voto na sociedade visada, no período após o anúncio da decisão de aquisição e antes do fecho do período da oferta;

e) a contrapartida será ajustada sempre que o oferente adquira, no período de um ano após o fecho da oferta, participação a preço mais elevado, caso em que deverá pagar a diferença a todos os accionistas que tenham aceitado a oferta inicial em dinheiro, excepto quando tal participação tenha sido adquirida em bolsa ou na sequência do exercício, pelos accionistas, de um direito estatutário de alienação das suas participações, no âmbito de uma operação de fusão, cisão ou de transferência de activos, ou ainda do exercício do direito de subscrição da emissão de novas acções.

Na Alemanha, *não há, pois, obrigação de alternativa em dinheiro* quando a contrapartida consiste em valores mobiliários líquidos admitidos à negociação em mercado regulamentado, mas há casos residuais (inspirados no *City Code* inglês, como veremos, e também acolhidos na Proposta de 13.ª Directiva) em que a alternativa tem (exclusivamente) de consistir em dinheiro.

6. Em *Espanha*, o regime das ofertas públicas de aquisição foi estabelecido no *Real Decreto* 1197/1991, de 26 de Julho, alterado pelos *Reales Decretos* 437/1994, de 11 de Março, 2590/1998, de 7 de Dezembro, 1676/1999, de 29 de Outubro, e 1443/2001, de 21 de Dezembro[13].

O regime da contrapartida oferecida em OPA diverge conforme se esteja perante o caso das chamadas ofertas de "exclusão de negociação" – únicas nas quais é obrigatório oferecer contrapartida em dinheiro – ou perante OPA concorrentes e demais OPA (obrigatórias ou voluntárias), nas quais ao oferente assiste a faculdade de oferecer contrapartida em dinheiro ou em valores mobiliários.

Relativamente, com efeito, à generalidade das OPA (obrigatórias ou voluntárias), rege o artigo 10 do *Real Decreto* 1197/1991, epigrafado *"Contraprestaciones ofrecidas"*, que estipula:

> *«1. Salvo en aquellos supuestos previstos en este Real Decreto en los que sólo queda contraprestación en dinero, <u>las ofertas públicas de adquisición podrán formularse como compraventa, como permuta o como ambas cosas a la vez</u>, y deberán asegurar la igualdad de trato de los titulares de valores que se encuentren en iguales circunstancias.*

---

[13] A lei espanhola dispõe que o pedido de exclusão da negociação em bolsa de determinados valores mobiliários pode ser condicionado, pela entidade de supervisão, ao dever de lançamento de OPA – as designadas ofertas de *"exclusión de la negociación"* – nos casos em que esta entidade considere que tal exclusão de negociação possa lesar os legítimos interesses dos titulares.

A OPA de exclusão de negociação distingue-se pelos seguintes elementos essenciais:
   a) coincidência na sociedade obrigada ao seu lançamento da condição de oferente e da condição de sociedade emitente dos valores cuja aquisição se pretende;
   b) obrigação de que a OPA seja dirigida à aquisição das acções cuja exclusão se pretende e ainda à aquisição de todas as obrigações convertíveis em acções e demais valores que confiram direito à sua subscrição ou aquisição, não existindo o dever de estender a oferta aos accionistas que tenham votado a favor da exclusão e que imobilizem os seus valores no período de aceitação da oferta (artigo 7.º, n.º 2).

Nesses casos, o oferente terá de oferecer contrapartida em dinheiro, por exigência do n.º 3 do artigo 7.º, mas a obrigatoriedade de contrapartida em dinheiro deriva aqui, como é bom de ver, da própria razão de ser específica deste tipo de OPA, enquanto meio de tutela dos titulares dos valores mobiliários que serão objecto de exclusão de cotação oficial e, portanto, afectados pela perda de liquidez que acarreta a transformação da sociedade em sociedade fechada.

2. En caso de compraventa, la contraprestación en dinero se expresará en pesetas para cada valor unitario.

3. Las permutas que se propongan serán claras en cuanto a la naturaleza, valoración y características de los valores que se ofrezcan en canje, así como en cuanto a las proporciones en que hayan de producirse.

4. En caso de permuta, <u>sólo podrán ofrecerse en canje valores admitidos a negociación</u> en Bolsa de Valores española o en Bolsa radicada en algún Estado miembro de la Organización para la Cooperación y Desarrollo Económico (OCDE), o valores a emitir por la propia Sociedad oferente, siempre que su capital esté total o parcialmente admitido a negociación, que la emisión de los valores esté sujeta a la preceptiva verificación y registro por la Comisión Nacional del Mercado de Valores, y que el oferente adquiera el compromiso expreso de solicitar la admisión a negociación de los nuevos valores en un plazo de tres meses, a partir de la publicación del resultado de la oferta.» (sublinhados nossos)

Note-se que, relativamente às *ofertas concorrentes*, o regime inicial constante do *Real Decreto* 1197/1991 impunha a obrigatoriedade de contraprestação em dinheiro, estipulando a alínea d) do artigo 33.º que «*[l]a contraprestación, en todo o caso, deberá ser en metálico*».

A justificação deste regime especial não era clara, e era manifesta a dificuldade da doutrina em ensaiar uma explicação plausível, que acabaria por se reconduzir à facilidade de confronto com a oferta inicial[14]. O artigo foi, todavia, objecto de alteração na linha geral de orientação do sistema, isto é, no sentido de excluir, também nas OPA concorrentes, a obrigatoriedade de contrapartida em dinheiro, dispondo hoje a alínea d) do artigo 33.º, tal como

---

[14]   Miguel Sánchez-Calero Guilarte, *in* Fernando Sánchez-Calero (dir.), *Régimen Jurídico de las Ofertas Públicas de Adquisición (OPAS): comentario sistemático del Real Decreto 1.197/1991*, vol. 1, Madrid, Centro de Documentación Bancaria y Bursátil, 1993, pp. 629 e 630, por exemplo, referia, para aludir à razão desta obrigatoriedade: «*otro de los aspectos que hacen atractiva una oferta competidora para sus destinatarios, puesto que comprobamos que, al margen de la eventual elevación del precio que puede implicar la presentación de una oferta competidora, reglamentariamente se exige de quien la realiza que ofrezca una contraprestación en metálico, que siempre merece una mejor valoración por parte de los destinatarios de ofertas públicas de adquisición por la fácil evaluación de la contraprestación, a diferencia de lo que sucede cuando se ofrece la permuta por otros valores a una contraprestación mixta que incluye esta permuta junto al pago de la suma de dinero*».

alterado, que «*[l]as contraprestaciones podrán adoptar cualquiera de las modalidades previstas en el artículo 10 del presente Real Decreto*».

O regime jurídico espanhol das ofertas públicas de aquisição acaba de ser objecto de reformulação relativamente profunda, operada pelo recentíssimo *Real Decreto* 432/2003, de 11 de Abril de 2003, que veio modificar extensamente algumas disposições do *Real Decreto* 1197/1991, sobretudo no que à definição de oferta obrigatória diz respeito.

Mas tais modificações não incidiram no sistema de contrapartidas, que continua a ser essencialmente regido, mesmo no que concerne às novas hipóteses de OPA obrigatória, pelas disposições do artigo 7.3. do *Real Decreto* 1197/1991[15].

7. No *direito italiano*, o *Decreto Legislativo 24 febbraio 1998, n. 58*, aprovado nos termos dos artigos 8 e 21 da *Legge 6 febbraio 1996, n. 52*, com as alterações introduzidas pelo *Decreto Legislativo 11 aprile 2011, n. 61*, dispõe o seguinte:

> «*Art. 106*
> *(Offerta pubblica di acquisto totalitario)*
> *1. Chiunque, a seguito di acquisti a titolo oneroso, venga a detenere una partecipazione superiore alia soglia dei trenta per cento, promuove un'offerta pubblica di acquisto sulla totalità delle azioni ordinarie.*
> *2. L'offerta è promossa entro trenta giorni a un prezzo non inferiore alla media aritmetica fra ii prezzo medio ponderato di mercato degli ultimi dodici mesi e*

---

[15] O *Real Decreto* 432/2003, de 11 de Abril, surgiu na sequência do profundo mal-estar, e até escândalo público, que no mercado de capitais espanhol suscitou uma série de aquisições de controlo sobre empresas cotadas (em especial, grandes construtoras como a Dragados), através da aquisição de participações que, por se situarem abaixo do limiar relevante de 25%, não originavam a obrigação de oferta pública geral, não obstante a imediata assunção pela adquirente de controlo do órgão de administração. As principais modificações introduzidas dizem, assim, respeito à obrigação de OPA geral nos casos em que se verifiquem certos índices de controlo diversos da percentagem de capital detida ou adquirida (em especial, a designação directa ou indirecta de certo número de membros do órgão de administração), bem como a regulação da tramitação desses novos casos. Adicionalmente, admitiu-se e regulou-se também a formulação de ofertas condicionadas como mecanismo para combater blindagens societárias, alargou-se, de 75% para 100%, o objecto das ofertas obrigatórias e afinaram-se procedimentos com vista a limitar os riscos de fuga de informação e *inside trading* na fase de lançamento de ofertas.

quello più elevato pattuito nello stesso periodo dall' offerente per acquisti di azioni ordinarie.

3. La Consob disciplina con <u>regolamento</u> le ipotesi in cui:

a) la partecipazione indicata nel comma 1 è acquisita mediante l'acquisto di partecipazioni in società ii cui patrimonio è prevalentemente costituito da titoli emessi da altra società con azioni quotate;

b) l'obbligo di offerta consegue ad acquisti da parte di coloro che già detengono la partecipazione indicata nel comma 1 senza disporre della maggioranza dei diritti di voto nell'assemblea ordinaria;

c) <u>il corrispettivo dell'offerta piò essere costituito in tutto o in parte da strumenti finanziari.</u>

4. L'obbligo di offerta non sussiste se la partecipazione indicata nel comma 1 è detenuta a seguito di un'offerta pubblica di acquisto diretta a conseguire la totalità delle azioni ordinarie.» (sublinhados nossos)

Ora, o *Regolamento di attuazione del decreto legislativo 24 febbraio 1998, n. 58, concernente la disciplina delli emittenti* (aprovado pela *CONSOB* pela deliberação n.º 11971 de 14 de Maio de 1999 e sucessivamente modificado pelas deliberações n.º 12475 de 6 de Abril de 2000, n.º 13086 de 18 de Abril de 2001, n.º 13106 de 3 de Maio de 2001, n.º 13130 de 22 de Maio de 2001), explicita, ao abrigo do disposto no citado artigo 106, n.º 3, c), da Lei n.º 52:

«Art. 47

(Corrispettivo in strumenti finanziari)

1. Nelle offerte previste dall'articolo 106, <u>comma 1</u>, del Testo Unico il corrispettivo può essere costituito da strumenti finanziari quotati in un mercato regolamentato in un paese dell'Unione Europea, <u>se le operazioni compiute nei dodici mesi precedenti il superamento della soglia hanno avuto come corrispettivo, nella stessa proporzione, i medesimi strumenti finanziari.</u> Gli strumenti finanziari sono sempre valutati ad un prezzo non superiore al prezzo medio ponderato di mercato degli ultimi dodici mesi.

2. Nelle offerte previste dall'art 106, <u>comma 4</u>, del Testo Unico il corrispettivo <u>può essere costituito da strumenti finanziari se ammessi a quotazione in mercati regolamentati dell'Unione Europea.</u>» (sublinhados nossos)

8. No *direito inglês*, o *City Code on Takeovers and Mergers*[16] dispõe, relativamente às ofertas públicas obrigatórias, na *rule* 9.5:

> «*9.5 Consideration to be offered*
> (a) *Offers made under this Rule must, in respect of each class of share capital involved, be <u>in cash or be accompanied by a cash alternative</u> at not less than the highest price paid by the offeror or any person acting in concert with it for shares of that class during the offer period and within 12 months prior to its commencement. [...]*
> (b) *If the offeror considers that the highest price should not apply in a particular case, the offeror should consult the Panel which has discretion to agree an adjusted price.*» (sublinhado nosso)

Relativamente às ofertas voluntárias, rege a *rule* 11.1:

> «*Except with the consent of the Panel in cases falling under (a) or (b), a <u>cash offer is required</u> where:*
> (a) *the shares of any class under offer in the offeree company purchased for cash (but see Note 5) by an offeror and any person acting in concert with it during the offer period and within 12 months prior to its commencement carry 10% or more of the voting rights currently exercisable at a class meeting of that class, in which case the offer for that class shall be in cash or accompanied by a cash alternative at not less than the highest price paid by the offeror or any person acting in concert with it for shares of that class during the offeror period and within 12 months prior to its commencement; or*
> (b) *subject to paragraph (a) above, shares of any class under offer in the offeree company are purchased for cash (but see Note 5) by an offeror or any person acting in concert with it during the offer period, in which case the offer for that class shall be in cash or accompanied by a cash alternative at not less than the highest price paid by the offeror or any person acting in concert with it for shares of that class during the offer period.*» (sublinhado nosso)

---

[16] Citamos aqui a 7.ª edição, publicada em 1 de Maio de 2002.

E diz a *note* 5 a esta *rule* 11.1:

> «*5. Acquisitions for securities*
> *For the purposes of this Rule, shares acquired by an offeror and any person acting in concert with it in exchange for securities, either during or in the 12 months preceding the commencement of the offer period will normally be <u>deemed to be purchased for cash on the basis of the value of the securities at the time of the purchase</u>. However; if the vendor of the offeree company shares is required to hold the securities received in exchange until either the offer has lapsed or the offer consideration has been posted to accepting shareholders, no obligation under Rule 11.1 will be incurred.*» (sublinhado nosso)

Temos, pois, que no direito inglês se consagram *duas realidades jurídicas distintas*:

a) A *cash offer*, nos casos em que tenha havido aquisições excedendo 10% nos 12 meses anteriores ao início da oferta ou durante o período desta (sendo, então, indiferente se essas aquisições foram em dinheiro ou em valores mobiliários, já que estas últimas se consideram, como regra, feitas em dinheiro na base do valor dos valores mobiliários utilizados);

b) A *(securities offer) accompanied by a cash alternative*, permitida ao oferente nos demais casos de oferta obrigatória.

Interessa-nos particularmente esta última, cujo entendimento e prática em Inglaterra ajudará a situar e interpretar o regime português quanto à exigência de alternativa em dinheiro e, sobretudo, quanto ao (singular) requisito de "equivalência" que a lei portuguesa lhe decidiu acrescentar.

Continuemos, por isso, a análise do sistema britânico já em confronto com a evolução da legislação portuguesa.

9. No anterior Código do Mercado de Valores Mobiliários de 1991, as ofertas gerais obrigatórias de aquisição abrangiam *dois tipos diversos* de situações: as *subsequentes*, ou seja, aquelas (a que hoje se continuam a referir os artigos 187.º e 188.º do CVM) em que se tinha ultrapassado certo limiar de participação (*rectius*, de direitos de voto, próprios ou imputados) bem como, também, as que se poderiam dizer *"prévias"*, aquelas em que simplesmente se visasse essa ultrapassagem (nas quais, em rigor, a oferta pública de aquisição correspondia a um ónus).

E para ambas estabelecia (na sua última redacção, introduzida pelo Decreto-Lei n.º 261/95, de 3 de Outubro) o artigo 528.º do Cód. MVM:

> «6 – Na oferta geral de aquisição, a contrapartida da oferta, relativamente a cada espécie ou categoria de valores por ela envolvidos, será <u>obrigatoriamente em dinheiro ou acompanhada de uma alternativa em dinheiro</u>, que não poderá fixar-se em quantia inferior ao mais alto dos seguintes montantes:
>
> a) <u>O equivalente à contrapartida em valores mobiliários que for eventualmente proposta;</u>
>
> b) O maior preço pago pelo oferente, ou por qualquer das pessoas referidas no artigo 314.º do Código das Sociedades Comerciais e no artigo 530.º do presente diploma pela compra de valores mobiliários da mesma natureza e categoria, nos 12 meses imediatamente anteriores à data da publicação do anúncio preliminar da oferta;
>
> c) A cotação média ponderada desses valores durante o mesmo período;
>
> d) Não se tratando de valores cotados, ou não se tornando possível apurar a referida cotação média, ou, ainda, não sendo esta representativa por falta de liquidez e de frequência e regularidade de transacções dos valores em causa, o montante determinado, a expensas do oferente, por um perito qualificado e independente, que a CMVM designará quando entenda que a contrapartida em dinheiro ou em valores mobiliários, proposta pelo oferente, não se encontra devidamente justificada ou não é equitativa.» (sublinhados nossos)

De entre as perplexidades que então suscitava a determinação do alcance e significado exacto desta disposição do Código do Mercado de Valores Mobiliários que, nas ofertas gerais obrigatórias, exigia que estas fossem em dinheiro *«ou acompanhadas de uma alternativa em dinheiro»*, não podendo esta ser inferior a certos parâmetros históricos (média de cotação dos últimos 12 meses, maior preço pago pelo oferente e pessoas conexionadas no mesmo período), estava, muito em especial, a circunstância de a esses requisitos se acrescentar, todavia, o de que a alternativa em dinheiro tivesse de ser «*equivalente à contrapartida em valores mobiliários que for eventualmente proposta*», exigência singular relativamente a outros ordenamentos e que se mostrava de muito difícil justificação e delimitação.

A análise e aprofundamento desta (singular) exigência da lei portuguesa tinha já então feito adensar a hipótese de que ela teria tido na origem uma *cópia deturpada* do regime instituído no Reino Unido pelo *City Code on Takeovers and Mergers.*

É difícil, com efeito, não julgar aquela nossa antiga disposição do artigo 528.º, n.º 6, do Cód. MVM directamente inspirada na acima transcrita *rule* 9.5 do *City Code*, conforme, aliás, tinha reconhecido a doutrina[17].

Uma diferença, porém, muito importante relativamente à legislação portuguesa do Cód. MVM era, desde logo, a de que a *rule* 9.5, ao estabelecer regras de contrapartida obrigatória, se aplicava, tal como aquela pregressa norma portuguesa, às ofertas *subsequentes* (posteriores à ultrapassagem pelos interessados de certos limites de participações), *mas só a essas e não também às OPA ditas "prévias"* (em que o interessado pretendia adquirir participação relevante ou de controlo), às quais, todavia, o legislador português – porventura com insuficiente ponderação – as estendeu também. É o que resulta, com efeito, da *rule* 9.1, à qual a *rule* 9.5 se reporta.

E em *nenhum lugar* do *City Code* se continha, também, a exigência de que a "*cash alternative*" tivesse de ser *equivalente à contrapartida (concretamente) oferecida em valores mobiliários.*

Donde viria, então, essa (singular) exigência acolhida na alínea a) do n.º 6 do artigo 528.º Cód. MVM?

---

[17]   Cfr. Brito Pereira, *A OPA Obrigatória*..., p. 359, embora referindo ser o sistema inglês «em tudo idêntico àquele constante do regime nacional», o que não podemos subscrever. Este autor refere-se também à *note* 1, mas traduzindo-a inexactamente (traduz «*when shares have been acquired*» como «quando as acções sejam adquiridas», em vez de "quando as acções hajam sido adquiridas"), pelo que passa à margem da questão que no texto analisamos.
No direito actual e perante a disposição do artigo 188.º do CVM, o mesmo reconhecimento de inspiração no direito britânico é expressamente feito por Paulo Câmara, "O Dever de...", p. 252.

Conforme é sabido, as *"rules"* do *City Code* são publicadas acompanhadas de *"notes"* da instância auto-regulatória encarregada de supervisionar a sua aplicação, o *Panel on Takeovers and Mergers.*

Ora, precisamente a *rule* 9.5, que o legislador português do Cód. MVM parece ter quase integralmente copiado, tem uma *note* 1 com o seguinte teor:

> «1. *Nature of consideration*
> *Where shares <u>have been acquired for a consideration other than cash</u>, the offer must nevertheless be in cash or be accompanied by a <u>cash alternative of at least equal value</u>, which must be determined by an independent valuation.*
> *[...]*» (sublinhados nossos)

É aqui – só aqui – que aparece, na regulamentação inglesa, a referência a *«cash alternative of at least equal value».* Mas é bom de ver que, por um lado, ela aparece num contexto que é privativo das ofertas públicas subsequentes e radicalmente diverso do aplicável a ofertas públicas "prévias": aquele em que, tendo havido *no passado* («*have been*») aquisições cujo montante fez desencadear uma oferta pública geral obrigatória (único caso, repete-se, em que a oferta obrigatória existe em Inglaterra), tais aquisições *foram historicamente feitas com contrapartida em valores mobiliários.* Só aí, *nessa limitada hipótese* – muito compreensivelmente, uma vez que se trata de mera concretização da regra de pagamento de igual valor, mas de forma que, por outro lado, facilmente se verifica que nada tinha que ver com a norma portuguesa da alínea a) do n.º 6 do artigo 528.º –, se aplica o princípio da "paridade" entre contrapartida em espécie e alternativa em dinheiro, e, mesmo assim, para o limitado efeito de ajudar a estabelecer o valor mínimo histórico praticado a aplicar.

Daqui, pois, o foco inicial da aludida suspeita de se estar perante um possível caso de importação distorcida de regulamentação estrangeira[18].

---

[18] Note-se, aliás, que a confusão ia ao ponto de o artigo 528.º Cód. MVM, pelo menos na sua literalidade, nem sequer exigir que a contrapartida em valores mobiliários, se oferecida, respeitasse, *ela própria*, o padrão mínimo: ela deveria ser sempre «acompanhada de alternativa em dinheiro» e só esta, aparentemente, estava sujeita a valor mínimo, sendo possível (pelo menos literalmente, repete-se, sem aqui aprofundar o tema) que a contrapartida em valores mobiliários não obedecesse ao limiar mínimo, desde que a alternativa em dinheiro respeitasse os respectivos critérios... entre os quais, em evidente circularidade, se encontrava o de ser de valor equivalente àquela contrapartida em valores mobiliários.

10. Como é sabido, o actual Código dos Valores Mobiliários – acompanhando a orientação da lei inglesa e o que é também a tendência de grande parte das mais modernas legislações – extinguiu a obrigatoriedade das ofertas obrigatórias "prévias" (parciais ou gerais), passando a estabelecer a obrigatoriedade de oferta pública apenas subsequente, isto é, somente nos casos em que a ultrapassagem dos limiares relevantes do direito de votos tivesse já ocorrido.

E, ao fazê-lo, *mudou também significativamente a forma de referência à "alternativa em dinheiro".*

Onde antes, com efeito, no artigo 528.º, n.º 6, do Cód. MVM, se referia que a contrapartida em valores mobiliários deveria ser «acompanhada de uma alternativa em dinheiro» e se exigia que esta fosse «equivalente à contrapartida em valores mobiliários que for eventualmente proposta», passa agora a dizer-se simplesmente, no n.º 3 do artigo 188.º do CVM, que o oferente deve «indicar uma alternativa em dinheiro» e acrescenta-se apenas, de modo mais elíptico, que esta deve ser «de valor equivalente».

Sem terem desaparecido todos os problemas interpretativos que a norma anterior suscitava, julgamos, no entanto, que esta evolução legislativa – pese embora alguma timidez e hesitação da linguagem empregada, que se situa francamente aquém da clareza desejável – facultará hoje apoios mais sólidos para procurar respostas.

11. Uma das interrogações que o artigo 528.º do Cód. MVM suscitava era a de ajuizar da susceptibilidade de, na exigência de contrapartida em dinheiro feita pela lei portuguesa, se poder distinguir – como se distingue na lei e na prática inglesa – entre *"alternative cash alternative"* e *"cash offer"*, sendo esta *"alternative cash offer"* uma (mas não a única) forma de assegurar a "alternativa em dinheiro".

Dito por outras palavras, tratava-se de saber se, na lei portuguesa, a necessária alternativa em dinheiro, nas ofertas em que fosse proposta contrapartida em valores mobiliários, *tinha sempre e necessariamente de se traduzir na formulação de uma oferta com prestação alternativa de escambo (a título principal) ou compra (com escolha pertencente ao destinatário)* ou se, pelo contrário, a exigência de uma alternativa em dinheiro se poderia também assegurar *por outros meios idóneos diversos da oferta com prestação alternativa.*

A prática inglesa da *"cash alternative"* evidencia a este respeito uma grande flexibilidade, possibilitando, designadamente, que, para além da *"alternative cash offer"*, a *"cash alternative"* possa também ser atingida por meio de *underwriting* – o chamado, na prática inglesa, *"cash underpinning"* –, ou seja, sendo facultado aos destinatários das ofertas (por um terceiro, normalmente o *financial advisor* do oferente ou um sindicato em que este se integra) a *aquisição subsequente a dinheiro das acções que tiverem sido oferecidas e recebidas como (única) contrapartida da oferta*, nessa aquisição subsequente consistindo, e com ele se satisfazendo, a "alternativa em dinheiro" exigida pelo *City Code*.

E isso tem, aliás, consagração positiva explícita: a *note* 2 à *rule* 2 do *City Code on Takeovers and Mergers* fala expressamente em «*cash alternative by way of underwriting*»[19].

---

[19] O *underwriting* de oferta pública através de *cash underpinning* tem-se mostrado em Inglaterra um dos métodos eficazes de financiamento da oferta pública de aquisição suportada através da emissão de novas acções quando o oferente queira também (ou tenha obrigação legal de) proporcionar uma alternativa em dinheiro. A prática tem mostrado dois tipos principais de estruturas de *cash underpinning*: numa delas (por exemplo, OPA da Granada sobre a Forte e da Rentokil sobre a BET em 1996), é o oferente quem entrega directamente dinheiro aos accionistas da sociedade visada, tomando por sua vez o *underwriter* ou sindicato de *underwriters* as acções oferecidas não aceites pelos destinatários. Como é óbvio, não é esta modalidade que apresenta interesse para as questões abordadas no texto, visto que ela se reconduz essencialmente a uma garantia de colocação ou tomada firme.

Numa modalidade mais estruturada, porém, orientada para uma multiplicidade de imperativos práticos (*v.g.*, evitar ou diferir a imediata tributação em mais-valias dos destinatários da oferta através da recepção primária de acções e, sobretudo, permitir o *"merger account"* e consequente neutralidade fiscal da operação, configurando-a como uma *share for share exchange*), generalizou-se depois o *cash underpinning* através da entrega aos accionistas da sociedade visada *sempre e só* dos valores mobiliários oferecidos como única contrapartida da oferta, sendo perante estes destinatários que outra entidade diversa do oferente, a entidade financeira ou o sindicato responsável pelo *cash underpinning assume concomitante obrigação de aquisição, a dinheiro, das acções recebidas como contrapartida da oferta*. Asseguram-se, assim, em simultâneo, dois objectivos: o de que a oferta seja unicamente em espécie e totalmente financiada por acções e o de proporcionar aos accionistas que o desejem um efectivo *way out* com compensação em dinheiro (e, desse modo, uma efectiva alternativa em dinheiro, embora sem haver contrapartida alternativa em dinheiro, na própria oferta pública).

Este é hoje um dos dois principais meios de financiamento das aquisições que o oferente decida financiar através da emissão de acções suas, mas contemplando total ou parcialmente a possibilidade de proporcionar numerário aos destinatários. O outro – utilizado quando se pretende conjugar um financiamento exclusivamente por emissão de novas acções com uma contrapartida exclusivamente em numerário – é a do recurso a um *rights issue* (emissão de acções destinada à base accionista), tendo-se desenvolvido, para procurar compatibilizar a rigidez do *rights issue* clássico com as contingências do processo de OPA, uma modalidade particular, a chamada *trombone rights issue*, que, na submodalidade mais maleável (*a fully flexible*

Pois bem: já no domínio do artigo 528.º do Cód. MVM nos inclinávamos para que a solução deste ponto deveria ser no sentido da não exclusividade, perante a lei portuguesa, de a "alternativa em dinheiro" ser assegurada através de oferta com prestação alternativa, podendo, designadamente, sê-lo através de mecanismo similar ao *cash underpinning* do direito inglês, ou seja, de concomitante obrigação de aquisição – assegurada pelo próprio oferente ou por terceiro – dos valores mobiliários objecto da contrapartida (única), posto que os demais requisitos se verificassem.

Esta inclinação – num tempo em que a expressão «acompanhada de alternativa em dinheiro» traduzia literalmente o «*accompanied by a cash alternative*» inglês – não parece que possa ficar senão reforçada pela alteração da linguagem escolhida pelo actual artigo 188.º, n.º 3, do CVM, que já nem sequer suscita o obstáculo gramatical do uso da expressão "acompanhada de" e se limita a dizer que o oferente deve "indicar" uma alternativa em dinheiro.

Não vemos haver razão para supor que a alteração do modo de dizer não haja sido intencional, e, sendo-o, afigura-se que ela solidifica o que já antes parecia a melhor doutrina, em face, nomeadamente, da *ratio* do sistema: ao contrário de outras legislações, é inafastável que a orientação de fundo do legislador português foi a de favorecer a liberdade de eleição de contrapartida (em valores mobiliários, em dinheiro ou mista), mesmo na oferta pública obrigatória. A simultânea protecção do "direito de saída" através de indicação de alternativa em dinheiro quando a eleição haja sido por contrapartida em valores mobiliários é, pois, uma entorse, ditada embora por razões ponderosas, e deverá entender-se à luz do princípio da menor interferência na lógica e funcionamento próprio da oferta com contrapartida em espécie.

---

trombone rights issue), permite ajustar os montantes e *timings* de emissão e pagamento das novas acções aos resultados e prazos do processo de oferta pública. Para procurar contornar o direito de preferência dos accionistas sobre as novas acções a emitir, recorre-se, por vezes, ao chamado *accelerated book-built cash box placing* (por exemplo, Allied Domecq na aquisição da Malibu em 2002), emitindo as novas acções para uma sociedade-veículo contra acções preferenciais remíveis desta, que, uma vez remidas, se transformam em dinheiro – expediente que, na ordem jurídica portuguesa, seria porventura de duvidosa licitude. Sobre toda esta matéria, cfr., por exemplo, LAURENCE RABINOWITZ *et al.* (ed.), *Weinberg and Blank on Takeovers and Mergers*, 5th *ed.*, London, Sweet & Maxwell, pp. 2038 e ss., e P. F. C. BEGG, *Corporate Acquisitions and Mergers*, 3rd *ed.*, London, Graham & Trotman, 1991, 63 e ss.

Admitimos mesmo, aliás, que os métodos idóneos, diversos de oferta alternativa, admissíveis para concretização de exigência de alternativa em dinheiro não se esgotarão com mecanismos do tipo do *cash underpinning* inglês.

Em França, por exemplo, desenvolveu-se, no final da década de 90, a prática de fazer acompanhar algumas ofertas com contrapartida em valores mobiliários de *certificats de valeur garantie* (CVG) ou de *bons de cession de valeur garantie* (BCVG), instrumentos que, visando reforçar a atractividade e aceitação da oferta pelos destinatários, o fazem precisamente através da outorga de uma garantia de valor mínimo de realização em dinheiro dos valores mobiliários recebidos, como contrapartida, na oferta[20].

Ressalvando os aspectos inerentes ao nosso regime legal concernente à tipicidade dos valores mobiliários (artigo 1.º, n.ᵒˢ 1 e 2, do CVM), não vemos obstáculo legal a que instrumentos de escopo semelhante possam ser utilizados na ordem jurídica portuguesa para assegurar a obrigação legal de alternativa em dinheiro prevista no artigo 188.º, n.º 3, do CVM, quer com recurso a valores mobiliários já existentes (como, possivelmente, os *warrants*), quer acolhendo, por regulamento da Comissão do Mercado de Valores Mobiliários, ao abrigo da permissão do n.º 2 do artigo 1.º do CVM, valores mobiliários específicos.

Pensamos, aliás, que, em toda esta matéria dos métodos diversos da oferta com prestação alternativa utilizáveis para concretização da alternativa em dinheiro em ofertas públicas obrigatórias com contrapartida em valores mobiliários – métodos que, repetimos, temos por genericamente admissíveis em face do artigo 188.º, n.º 3, do CVM –, a mediação regulamentar da CMVM seria particularmente bem-vinda para mais claro enquadramento, segurança dos oferentes e dos destinatários e dinamização do mercado.

---

[20] Os *certificats de valeur garantie* foram objecto de atenção da *Commission des Opérations de Bourse* francesa (*COB*) em 1996, na sequência da oferta da AXA sobre a UAP (cfr. *Rapport Annuel de la Commission des Opérations de Bourse*, 1996, p. 103), tendo-se generalizado posteriormente em diversas outras ofertas (por exemplo, oferta da Allianz sobre a AGE), incluindo, com particular sofisticação, em ofertas hostis altamente complexas, como as ofertas conjugadas do BNP sobre o Paribas e Société Générale, tendo continuado sempre a merecer atenção e acompanhamento da *COB* quanto a diversos aspectos, como o da sua adequada contabilização (cfr., por exemplo, a *Recommandation COB 4098/04 relative à la comptabilisation des Certificats de Valeur Garantie et des Bons de Cession de Valeur Garantie*).

12. É altura agora de retomar a questão, que ficou atrás em suspenso, relativa à exigência de uma *certa equivalência* na alternativa em dinheiro.

Já vimos que se trata de exigência singular, que não se encontra em nenhuma das legislações analisadas, e assinalámos já também que provavelmente lhe poderá estar originalmente associada uma importação menos ponderada de uma referência, com significado diverso, constante numa nota do *City Code.* Tudo isso não exonera, no entanto, o intérprete de procurar determinar o sentido e alcance com que a norma se deve entender vigorar na ordem jurídica.

No domínio do artigo 528.º do Cód. MVM, a tarefa revelava-se tormentosa.

Em primeiro lugar, com efeito – por muita dificuldade que houvesse em encontrar sentido –, a letra do preceito apontava de modo muito dificilmente resistível para que o *termo de comparação da equivalência* da alternativa em numerário fosse *a própria contrapartida efectiva* oferecida.

Uma vez admitido isso, porém, múltiplas interrogações consequentes se sucediam em catadupa. Destacamos duas. A primeira era esta: se a alternativa deve ser equivalente à contrapartida em valores mobiliários efectivamente oferecida e esta está por natureza sujeita a permanente oscilação de valor, a *que momento* se deve atender para aferir a equivalência? A resposta parece que não poderia deixar de ser a de que o momento relevante – para este efeito como, de resto, para o próprio juízo de adequação legal da contrapartida em valores mobiliários – seria o da *publicação do anúncio preliminar,* não só porque era (e é) esse o momento que fixa o *limiar de confiança* da expectativa dos destinatários (insusceptível, por regra, de revisão em baixa), mas também para evitar dois absurdos. O primeiro, na perspectiva da evolução em alta do valor da contrapartida em espécie, seria o de colocar o oferente em situação de sujeição a obrigação de oferta sem poder conhecer à partida a dimensão do esforço financeiro em que teria de incorrer, posto que a cada oscilação positiva do valor dos valores mobiliários oferecidos como contrapartida em espécie (ou a oscilação no momento relevante, se outro fosse escolhido) teria de corresponder um igual acréscimo de alternativa em numerário, sendo, aliás, a margem de penalização do oferente tanto maior quanto maior fosse a atractividade e potencial de valorização da contrapartida em espécie proposta. O segundo poderá ser aceitar a baixa da alternativa em dinheiro se a equivalência prevalecer sobre o limiar da confiança.

Outra interrogação era ainda esta: admitindo o que antecede, era ou não permitido ao oferente, uma vez estabelecida a contrapartida em espécie e a respectiva alternativa em dinheiro, elevar aquela contrapartida em espécie, em sede de revisão da oferta, sem alterar a alternativa em dinheiro? De novo, só a solução afirmativa permitia fugir ao absurdo de concluir que, tendo posto em pé uma alternativa em dinheiro admissível, ao oferente ficava vedado melhorar e tornar mais atractiva para os destinatários a única ou principal contrapartida em espécie, sob pena de ter de aumentar correspondentemente o esforço financeiro em numerário. Mas é bom de ver que, ao defender-se esta solução racional, se estava simultaneamente a enfraquecer o pressuposto literal admitido de que a equivalência da alternativa em dinheiro se aferia pelo valor da efectiva contrapartida em valores mobiliários oferecidos.

Tornava-se, pois, difícil não reconhecer que a *verdadeira fonte do problema estava no próprio pressuposto inicial*, ou seja, em se ter admitido, em mera homenagem à correspondência literal, como imposta por lei uma relação de equivalência que, havendo tido provável origem em equívoco de transposição, se coadunava mal com os princípios subjacentes ao regime legal.

De facto, se a alternativa em dinheiro, aí onde a sua necessidade seja consagrada (não o é, como vimos, em alguns ordenamentos e não o será, sequer, porventura, a vingar a actual proposta de 13.ª Directiva, sempre que a contrapartida em espécie seja constituída por valores admitidos à negociação em mercado regulamentado), tem, como cremos, uma função essencial garantística e se destina a possibilitar um integral direito de exoneração ou saída a *preço equitativo* – para usar a expressão da Proposta de 13.ª Directiva –, com dimensão mínima normativamente configurada, então será irrecusável concluir que o que verdadeiramente releva *não é o estabelecimento de uma relação de equivalência entre a concreta contrapartida em valores mobiliários oferecida e a alternativa em numerário, mas antes a conformidade desta (como daquele) com os parâmetros normativos que regulamentam a contrapartida (de qualquer tipo) e lhe estabelecem a dimensão quantitativa mínima.*

No quadro da legislação portuguesa, e perante a expressão literal da alínea a) do n.º 6 do artigo 528.º do Cód. MVM, a questão revelava-se de difícil ultrapassagem, em face de um possível conflito dos cânones interpretativos constantes do artigo 9.º do Código Civil, que mandam, por um lado, presumir que o legislador consagrou as soluções mais acertadas, mas vedam, por outro, considerar soluções que não tenham na letra da lei um mínimo de correspondência verbal, ainda que imperfeitamente expressa.

Também aqui, cremos, a evolução da técnica legislativa e da linguagem registada na transição para o actual artigo 188.º, n.º 3, do CVM pode permitir vencer o impasse.

Independentemente do que se pensasse ser a interpretação correcta do artigo 528.º, n.º 6, alínea a), do Cód. MVM, com efeito, ao ter escolhido dizer hoje, no n.º 3 do artigo 188.º, que a alternativa em dinheiro que o oferente deve indicar deve apenas ser "de valor equivalente" – deixando de dizer expressamente que essa equivalência deve ser medida em relação à concreta contrapartida em espécie oferecida –, o legislador do CVM removeu já o obstáculo literal que se interporia relativamente a uma interpretação conforme aos princípios informadores acima assinalados.

Parece, pois, aberto o caminho para se poder concluir hoje que o valor equivalente que o n.º 3 do artigo 188.º do CVM reclama para a alternativa em dinheiro (qualquer que seja a modalidade desta, de entre as que cremos poder revestir) *será um valor equivalente ao valor (normativo) da contrapartida (em espécie ou dinheiro) exigido pelo n.º 1 do artigo 188.º, independentemente da dimensão efectiva que a contrapartida em espécie tenha revestido inicialmente.*

E daí, também, que a equivalência deva estabelecer-se independentemente da eventual modificação que a contrapartida em espécie venha porventura – *v.g.* em consequência de revisão da oferta – a sofrer subsequentemente, e que a alternativa em dinheiro, uma vez assegurada aquela equivalência normativa no momento do anúncio preliminar da oferta, não terá obrigatoriedade de acompanhar também.

Estamos longe de convictos de ser esta a boa solução, e, *de lege ferenda*, inclinar-nos-íamos, ponderadas as características do tecido empresarial português e do nosso mercado de capitais, para uma solução de clara prevalência da contrapartida em numerário, pelo menos em versão mitigada semelhante à que vigora, por exemplo, no direito italiano.

Esse é já, porém, um plano de política legislativa, que excede o âmbito do presente trabalho. E excede também, aliás, o alcance próprio da figura da alternativa em numerário, em relação à qual importará não pedir (ou esperar) mais do que o seu papel próprio de garantia complementar.

9. Algumas observações em torno da tripla funcionalidade da técnica de imputação de votos no Código dos Valores Mobiliários*

I. A funcionalidade plural da imputação de votos

1. Num conjunto de escritos que se relacionam com o tema comum da imputação de votos na lei portuguesa dos valores mobiliários, é impossível não começar por identificar – mesmo quando ela não seja, como não é aqui, o objecto central do estudo – a questão nuclear que está verdadeiramente, como *mother of all battles*, na raiz de todas as questões, muitas delas complexas e todas sobretudo de grande importância dogmática e prática, que nesta matéria vêm justificando atenção crescente.

É ela a de, em radical inflexão relativamente ao sistema constante do anterior Código do Mercado de Valores Mobiliários, o legislador do Código dos Valores Mobiliários ("CVM") ter escolhido *prescindir de uma configuração autónoma* do modo de determinação dos limiares quantitativos relevantes para a constituição do dever de lançamento de oferta obrigatória de aquisição, optando por utilizar, para esse efeito, a mesma malha normativa traçada, na sequência de imposição comunitária, para a divulgação pública de participações relevantes.

---

* Publicado nos *Cadernos do Mercado de Valores Mobiliários*, n. º 26 (Abril, 2007), pp. 47-58.

A PROPÓSITO DE *CORPORATE GOVERNANCE* E DE DIREITO DAS SOCIEDADES...

De facto, como é sabido[1], o artigo 20. º do Código dos Valores Mobiliários integra-se no conjunto de preceitos – essencialmente, artigos 16.º e seguintes – que visou transpor para a ordem jurídica interna a chamada Directiva da Transparência – ao tempo da publicação do CVM, a Directiva 88/627/CEE, de 12 de Dezembro de 1988 –, embora o tenha feito com diferenças significativas em relação aos preceitos a transpor.

Na Directiva 88/627/CEE, dispunha, com efeito, o artigo 7.º, a respeito de "equiparação" (que não imputação, note-se) do voto:

«Artigo 7.º

Para determinar se uma pessoa singular ou uma entidade jurídica referida no n.º 1 do artigo 1.º é obrigada a fazer a declaração prevista no n.º 1 do artigo 4.º e no artigo 5.º, é conveniente equiparar aos direitos de voto que detenha:

– os direitos de voto detidos em seu próprio nome por outras pessoas ou entidades por conta dessa pessoa ou entidade,

– os direitos de voto detidos pelas empresas controladas por essa pessoa ou entidade,

– os direitos de voto detidos por um terceiro com o qual essa pessoa ou entidade tenha celebrado um acordo escrito que os obriga a adoptar, através de um exercício concertado dos direitos de voto que detêm, uma política comum em relação à gestão da sociedade em causa,

– os direitos de voto detidos por um terceiro por força de um acordo escrito celebrado com essa pessoa ou entidade em que se preveja uma transferência provisória e remunerada desses direitos de voto,

– os direitos de voto associados a acções detidas como caução por essa pessoa ou entidade, excepto quando o depositário detenha direitos de voto e declare a sua intenção de os exercer, neste caso, os direitos de voto serão assimilados aos direitos de voto do depositário,

– os direitos de voto associados de que essa pessoa ou entidade tenha o usufruto,

---

[1] Cfr. n.º 23 do preâmbulo do Código dos Valores Mobiliários.

- os direitos de voto que essa pessoa ou entidade ou uma das outras pessoas ou entidades referidas nos travessões anteriores possam adquirir, por sua exclusiva iniciativa, por força de um acordo formal; neste caso, as informações previstas no n.º 1 do artigo 4.º devem ser prestadas na data da celebração do acordo,
- os direitos de voto associados às acções depositadas junto dessa pessoa ou entidade e que ela possa exercer como entender na ausência de instruções específicas dos respectivos detentores. [...]»[2]

---

[2] Presentemente, após a substituição operada pela Directiva 2001/34/CE do Parlamento Europeu e do Conselho, rege a actual Directiva 2004/109/CE, de 15 de Dezembro de 2004, que revogou aquela, e, em especial, o seu artigo 10.º, que é do seguinte teor:
«Artigo 10.º
Aquisição ou alienação de percentagens significativas dos direitos de voto
Os requisitos de notificação definidos nos n.ᵒˢ 1 e 2 do artigo 9.º são igualmente aplicáveis às pessoas singulares ou colectivas que possam adquirir, alienar ou exercer direitos de voto em qualquer dos seguintes casos ou através de uma combinação dos mesmos:
a) Direitos de voto detidos por um terceiro com o qual essa pessoa singular ou colectiva tenha celebrado um acordo que os obrigue a adoptarem, através do exercício concertado dos direitos de voto que possuem, uma política comum duradoura em relação à gestão do emitente em causa;
b) Direitos de voto detidos por um terceiro por força de um acordo celebrado com essa pessoa singular ou colectiva em que se preveja uma transferência temporária e a título oneroso dos direitos de voto em causa;
c) Direitos de voto inerentes a acções dadas em garantia a essa pessoa singular ou colectiva, desde que esta controle os direitos de voto e declare a sua intenção de os exercer;
d) Direitos de voto inerentes a acções relativamente às quais essa pessoa singular ou colectiva tenha o usufruto;
e) Direitos de voto detidos, ou que possam ser exercidos na acepção das alíneas a) a d), por uma empresa controlada por essa pessoa singular ou colectiva;
f) Direitos de voto inerentes a acções depositadas junto dessa pessoa singular ou colectiva e que esta possa exercer segundo o seu critério na ausência de instruções específicas dos accionistas;
g) Direitos de voto exercidos por um terceiro em seu nome, por conta dessa pessoa singular ou colectiva;
h) Direitos de voto que essa pessoa singular ou colectiva possa exercer na qualidade de procurador e segundo o seu critério na ausência de instruções específicas dos accionistas.»
Pela especial ligação com o tema que nos ocupa, note-se o desaparecimento do sétimo travessão do artigo 7.º da Directiva 88/627/CEE, que se referia a direitos de voto que os interessados possam adquirir (e era mantido, nos mesmos termos, no correspondente artigo 92.º da Directiva 2001/34/CE), passando agora a haver uma referência no proémio do artigo a pessoas «que possam adquirir, alienar ou exercer direitos de voto em quaisquer dos seguintes casos ou através de uma combinação dos mesmos», que deixa pouco claro se continua ou não

A PROPÓSITO DE *CORPORATE GOVERNANCE* E DE DIREITO DAS SOCIEDADES...

E, nesta senda, o artigo 20.º do Código dos Valores Mobiliários (que se transcreve aqui na sua redacção actual, resultante das alterações introduzidas pelo Decreto-Lei n.º 219/2006, de 2 de Novembro, que essencialmente se traduzem na partição da antiga alínea f) em duas alíneas, f) e g), e no aditamento de uma nova alínea h) e de novos números 3, 4 e 5) veio preceituar:

«Artigo 20.º

Imputação de direitos de voto

1 – No cômputo das participações qualificadas consideram-se, além dos inerentes às acções de que o participante tenha a titularidade ou o usufruto, os direitos de voto:

a) Detidos por terceiro em nome próprio, mas por conta do participante;

b) Detidos por sociedade que com o participante se encontre em relação de domínio ou de grupo;

c) Detidos por titulares do direito de voto com os quais o participante tenha celebrado acordo para o seu exercício, salvo se, pelo mesmo acordo, estiver vinculado a seguir instruções de terceiro;

d) Detidos, se o participante for uma sociedade, pelos membros dos seus órgãos de administração e de fiscalização;

e) Que o participante possa adquirir em virtude de acordo celebrado com os respectivos titulares;

f) Inerentes a acções detidas em garantia pelo participante ou por este administradas ou depositadas junto dele, se os direitos lhe tiverem sido atribuídos;

g) Detidos por titulares do direito de voto que tenham conferido ao participante poderes discricionários para o seu exercício;

h) Detidos por pessoas que tenham celebrado algum acordo com o participante que vise adquirir o domínio da sociedade ou frustrar a alteração de domínio ou que, de outro modo, constitua um instrumento de exercício concertado de influência sobre a sociedade participada;

---

a relevar o direito de adquirir fora dos casos (ou combinação de casos) previstos no próprio artigo 10.º. Em todo o caso, como a Directiva é de harmonização mínima, parece não suscitar dúvida a licitude da disposição nacional do artigo 20.º do CVM, editado ainda na vigência da Directiva 88/627/CEE.

ALGUMAS OBSERVAÇÕES EM TORNO DA TRIPLA FUNCIONALIDADE DA TÉCNICA ...

i) Imputáveis a qualquer das pessoas referidas numa das alíneas anteriores por aplicação, com as devidas adaptações, de critério constante de alguma das outras alíneas.

[...]

4 – Para efeitos da alínea h) do n.º 1, presume-se serem instrumento de exercício concertado de influência os acordos relativos à transmissibilidade das acções representativas do capital social da sociedade participada.

5 – A presunção referida no número anterior pode ser ilidida perante a CMVM, mediante prova de que a relação estabelecida com o participante é independente da influência, efectiva ou potencial, sobre a sociedade participada.»

2. Ora, tendo adoptado esta teia normativa para o propósito para que ela fora originalmente criada na legislação comunitária – a determinação de dever de informação sobre participações importantes –, o Código dos Valores Mobiliários veio a eleger e a socorrer-se também dela, por remissão[3], para um fim diverso, o de determinação do dever de lançamento de oferta pública. Diz, com efeito, o n.º 1 do seu artigo 187.º:

---

[3] Acolhemos aqui, se bem que com alguma dúvida, a posição de CARLOS OSÓRIO DE CASTRO, "A Imputação de Direitos de Voto no Código dos Valores Mobiliários", *Cadernos do Mercado de Valores Mobiliários*, n.º 7 (Abril, 2000), pp. 163-164 e nota 6, onde sustenta, citando Baptista Machado, que, no quadro da técnica remissiva, não haverá que proceder a «um esforço interpretativo autónomo em homenagem à especificidade do seu lugar sistemático», antes se devendo entender que «o legislador importa a norma com o sentido que ela tem no seu instituto de origem, precisamente porque entende existir analogia entre os casos», pelo que se resolveriam apenas as «devidas adaptações», que se deveriam «circunscrever aos ajustamentos necessários para permitir que aquela mesma regra possa valer num domínio diferente daquele para o qual foi originariamente pensada». A proposição é bem fundada, mas a dúvida resulta sobretudo de que, especialmente quando a remissão resulta mais de opção legislativa pragmática do que de reconhecimento de analogia – como, em larga medida, será aqui o caso, pois se terá prescindido ou subalternizado a identidade de *ratio* em nome de preocupações de segurança e certeza –, as "devidas adaptações" podem ter de ser levadas a um ponto em que a fronteira com a reponderação valorativa se esbate. Cfr. *infra* no texto.

«Artigo 187.º

Dever de lançamento de oferta pública de aquisição

1 – Aquele cuja participação em sociedade aberta <u>ultrapasse, directamente ou nos termos do n.º 1 do artigo 20.º</u>, um terço ou metade dos direitos de voto correspondentes ao capital social tem o dever de lançar oferta pública de aquisição sobre a totalidade das acções e de outros valores mobiliários emitidos por essa sociedade que confiram direito à sua subscrição ou aquisição.» (sublinhado nosso)

É pacífico que se trata de resultado de uma opção deliberada do legislador, ditada por um propósito geral de simplificação, condensação normativa e reforço da segurança jurídica e previsibilidade[4]. Mas é indiscutível também ser daqui que emerge a questão nuclear neste domínio.

Esta questão nuclear, com o rol de dificuldades que suscita, está, nos seus traços essenciais, identificada na doutrina nacional a partir do importante estudo de Osório de Castro, que permanece como âncora central na matéria[5].

E vem-lhe dedicando também especial atenção e labor mais recente Paula Costa e Silva, num conjunto de estudos e intervenções[6].

3. Como é sabido, trata-se de escolha legislativa com semelhanças em relação à adoptada na Alemanha, embora também com diferenças assinaláveis – a lei alemã trata a imputação para efeitos de obrigação de informação e para efeitos de constituição do dever de lançamento de oferta pública em dois

---

[4] Assim, Paulo Câmara, "O Dever de Lançamento de Oferta Pública de Aquisição no Novo Código dos Valores Mobiliários", *Cadernos do Mercado de Valores Mobiliários*, n.º 7 (Abril, 2000), p. 200, citando a propósito António Sousa Franco, "Apresentação", *in Trabalhos Preparatórios do Código dos Valores Mobiliários*, Lisboa, Ministério das Finanças/Comissão do Mercado de Valores Mobiliários, 1999, diversos documentos preparatórios aí incluídos e a expressa proclamação do n.º 3 do preâmbulo do Código. No mesmo sentido, João Cunha Vaz, *As OPA na União Europeia Face ao Novo Código dos Valores Mobiliários*, Coimbra, Almedina, 2000, pp. 181 e ss.

[5] Osório de Castro, "A Imputação de...".

[6] Em particular, Paula Costa e Silva, "A Imputação dos Direitos de Voto na Oferta Pública de Aquisição", intervenção de 26 de Janeiro de 2007 nas Jornadas sobre Sociedades Abertas, Valores Mobiliários e Intermediação Financeira, organizadas pela Escola de Direito do Porto da Universidade Católica Portuguesa, *in* Maria de Fátima Ribeiro (coord.), *Jornadas – Sociedades Abertas, Valores Mobiliários e Intermediação Financeira*, Coimbra, Almedina, 2007, pp. 243-282.

preceitos "geminados" de diplomas diferentes, o § 22 do *Wertpapierhandelsgesetz* e o § 30 do *Wertpapiererwerbs- und Übernahmegesetz*, respectivamente[7].

O contraponto mais nítido a esta orientação legislativa – e também mais próximo da orientação anterior do direito português – é o padrão de referência fornecido, no direito inglês, pelo *City Code on Takeovers and Mergers*, onde a *mandatory bid rule* constante da *rule* 9 assenta no conceito de "actuação em concertação". As *"Definitions"* do *City Code* fornecem a seguinte noção geral de actuação em concertação, complementada e desenvolvida por múltiplas *notes*, tanto à própria definição como editadas a propósito da *rule* 9:

> *"Acting in concert*
> *[...]*
> *Persons acting in concert comprise persons who, pursuant to an agreement or understanding (whether formal or informal), co-operate to obtain or consolidate control (as defined below) of a company or to frustrate the successful outcome of an offer for a company. A person and each of its affiliated persons will be deemed to be acting in concert all with each other.*
> *Without prejudice to the general application of this definition, the following persons will be <u>presumed to be</u> persons acting in concert <u>with other persons in the same category</u> unless the contrary is established [...].»* (sublinhados nossos)

Seguem-se, em diferentes alíneas, seis casos de presunção de actuação em concertação[8], os quais são, conforme se disse, esclarecidos e completados em profusas notas e esclarecimentos conexos.

É similar à inglesa a orientação em França, onde, antes do recente aditamento de um n.º 10-1 pela *Loi du 31 Mars 2006* sobre ofertas públicas de aquisição («*[e]n cas d'offre publique d'acquisition, sont considérées comme agissant de concert les personnes qui ont conclu un accord avec l'auteur d'une offre publique visant à obtenir le contrôle de la société qui fait l'objet de l'offre. Sont également considérées*

---

[7] Cfr. Costa e Silva, "A Imputação dos...", p. 275, que refere o escopo assinalado pela doutrina alemã de evitar "irritações" no mercado caso fossem atribuídos sentidos diversos a idênticas previsões ou relevância a tipos de imputação irrelevantes noutro dos contextos.

[8] Sempre relativamente a «*other persons in the same category*», o que contrasta com o risco de imputações labirínticas e longínquas que tem sido apontado no direito português a propósito da actual alínea i) do artigo 20.º.

comme agissant de concert les personnes qui ont conclu un accord avec la société qui fait l'objet de l'offre afin de faire échouer cette offre»), o artigo L. 233-10 do *Code de Commerce* estabelecia:

> «*I. – Sont considérées comme agissant de concert les personnes qui ont conclu un accord en vue d'acquérir ou de céder des droits de vote ou en vue d'exercer les droits de vote, pour mettre en œuvre une politique vis-à-vis de la société.*
> *II. – Un tel accord est présumé exister :*
> *1º Entre une société, le président de son conseil d'administration et ses directeurs généraux ou les membres de son directoire ou ses gérants ;*
> *2º Entre une société et les sociétés qu'elle contrôle au sens de l'article L. 233-3 ;*
> *3º Entre des sociétés contrôlées par la même ou les mêmes personnes ;*
> *4º Entre les associés d'une société par actions simplifiée à l'égard des sociétés que celle-ci contrôle.»*
> *III. – Les personnes agissant de concert sont tenues solidairement aux obligations qui leur sont faites par les lois et règlements.»*

Também aqui, a solução legal é complementada por múltiplas tomadas de posição das autoridades do mercado, designadamente no que concerne à chamada *concertação em estrela*, objecto do importante *avis* n.º 93-1068 de 21 de Abril de 1993 do *Conseil des Marchés Financiers* (a propósito de caso relativo ao Grupo Lagardère) e a diversos outros pronunciamentos versando, *inter alia*, a necessidade de a existência de concertação supor haver comunhão de objectivos e propósitos determinantes[9].

Particularmente interessante se mostra, a este respeito, o exemplo do regime resultante da reforma de 1998 em Itália, onde a doutrina assinala uma técnica de *enumeração taxativa* – ditada por preocupação de clareza e segurança similar à que subjaz à orientação nacional –, mas ao mesmo tempo sublinha que essa enumeração taxativa resulta de uma preocupação de actuação concertada[10].

---

[9] Cfr. ALAIN VIANDIER, *OPA-OPE et Autres Offres Publiques*, 3.ª ed., Paris, Éditions François Lefèbvre, 2006.

[10] Referem, por exemplo, BARTOLOMEO QUATRARO/LUCA G. PICONE, *Manuale Teorico-Pratico delle Offerte Pubbliche di Acquisto e Scambio*, 2.ª ed., Milano, Giuffrè Editore, 2004, pp. 59: «[p]er evitare elusioni, l'obbligo di lanciare l'OPA per contro sussiste anche quando la percentuale del

De facto, o n.º 1 do artigo 109 do *Testo Unico delle disposizioni in materia di intermediazione finanziaria, ai sensi degli articoli 8 e 21 della legge 6 febbraio 1996,* aprovado pelo *Decreto Legislativo n. 58 del 24 febbraio 1998* (na redacção resultante da reforma de 2003), embora intitulado *"Acquisto di concerto"*, estabelece um *numerus clausus* de apenas quatro hipóteses para delimitação subjectiva de obrigação de lançamento de oferta, nos seguintes termos:

«*a) gli aderenti a un patto, anche nullo, previsto dall'articolo 122;*
b) un soggetto e le società da esso controllate;
c) le società sottoposte a comune controllo;
d) una società e i suoi amministratori o direttori generali.»

E o artigo 122 do mesmo *Testo Unico* procurou também fazer um elenco fechado e taxativo dos pactos parassociais relevantes, estabelecendo nos seus n.ᵒˢ 1 e 5:

«*Art. 122*
(Patti parasociali)
1. I patti, in qualunque forma stipulati, aventi per oggetto l'esercizio del diritto de voto nelle società con azioni quotate e nelle società che le controllano [...].
5. Il presente articolo si applica anche ai patti, in qualunque forma stipulati:

---

trenta per cento sia superata sommando gli acquisti effettuati da più soggetti fra loro legati da <u>*determinati rapporti, tassativamente individuati*</u> *dalla legge, che* <u>*lasciano presumere un'azione concertata*</u>*: aderenti ad un patto parasociale, anche nullo, previsto dall'art. 122 (sindacati di voto, do blocco, ecc.); un soggetto e le società da esso controllate; società sottoposte a comune controllo; società e suoi amministratori o direttori generali (art. 109)*» (sublinhados nossos). Cfr. também NICCOLÒ MORESCHINO/CLAUDIO TATOZZI, "La Nozione di Concerto nella Disciplina dell'OPA", *in* AA. VV., *Le Offerte Pubbliche di Acquisto*, Milano, Il Sole 24 Ore, 2000, pp. 77-89 e 159-176; PAOLO MONTALENTI, *Le Offerte Pubbliche di Acquisto*, Milano, Giuffrè Editore, 1995, pp. 10 e ss.; GIANLUCA ROMAGNOLI, *Le Offerte Pubbliche di Acquisto Obbligatorie*, Milano, CEDAM, 1996, pp. 233 e ss.; MATTEO GATTI, *OPA e Struttura del Mercato del Controllo Societario*, Milano, Giuffrè Editore, 2004, pp. 250 e ss.; LUCA ENRIQUES, *Mercato del Controllo e Tutela degli Investitori*, Bologna, Il Mulino, 2002, pp. 99-126; DAVIDE PROVERBIO, *I Patti Parasociali*, Milano, IPSOA, 2004, pp. 109-136; e PAOLO GIUDICI, "L'Acquisto di Concerto", *Rivista delle Società*, ano 46.º, n.ᵒˢ 2-3 (2001), pp. 490-520, este último autor ensaiando uma pouco sucedida tentativa de interpretação extensiva do preceito.

a) Che istituiscono obblighi di preventiva consultazione per l'esercizio del diritto di voto nelle società con azioni quotate e nelle società che le controllano;
b) Che pongono limiti al trasferimento delle relative azioni o di strumenti finanziari che attribuiscono diritti di acquisto o di sottoscrizione delle stesse;
c) Che prevedono l'acquisto delle azioni o degli strumenti finanziari previsti dalla lettera b);
d) Aventi per oggetto o per effetto l'esercizio anche congiunto di un'influenza dominante su tali società.»

A verdade, porém, é que, mesmo assim (para além das inúmeras aberturas e remissões para regulamentação complementar em matéria de ofertas públicas que a própria lei estabeleceu noutros pontos), só a respeito dos artigos 109 e 122, especialmente deste último, e só entre as reformas de 1998 e de 2003, a autoridade supervisora do mercado italiano, a *Commissione Nazionale per le Società e la Borsa (CONSOB)*, emitiu nada menos do que 31 *Comunicazioni* públicas de interpretação e esclarecimento[11], designadamente, com especial proximidade à matéria que nos ocupa, as seguintes:

- *Comunicazione* DIS/29486, de 18 de Abril de 2000, sobre a inaplicabilidade do artigo 122, n.º 5, do *Testo Unico* a certos acordos de limitação à transferência de acções usadas na prática dos mercados, como os de *lock-up, overallotment (greenshoe), underwriting, put* e *call* e futuros;
- *Comunicazione* DCL/DEM 85385, de 16 de Novembro de 2000, sobre a inaplicabilidade do artigo 122, n.º 5, aos compromissos de aceitação ou não aceitação de ofertas públicas (*impegno ad aderire/non aderire ad un'OPA*).

4. A tensão latente entre os intuitos de segurança e certeza e os objectivos prosseguidos por cada um dos institutos – a divulgação pública de informação sobre participações relevantes, por um lado, e a *mandatory bid rule*, por outro – está, pois, longe de ser privativa da legislação portuguesa, mas

---

[11] Os textos podem ser consultados no *website* do organismo, em <www.consob.it>, e vêm parcialmente reproduzidos em Bartolomeo Quatraro/Luca G. Picone, *Manuale Teorico- -Pratico...*, pp. 457 e ss.

sobe de tom, naturalmente, num sistema que deliberadamente procurou, em nome dos primeiros, prescindir de factores de diferenciação normativa que os segundos reclamariam.

É bom de ver, aliás, que essa tensão vem a revestir *duplo sentido*: o "aproveitamento" de um corpo normativo, ainda que com alguma adaptação (que, no caso vertente, não é, aliás, óbvia) para finalidades diversas (e com maior gravidade de consequências) daquelas que o originaram, *à míngua de uma efectiva identidade de razões* que justifiquem a analogia, leva a que, por um lado, em certos aspectos, se possa pensar que *se está a ir longe demais* ao aplicar à determinação do dever de lançamento de oferta pública de aquisição normas que cobram pleno sentido *apenas* no quadro dos deveres de informação e, por outro lado, que se possa olhar para essas normas como *insuficientes* para uma correcta disciplina do dever de lançamento de oferta pública, perante hipóteses que se entende que o reclamariam.

A esta segunda preocupação acabam de ceder o regulador e o legislador nacional – após uns primeiros anos de vigência do CVM, em que a acalmia, se não mesmo estagnação, do *market for corporate control* nacional pareceram tornar possível *conter o dique* – ao decidirem propor e consagrar, respectivamente, a verdadeira revolução que consistiu em (re)introduzir, no direito nacional, uma *cláusula geral de actuação em concertação*, constante da nova alínea h) do artigo 20.º, introduzida pelo Decreto-Lei n.º 219/2006, de 6 de Novembro. Inovação que, temperada embora por uma restrição quanto à fonte – apenas acordos vinculantes[12] – e assistida, por outro lado, de uma *presunção ilidível* quanto a acordos sobre transmissibilidade de acções (novo n.º 4 do artigo 20.º), veio coexistir com o corpo normativo de imputação anterior, afectando-lhe porventura a coerência interna[13].

---

[12] Neste ponto, discordamos decididamente da sugestão de PAULA COSTA E SILVA, "A Imputação dos...", pp. 277, quando, invocando alteração legislativa sofrida pelo § 22.1.3 do *Wertpapierhandelsgesetz* alemão, levanta, embora dubitativamente, a hipótese de a alínea h) do artigo 20.º poder abranger também acordos não vinculantes.

[13] Não é demais encarecer a importância desta alteração legislativa nem o seu potencial impacto fracturante na unidade do sistema, porventura ainda não passível de abarcar completamente, nem é necessário realçar a multiplicidade de problemas novos e de difícil solução que veio criar, embora tudo isso não seja objecto do presente apontamento. É, todavia, tema que aqui só incidentalmente afloraremos.

A PROPÓSITO DE *CORPORATE GOVERNANCE* E DE DIREITO DAS SOCIEDADES...

Quanto à primeira preocupação, ela é especialmente sentida na doutrina nacional, a qual, com atitudes de princípio e pontos de partida diferenciados, acaba por chegar a orientações não substancialmente divergentes.

Particularmente impressionada com a possibilidade de se impor um *«pesadíssimo encargo»*, como é o da oferta pública obrigatória, sem haver efectiva instalação de uma posição de domínio, Paula Costa e Silva[14] aceita manifestamente melhor que do sistema resulte que o domínio substancial não desencadeará por si só a obrigação de lançamento de OPA quando desacompanhado de detenção "directa ou indirecta" de certa percentagem de direitos de voto – por razões de segurança – do que a inversa, parecendo não ter como inevitável que se trate de duas faces da mesma moeda.

Sustenta, por isso, embora reconhecendo as dificuldades[15], uma genérica «aplicação restritiva e condicionada» do artigo 20.º no contexto da constituição da obrigação de lançamento de oferta pública, advogando que a interpretação do artigo 20.º para efeitos de obrigação de lançamento de OPA «pressupõe a disponibilidade de instrumentos que permitam o exercício do domínio»[16].

Já Osório de Castro[17], escrevendo logo a seguir à publicação do CVM e mais centrado na tarefa de *desbravar o conteúdo* das normas de imputação contidas no artigo 20.º, embora comece por chamar a atenção para a importância primordial do elemento teleológico na interpretação da norma, arranca do pressuposto de que «o sentido e a finalidade deste concreto preceito são manifestamente os de imputar ao participante os direitos de voto cujo exercício

---

[14] Paula Costa e Silva, "A Imputação dos...", pp. 245-246 e nota 2, e "O Domínio da Sociedade Aberta e os Seus Efeitos", *in* AA. VV., *Direito dos Valores Mobiliários*, vol. V, Coimbra, Instituto dos Valores Mobiliários/Coimbra Editora, 2004, pp. 325 e ss.

[15] Designadamente ao notar que «costuma, porém, aceitar-se que o artigo 20.º cria uma série de ficções, pelo que, apesar da anomalia do resultado, não poderá ser ela evitada pelo intérprete» (Costa e Silva, "A Imputação dos...", p. 280).

[16] Costa e Silva, "A Imputação dos...", pp. 245-248 e 280 e ss. A autora defende, pelo menos *de jure constituendo*, e no que ao dever de oferta pública diz respeito, que os factores de imputação se entendam, em geral, como presunções ilidíveis. Posição semelhante era defendida, no direito anterior, por Jorge Brito Pereira, *A OPA Obrigatória*, Coimbra, Almedina, 1998, em especial pp. 234 e 235. É inquestionável o acréscimo de justiça que deste entendimento resultaria, parecendo, todavia, que o legislador lhe terá anteposto considerações de certeza e segurança.

[17] Osório de Castro, "A Imputação de...", p. 167.

se considere ser por ele influenciado ou influenciável já no uso de alguma faculdade jurídica, já num plano puramente fáctico», o que o leva a encarar com maior naturalidade a remissão do artigo 187.º para as regras do artigo 20.º, cujas implicações e efeitos não aborda *ex professo*. Todavia, mesmo sem qualificar expressamente, notam-se afloramentos e tomadas de posição que evidenciam ter presente a ponderação dos limites e das consequências da aplicabilidade sem mais do artigo 20.º ao surgimento do dever de lançamento de oferta pública[18].

No fundo, cremos que, em matéria de aplicação das regras do artigo 20.º ao dever de lançamento de oferta pública, as diferenças de posições doutrinais entre nós – uns propendendo para uma interpretação restritiva genérica, mas reconhecendo-lhe a dificuldade, outros assumindo a remissão na plenitude, mas não deixando de procurar fazer interpretação mais cautelosa onde isso se antolha necessário – têm as mesmas origens e não impedem que se estabeleça uma zona mínima de consenso. Por nós, inclinar-nos-íamos para a situar em torno das seguintes linhas centrais:

a) As regras de imputação do artigo 20.º assentam na consideração de que a imputação versa sobre direitos de voto cujo exercício pode ser influenciado ou influenciável;

---

[18] O mais significativo, por próximo da matéria que nos ocupa, será o dos acordos de aquisição sujeitos a condição, que o autor considera só produzirem imputação «aquando da verificação da condição» (desde que esta não seja potestativa) – posição que seria porventura a mais correcta em sede de constituição de dever de lançamento de OPA, mas parece esbarrar, pelo menos em matéria de dever de informação, com a expressa previsão do sétimo travessão do artigo 7.º da Directiva da Transparência de 1998, a que a transposição devia – e parece ter dado – obediência. Conforme se refere *supra*, na nota 2, o sétimo travessão do artigo 7.º desapareceu no preceito correspondente da actual Directiva da Transparência, o que pode militar hoje no sentido daquela posição.
Outros exemplos serão a constatação de que a alínea a) do artigo 20.º, n.º 1, relativa a acordos de voto, constitui a única causa determinante de imputação que pode funcionar em termos biunívocos, sendo unívocos todos os demais casos de imputação, e, bem assim, o reconhecimento de que, em promessa aquisitiva incidindo sobre parte de participação detida pelo promitente vendedor, apenas essa parte objecto do acordo (*rectius*, dos respectivos direitos de voto) se imputa ao promitente adquirente, o mesmo sucedendo, por exemplo, em casos de colocação parcial de participação em situação de penhor ou depósito com atribuição dos direitos de voto.

A PROPÓSITO DE *CORPORATE GOVERNANCE* E DE DIREITO DAS SOCIEDADES...

b) O quadro em que o intérprete tem de mover-se é o de que é a essas regras do artigo 20.º[19] que há que recorrer para computar a ultrapassagem do limiar de um terço ou 50% relevantes para obrigação de oferta pública;

c) É sistemicamente tolerável, em termos gerais, o risco de que as ficções utilizadas para efeitos de obrigação de divulgação de participação venham a *pecar por excesso*, gerando dever de divulgação onde a susceptibilidade de influência dos direitos de voto não seja nítida ou possa até em concreto não existir;

d) Ao invés, a gravidade das consequências impõe firmeza do intérprete para que tal excesso não possa ocorrer na determinação da existência de dever de lançamento de oferta pública. Este dever pode certamente prescindir (é o intuito primário da técnica escolhida) da demonstração da existência de controlo dos votos em causa[20], ou mesmo até da efectiva existência desse controlo, mas não pode constituir-se *independentemente de uma real e efectiva susceptibilidade dele.*

Não é objecto deste apontamento propor soluções para esta questão, que só pretendemos deixar identificada. Apenas diremos adicionalmente que pensamos que a atitude do intérprete não carecerá de ser de genérica interpretação restritiva quanto ao dever de lançamento de oferta pública, podendo em muitos dos casos bastar as regras gerais de interpretação para chegar a conclusões compatíveis com a mutação teleológica subjacente aos dois domínios. Ou seja, se se quiser, podem em muitos casos bastar *as devidas adaptações* de que falámos *supra*[21].

---

[19] E, aliás, só a elas, não relevando o apelo a noções como controlo fáctico, práticas concertadas e similares.

[20] No entanto, como certeiramente nota PAULA COSTA E SILVA, "A Imputação dos...", p. 280, pode hoje encontrar-se um novo alento para a tese interpretativa por si sustentada na circunstância de, no novo n.º 5 do artigo 20.º, o legislador de 2006 ter vindo a introduzir a possibilidade de ilisão da presunção do n.º 4 através da «prova de que a relação estabelecida com o participante é independente da influência, efectiva ou potencial, sobre a sociedade participada». É provavelmente algo que merece mais do que a qualificação de «pequeníssima brecha», empregada pela autora.

[21] Cfr. *supra*, nota 3.

II. Dupla ou tripla funcionalidade?

5. Para referir o fenómeno a que vimos aludindo de aplicabilidade das mesmas regras de imputação de direitos de voto a dois domínios diferentes, vem a doutrina cunhando a expressão *"dupla funcionalidade"*[22] das normas de imputação.

Cremos, porém, que, em bom rigor, será antes de falar de uma *funcionalidade tripla*.

Num primeiro momento ou degrau, com efeito, a lei manda utilizar o conjunto das regras do artigo 20.º para determinar as participações qualificadas sujeitas aos deveres de comunicação estabelecidos nos artigos 16.º e seguintes do CVM. Num segundo grau, e como segunda funcionalidade ou funcionalidades, são, como vimos, *essas mesmas regras* o instrumento a utilizar para calcular se existe situação em que se «ultrapasse, directamente ou nos termos do n.º 1 do artigo 20.º», os limiares relevantes para a constituição do dever de lançamento de oferta pública. É o que faz o artigo 187.º, n.º 1, do CVM.

A verdade, todavia, é que, *após consumados os efeitos da segunda utilização funcional – ou seja, após determinado se resulta constituído, ou não, o dever de lançamento de oferta pública –*, a nossa lei volta a lançar mão da invocação do artigo 20.º para criar, disciplinar, ampliar ou restringir *uma série de efeitos jurídicos acessórios ou subsequentes*.

Trata-se de uma terceira zona *autónoma* de incidência da teia normativa do artigo 20.º, que justifica que se deva falar de uma *terceira funcionalidade* de tais regras. E os problemas que suscita são também distintos, embora porventura, se bem pensamos, menos espinhosos de circunscrever e menos rebeldes a um critério unitário.

6. Consideremos, nomeadamente, entre muitas outras[23], as seguintes cinco disposições legais:

---

[22]   A expressão é de PAULA COSTA E SILVA, "A Imputação dos...", p. 275.

[23]   Outros exemplos poderiam ser o artigo 181.º, n.ᵒˢ 3 e 5, alínea a), o artigo 188.º, n.º 5, o artigo 190.º, n.º 2, e o artigo 192.º, n.º 2, alínea b), e n.º 3, do CVM.

A PROPÓSITO DE *CORPORATE GOVERNANCE* E DE DIREITO DAS SOCIEDADES...

- O n.º 2 do artigo 173.º, que proíbe a aceitação de oferta parcial por pessoas que estejam com o oferente em alguma das situações previstas no artigo 20.º;

- O n.º 1 do artigo 180.º, sobre aquisições na pendência de oferta (de valores mobiliários que dela são objecto ou que constituam a sua contrapartida), sujeitando a autorização ou informação da CMVM não apenas as aquisições do oferente, mas também as das pessoas que com ele estejam em alguma das situações previstas no artigo 20.º;

- O n.º 3 do artigo 180.º, estabelecendo a revisão – potencial ou necessária, consoante se trate de oferta voluntária ou obrigatória – da contrapartida da oferta em caso de aquisições efectuadas pelo oferente, ou por pessoas que com o oferente estejam em alguma das situações previstas no artigo 20.º, durante a oferta, a preço superior ao dela;

- O artigo 186.º, que proíbe o lançamento de oferta pelo oferente ou pelas pessoas que com ele estejam em alguma das situações previstas no artigo 20.º nos 12 meses subsequentes ao apuramento dos resultados da oferta anterior; e

- A alínea a) do n.º 1 do artigo 188.º, que determina como relevante para o cálculo da contrapartida de oferta obrigatória o «maior preço pago pelo oferente ou por qualquer das pessoas que, em relação a ele, estejam em alguma das situações previstas no n.º 1 do artigo 20.º pela aquisição de valores mobiliários da mesma categoria, nos seis meses imediatamente anteriores à data da publicação do anúncio preliminar da oferta».

Figuremos agora um exemplo concreto, a respeito da primeira destas disposições legais: um cliente de um banco, no âmbito de financiamento, dá de penhor ao banco 1000 acções de uma sociedade aberta, representando 1% do respectivo capital social, conferindo o penhor poderes para exercício do direito de voto[24].

Os direitos de voto destas 1000 acções passam indiscutivelmente a ser imputáveis ao banco, por força da alínea f) do n.º 1 do artigo 20.º do CVM

---

[24] O exemplo é também utilizado por Osório de Castro, "A Imputação de...", p. 191, nota 22, onde o autor chega a conclusão idêntica a uma das que adiante defendemos.

– *primeiro nível de funcionalidade*[25] –, gerando dever de publicação, se a participação exceder os respectivos limiares.

Se o banco já era, ou se tornou depois, accionista da sociedade aberta, com, por exemplo, 15% do capital social, as acções do cliente cujos votos já lhe são imputáveis somam-se a estes 15% para aferir se o banco ultrapassou ou não algum dos limites de obrigatoriedade de lançamento de oferta pública de aquisição previstos no artigo 187.º do CVM – *segundo nível de funcionalidade* –, sendo, no caso, a resposta negativa.

Suponhamos agora que o banco, não tendo incorrido no dever de OPA geral obrigatória, vem a decidir mais tarde lançar voluntariamente uma oferta pública de aquisição parcial sobre as acções da sociedade aberta. Por força do n.º 2 do artigo 173.º do CVM – *terceiro nível de funcionalidade* –, deve concluir-se estar o cliente impedido de aceitar a oferta?

A falta de razoabilidade e de sentido de uma resposta afirmativa é desde logo intuitiva. Mas prossigamos.

Imaginemos agora que o banco já tem (ou adquiriu posteriormente) 32,5% do capital da sociedade aberta. Nenhuma dúvida continua a haver quanto ao primeiro nível de funcionalidade: os direitos de voto inerentes às acções do cliente continuam a ser imputados ao banco, e este tem o dever de publicitar que lhe é imputável uma participação social de 33,5%. Igualmente clara continua a ser a conclusão quanto ao segundo nível de funcionalidade: a remissão do n.º 1 do artigo 187.º para a regra de imputação do artigo 20.º faz que o banco ultrapasse o limiar de um terço dos direitos de voto e (salva a possibilidade de prova negativa do domínio, nos termos do n.º 2 do artigo 187.º do CVM) o banco fica constituído no dever de lançamento de oferta pública geral.

Já não se põe agora a questão do artigo 173.º, n.º 2, que é privativa das ofertas parciais. Mas coloquemos a questão em relação à segunda das disposições

---

[25] Mas a imputação é unívoca: os direitos de voto das acções que porventura o banco detenha não se imputam ao cliente, conforme adverte Osório de Castro (cfr. *supra*, nota 18), pela razão de que são só os direitos de voto do cliente que se tornam influenciáveis pelo banco e o inverso não sucede. Este é um exemplo nítido do que acima dissemos quanto a nem sempre ser preciso recorrer a interpretação restritiva. É a interpretação "normal", em face da própria letra do artigo 20.º e dos demais cânones hermenêuticos utilizáveis, que conduz desde logo à solução correcta.

A PROPÓSITO DE *CORPORATE GOVERNANCE* E DE DIREITO DAS SOCIEDADES...

citadas, o n.º 1 do artigo 180.º: ficará o cliente sujeito a autorização da CMVM se quiser adquirir fora de bolsa acções durante a oferta que o banco lance?

E quanto à *questão crucial do preço*, resultante quer do n.º 3 do artigo 180.º, quer da alínea a) do n.º 1 do artigo 188.º? Terá o banco de se sujeitar à elevação do preço da oferta, se porventura se apurar que o cliente que lhe deu acções em penhor adquiriu acções durante a oferta a preço mais elevado, ou de se sujeitar ao preço das aquisições deste, se porventura este tivesse adquirido algumas delas (ou outras) nos seis meses anteriores ao anúncio preliminar a preço superior?

E o regime do n.º 3 do artigo 185.º? Estará o cliente, por via do penhor, impedido de lançar oferta concorrente? E, terminada a oferta do banco, impende também sobre o cliente a proibição de lançar (outra) oferta nos 12 meses subsequentes (artigo 186.º)?

Cremos que a resposta a todas estas questões deve ser negativa, e adiante veremos porquê.

Mas antes importa dizer que nada do que estamos a referir é privativo da alínea f) do n.º 1 do artigo 20.º, que elegemos para exemplo por ser porventura a mais impressiva. Se se tratar, por exemplo, de acções depositadas com poderes discricionários para exercício dos direitos de voto (alínea g) do n.º 1 do artigo 20.º), a conclusão negativa manter-se-á. Como se manterá a resposta negativa relativamente a acções que hipoteticamente o banco tenha encarregado alguém de adquirir, no contexto de um mandato sem representação, quando este ficar a detê-las por conta daquele (alínea a) do n.º 1 do artigo 20.º).

Como ainda, finalmente, se, no exemplo original, o cliente, além de dar as acções de penhor ao banco, tiver acordado com o banco fazer-lhe delas dação em pagamento, originando um direito de adquirir do banco que geraria um título adicional de imputação, o da alínea e) do n.º 1 do artigo 20.º do CVM[26].

---

[26] Aqui, porém, poderá hoje, após a reforma de 2006, discutir-se um problema novo: o de saber se a convenção da dação em pagamento, além de relevar como causa de imputação ao abrigo da alínea e), relevará ou não também como *acordo relativo à transmissibilidade das acções* gerador da (nova) presunção contida no n.º 4 do artigo 20.º e, em caso de não ilisão, do (novo) título de imputação hoje constante na alínea h). Sem aqui poder desenvolver a matéria, diremos que o nosso entendimento da alínea h) é o de que ela *só pode regular* acordos relativos à transmissibilidade de acções *diversos* dos acordos de que resultam direitos aquisitivos previstos na alínea e) (por exemplo, acordos de preferência, de intransmissibilidade, de obrigação unilateral de adquirir ou *put*, etc.), sendo os puros acordos aquisitivos cobertos *exclusivamente* pela

7. Estes exemplos vêm confirmar de novo, a nosso ver, a *autonomia das questões* que se podem suscitar em sede da terceira funcionalidade das regras de imputação do artigo 20.º do CVM – mesmo em hipóteses absoluta ou relativamente pacíficas quanto aos primeiro e segundo níveis de aplicação dessas regras.

Como se resolvem estes problemas, levantados, neste terceiro nível, pela utilização funcional da técnica de imputação?

Cremos que a base para uma solução se pode apresentar na pista já apontada por Osório de Castro quando, embora a propósito de ponto distinto e menos nítido (o da delimitação da "imputação em cadeia" constante da actual alínea i) do n.º 1 do artigo 20.º), aludiu à necessidade de atentar que, em certas alíneas do n.º 1 do artigo 20.º do CVM, «a relação com outra entidade não se estabelece a propósito de quaisquer concretos direitos de voto»[27].

Se bem ajuizamos, esta asserção pode ser feita, deslocando a questão para o âmbito que nos ocupa, de forma mais ampla e clara: *só certas alíneas do n.º 1 do artigo 20.º se reportam realmente a relações predominantemente subjectivas entre pessoas – a generalidade delas tem meramente, ou predominantemente, por objecto apenas certos e limitados direitos de voto.*

Daí que a própria letra da generalidade das disposições de terceiro nível que acima recenseámos, ao usar uma *formulação relacional* – pessoas que com o oferente se encontram em relações previstas no artigo 20.º –, sustente e aponte também para a orientação que temos por correcta neste particular domínio.

Ela é a de que estarão, em princípio pelo menos, abrangidas pelas cominações, proibições, deveres ou consequências jurídicas nessas disposições de terceiro nível previstas as pessoas a respeito das quais *a causa de imputação ao participante/oferente seja predominantemente subjectiva*, devendo entender-se não serem esses efeitos jurídicos aplicáveis, por regra, nos casos em que a

---

alínea e) – sob pena, aliás, de ter de se considerar que a imputação resultante destes acordos aquisitivos teria passado a poder ser ilidida, o que, não sendo porventura negativo, seria pelo menos estranho no contexto da reforma. Em todo o caso, se se considerasse diversamente, pareceria óbvia a possibilidade de ilisão da presunção, por se tratar de puras relações bancárias, alheias à influência sobre a sociedade.

[27] Osório de Castro, "A Imputação de...", p. 191 e nota 92.

A PROPÓSITO DE *CORPORATE GOVERNANCE* E DE DIREITO DAS SOCIEDADES...

imputação é predominantemente objectiva, isto é, versa sobre certos e específicos direitos de voto apenas, com independência da identidade de quem os detenha.

Estarão no primeiro caso, seguramente, as pessoas abrangidas pelas alíneas c) e h) do n.º 1 do artigo 20.º (contrapartes em acordos relativos ao exercício do direito de voto na sociedade em causa, ou em acordos que visem exercício concertado de influência), cujas acções – presentes e futuras, aliás[28] – são *na totalidade* imputáveis ao participante/oferente e são-no, de resto, de modo recíproco ou biunívoco. Está-lo-ão provavelmente também, em regra, as pessoas referidas nas alíneas b) e d) do n.º 1 do artigo 20.º, alíneas a que parece poder reconhecer-se igualmente incidência predominantemente subjectiva e tendem, por isso, também, a envolver todas as acções detidas[29].

Estarão, pelo contrário, ou tenderão a estar, no segundo caso – em que, em regra, não existirá incidência subjectiva de disposições de terceiro nível – as imputações circunscritas ou de raiz predominantemente objectiva, constantes das alíneas a), e), f) e g) do n.º 1 do artigo 20.º do CVM.

Trata-se de uma orientação geral, repete-se, que porventura poderá ter de ceder ou admitir revisão ou ajustamento em hipóteses particulares.

Mas cremos que essa orientação geral – que temos, como tal, por correcta – poderá contribuir para ajudar a progredir na procura de soluções nesta específica, e ainda pouco trabalhada, zona de funcionalidade "de terceiro grau" da técnica de imputação de votos e das normas do Código dos Valores Mobiliários que dela fazem uso ou invocação.

---

[28] A situação parece, com efeito, dever ter solução paralela com a que maioritariamente se defende em Itália, quer na doutrina quer em comunicações e tomadas de posição da *CONSOB*, quanto a que a agregação de acções de participantes em *patti parasociale* sobre exercício de direitos de voto abrange todas as acções que forem em cada momento detidas pelos membros do sindicato, e não apenas as que estejam sujeitas às estipulações do pacto ou sejam detidas na data dele. Cfr. a *Comunicazione* n.º DIS/99024712 de 31 de Março de 1999 da *CONSOB*, bem como (ambos acompanhando a conclusão, com *nuances* quanto aos fundamentos) BARTOLOMEO QUATRARO/LUCA G. PICONE, *Manuale Teorico-Pratico...*, pp. 131 e ss., e PAOLO GIUDICI, "L'Acquisto di...", pp. 506 e ss.

[29] É de notar que também na Alemanha relevam, para efeitos da contrapartida mínima, as aquisições realizadas pelo oferente, sociedades dependentes e pessoas que actuem em concertação com o oferente (§ 31, (1)) e não as que tenham sido efectuadas por qualquer das pessoas referidas no § 30.

10. Igualdade de tratamento e limitação do direito de preferência dos accionistas para oferta de subscrição exclusiva a um accionista*†

1. Num caso concreto, ocorrido em duas sociedades, *A* e *B*, suscitou-se a questão da legalidade de propostas de aumento de capital que o respectivo Conselho de Administração elaborou para apresentar às assembleias gerais convocadas, na parte relativa à limitação do direito de preferência dos accionistas.

---

* Publicado nos *Cadernos do Mercado de Valores Mobiliários*, n.º 29 (Abril, 2008), pp. 7-16.

† O presente escrito reproduz um parecer, datado de 24 de Junho de 1988, pouco após a entrada em vigor do Código das Sociedades Comerciais, sobre matéria que era então inovadora na nossa ordem jurídica (o direito legal de preferência dos accionistas em aumento de capital e o regime da admissibilidade da sua supressão ou limitação).

Apesar de nunca publicado, ele viria a ser expressamente citado como primeiro estudo do tema entre nós, na obra monográfica que, volvidos cinco anos, veio à luz do dia (PEDRO DE ALBUQUERQUE, *Direito de Preferência dos Sócios em Aumentos de Capital nas Sociedades Anónimas e por Quotas – Comentário ao Código das Sociedades Comerciais)*, Coimbra, Almedina, 1993, p. 344). Publica-se agora o conteúdo do parecer, optando-se por fazê-lo sem quaisquer alterações, apesar das naturais marcas da idade, que se julga facilmente identificáveis. Mas não se levará a mal que se aproveite este ensejo para afastar uma crítica que se afigura injustificada.

Na citada monografia, PEDRO DE ALBUQUERQUE, muito influenciado por escrito de Rosapepe, após mencionar a nossa posição de que não deve o controlo judicial sobre a existência de interesse social comportar um exame do mérito deste, parece extrair daí a conclusão de que estaríamos considerando o interesse social como um mero limite negativo da deliberação da limitação ou supressão da preferência, e não como um seu requisito positivo (PEDRO DE ALBUQUERQUE, *Direito de Preferência...*, p.353). Confiamos que a simples leitura do texto possa agora permitir

Foi pedida a elaboração de parecer, para o que foram presentes as propostas do Conselho de Administração das sociedades e um relatório elaborado por aquele nos termos do n.º 5 do artigo 460.º do Código das Sociedades Comerciais.

2. A questão essencial, suscitada pela accionista reclamante, prende-se com o chamado princípio da igualdade de tratamento dos accionistas.

Aduz-se, com efeito, que o direito de preferência «está previsto na lei como direito igual de preferência para todos os accionistas» e que «não está legalmente consagrada a hipótese de se limitar o direito de preferência de certos accionistas a favor de outros accionistas oferecendo-lhes um especial direito de preferência na subscrição de novas acções que se afasta das regras da proporcionalidade e do rateio», pelo que, «uma vez que a proposta de limitação do direito legal de preferência dos accionistas da autoria do Conselho de Administração atribui para uma subscrição pela Sociedade C 20.000 das 75.000 acções a emitir viola preceitos imperativos do Código das Sociedades Comerciais».

Estas, pois, as razões da ilegalidade que o accionista imputa às deliberações da Assembleia Geral que venham a acolher as propostas do Conselho de Administração.

---

desfazer essa confusão: da circunstância de se entender que o interesse social é efectivamente um requisito positivo, como entendemos que é – e se escreve, aliás, expressamente no parecer –, não decorre que se não deva rejeitar um *second guess* judicial sobre o mérito, que aos accionistas exclusivamente deve competir, nem a inversa é também verdadeira. O leitor ajuizará. Anotaremos, por último, que os fundamentos desta posição de rejeição de controlo judicial de mérito têm relativo paralelo com os da recente orientação da reforma de 2006 do Código das Sociedades Comerciais ao, embora mitigadamente, consagrar – acolhendo o que também vínhamos defendendo desde há cerca de uma década (cfr. o nosso "Responsabilidade Civil dos Administradores de Sociedades: os deveres gerais e os princípios da *Corporate Governance*", *Revista da Ordem dos Advogados*, ano 57, vol. II (1997)) – a chamada *business judgement rule* em sede de responsabilidade dos administradores. Em ambos os casos, embora com diferenças assinaláveis, trata-se da não sobreposição de um juízo de mérito do tribunal ao juízo da instância societária própria (accionistas, sobre o interesse social na limitação da preferência, ou administradores, sobre decisões de gestão), não se sindicando o acerto ou desacerto destas instâncias na decisão tomada, uma vez que se apure não ter existido desvio relativamente aos parâmetros normativos que regem a tomada de decisão.

3. Penso que àquele accionista não assiste razão na posição tomada, nos termos e com os fundamentos em que ela consta na citada carta.

Cumprirá, pois, deixar aqui consignadas as razões principais desta posição, bem como aludir, como julgo necessário para não amputar o campo de análise, a outras zonas da matéria onde, a meu ver, se podem suscitar questões mais delicadas.

4. O direito legal de preferência dos accionistas na subscrição das novas acções resultantes de aumento de capital é uma das mais importantes inovações legislativas introduzidas entre nós pelo Código das Sociedades Comerciais, estando anteriormente a figura apenas prevista na lei com um âmbito mais restrito e não encontrando eco significativo na doutrina e jurisprudência nacionais algumas tentativas de construção de uma base legal genérica[1].

Deste carácter de inovação recente decorre uma primeira, e não pequena, dificuldade de análise: a quase total inexistência de estudos nacionais sobre o direito legal de preferência no modelo conceptual adoptado pelo Código (com excepção do comentário de Raul Ventura já citado e de um anterior trabalho preparatório legislativo do mesmo autor[2]) e a ausência ainda absoluta de indícios sobre o entendimento jurisprudencial que do instituto virá a ser elaborado.

5. Os termos, porém, em que o direito legal de preferência dos accionistas acaba de ser acolhido pelo nosso Código das Sociedades Comerciais são essencialmente decorrentes da disciplina constante dos artigos 29.º e seguintes da 2.ª Directiva da CEE sobre direito das sociedades – obedecendo, aliás, a um propósito expresso de harmonização – e correspondem, nos traços principais,

---

[1] O artigo 3.º do Decreto n.º 1645, de 15 de Junho de 1915, reconhecia tão somente preferência aos accionistas ordinários quando se tratasse de emissão de acções privilegiadas. Cfr. Luís Brito Correia, *Direito Comercial*, vol. II, Lisboa, AAFDL, 1986, p. 163, Amândio de Azevedo, "O Direito de Preferência dos Accionistas na Subscrição de Novas Acções Emitidas pela Sociedade", *Revista de Direito e de Estudos Sociais*, ano XVI, n.ºs 1-2 (1969), pp. 103-145, e Raul Ventura, *Alterações ao Contrato de Sociedade – Comentário do Código das Sociedades Comerciais*, Coimbra, Almedina, 1986, pp. 172 e ss., e autores aí citados.

[2] Raul Ventura, "Adaptação do Direito Português à Segunda Directiva do Conselho da Comunidade Económica Europeia sobre o Direito das Sociedades", *Boletim de Documentação e Direito Comparado*, n.º 3 (1980).

à orientação que vem vingando na generalidade das legislações sobre sociedades anónimas deste século.

De entre estas, as questões concernentes ao direito legal de preferência
dos "antigos" accionistas e às condições e termos da sua exclusão ou limitação
têm sido longamente estudadas e debatidas na Alemanha e sobretudo em
Itália, aqui com especial interesse em face de uma disposição legal – o inicial
n.º 3 do artigo 2441 do Código Civil, hoje n.º 5, após alguns rearranjos do
preceito – que dispõe:

> *«[Q]uando l'interesse della società lo esige, il diritto di opzione può essere escluso*
> *o limitato con la deliberazione di aumento di capitale sociale, approvata da tanti*
> *soci che rappresentino oltre la metà del capitale sociale, anche se la deliberazione*
> *è presa in assemblea di seconda o terza convocazione.»*

6. São manifestas as semelhanças entre esta disposição italiana, que acolhe
a hipótese genérica de supressão ou limitação do direito de preferência (o
n.º 2 e o n.º 7 do mesmo artigo 2441 consignam hipóteses particulares a que
adiante voltarei), e o preceito português do artigo 460.º do CSC, que dispõe:

> «1 – O direito legal de preferência na subscrição de acções não pode
> ser limitado nem suprimido, a não ser nas condições dos números
> seguintes.
> 2 – A assembleia geral que deliberar o aumento de capital pode, para
> esse aumento, limitar ou suprimir o direito de preferência dos accio-
> nistas, desde que o interesse social o justifique.
> 3 – A assembleia geral pode também limitar ou suprimir, pela mesma
> razão, o direito de preferência dos accionistas relativamente a um au-
> mento de capital deliberado ou a deliberar pelo órgão de administração
> nos termos do artigo 456.º
> 4 – As deliberações das assembleias gerais previstas nos números ante-
> riores devem ser tomadas em separado de qualquer outra deliberação,
> pela maioria exigida para o aumento de capital.
> 5 – Sendo por ele apresentada uma proposta de limitação ou supressão
> do direito de preferência, o órgão de administração deve submeter
> à assembleia um relatório escrito, donde constem a justificação da

IGUALDADE DE TRATAMENTO E LIMITAÇÃO DO DIREITO DE PREFERÊNCIA ...

proposta, o modo de atribuição das novas acções, as condições da sua liberação, o preço de emissão e os critérios utilizados para a determinação deste preço.»

Sem abordar agora as diferenças – também elas bem aparentes[3] –, o direito de preferência dos accionistas surge-nos, pois, no artigo 460.º do CSC, como no direito italiano, como direito individual dos sócios que, sendo insusceptível de exclusão genérica quer pela Assembleia quer mediante cláusula estatutária[4], se encontra, contudo, *para cada concreto aumento de capital,* sujeito a um poder de limitação ou supressão pela Assembleia Geral.

Trata-se de um poder que, conforme em Itália observa Nobili[5], é *absolutamente peculiar* em face da disciplina normal dos direitos individuais dos sócios, os quais, nos casos em que não são absolutamente indisponíveis e irrenunciáveis, só são em regra disponíveis por parte do seu titular.

E também entre nós Raul Ventura frisa o carácter excepcional de tal poder da assembleia[6].

Creio ser importante, para a análise subsequente, reter desde já este carácter peculiar e excepcional do poder de limitação ou supressão em concretos aumentos de capital.

7. Importa, pois, na perspectiva em que a questão vem colocada, examinar as relações entre o poder de limitação ou supressão do direito legal de preferência dos accionistas e o princípio da igualdade de tratamento destes, consagrado na generalidade das legislações comerciais modernas, e que o nosso Código também indubitavelmente reflecte, apesar de lhe não consagrar disposição expressa.

Antes, porém, há que desfazer uma confusão manifesta de que me parece imbuída a posição do accionista reclamante.

---

[3] Cfr. *infra.*

[4] A proibição de exclusão ou limitação genérica (exclusão ou limitação do chamado "direito abstracto" de preferência) não é, aliás, permitida às legislações nacionais pelo artigo 29.º, n.º 4, da 2.ª Directiva. Em Itália, é também pacífica igual conclusão: cfr. Francesco Galgano, *La Società per Azione – Trattato di Diritto Pubblico dell'Economia,* vol. VII, Padova, CEDAM, 1984.

[5] Raffaele Nobili, *Contributo allo Studio del Diritto di Opzione nelle Società per Azioni,* Milano, Giuffré Editore, 1958, p. 186.

[6] Raul Ventura, *Alterações ao Contrato...,* p. 173.

Este refere, com efeito, que nas propostas de deliberação em causa se estaria distinguindo certo accionista, «oferecendo-lhe um especial direito de preferência na subscrição de novas acções que se afasta das regras da proporcionalidade e do rateio».

Ora, tal observação é claramente inexacta, não correspondendo de todo em todo ao conteúdo das propostas em apreço.

Creio, aliás, que dificilmente se pode chegar a conclusões correctas neste domínio sem separar nitidamente duas hipóteses:

a) A de uma limitação ou supressão *selectiva* do direito de preferência dos accionistas (ou seja, para se obter o lote de novas acções que se quer excluir da preferência, a alguns accionistas é retirado ou restringido o direito de preferência e a outros não);

b) A de limitação ou supressão do direito de preferência operada *por igual para todos os accionistas*, mas com vista a que as novas acções venham a ser ulteriormente subscritas ou oferecidas à subscrição de entidades que já eram accionistas.

É bom de ver que as hipóteses são, antes de mais, conceptualmente distintas: na segunda, a entidade já accionista que subscreve todas ou parte das novas acções não o faz a título de direito de preferência ("alargado"), mas na posição de qualquer subscritor normal, a quem a sociedade fez uma oferta de subscrição, e que, por força de deliberação da assembleia, *perdeu mesmo o próprio direito de preferência de que já era titular em relação às acções que anteriormente detinha*. Daí que também o regime jurídico aplicável seja completamente diferente: por exemplo, e para atentar apenas num aspecto, na primeira hipótese, o accionista "beneficiado" poderá *exigir* a subscrição das novas acções (ou indemnização substituta se elas lhe não forem atribuídas) e na segunda apenas poderá *aceitar* a oferta de subscrição que lhe venha a ser feita, não lhe assistindo qualquer direito se tal oferta vier a não ocorrer.

À primeira das hipóteses – limitação ou supressão "selectiva" do direito de preferência de alguns accionistas –, e convergindo no sentido de a reputar inadmissível, se referem expressamente, em Itália, JAEGER, *L'Interesse Sociale*, Milano, Giuffrè Editore, 1962, p. 220 («*[l]'opzione, infatti, può essere garantita o esclusa per tutti gli azionisti; ma non può venire riconosciuta ad alcuni di essi, ed esclusa o limitata per altri*») e, entre nós, RAUL VENTURA, *Alterações ao Contrato...*, p. 203 («uma limitação do direito de preferência de certo ou certos accionistas [...] enquanto para outros seria mantido em toda a extensão o direito de preferência, contraria o princípio da igualdade dos accionistas»).

A conclusão, aliás, estará, a meu ver, provavelmente correcta – admito também que, nesta hipótese, a limitação ou supressão são normalmente ilegais[7].

Mas, como disse, não é essa primeira hipótese, mas a segunda, que no caso vertente se verifica, como o exame das propostas em questão revela.

Destas, com efeito, vê-se com nitidez que, no caso da sociedade *A*:

- O direito de preferência de *todos* os accionistas é «limitado a 53.500 das 70.000 acções a emitir, não abrangendo as demais 21.500 acções» (texto da proposta n⁰. 2);
- As 20.000 acções reservadas para subscrição pela sociedade *D não o são, pois, a título de direito de preferência desta*, constituindo, pelo contrário, uma parte das «*demais 21.500 acções*» relativamente às quais não há direito de preferência de nenhum accionista;
- As reservas de 20.000 acções para subscrição pela sociedade *D* e de 1.500 acções para subscrição por colaboradores são, assim, na construção e nos termos expressos das propostas, qualitativamente iguais.

E o mesmo se passa, com quantidades diferentes, no caso da sociedade *B*[8].

---

[7] Nos fundamentos, porém, não acompanharia RAUL VENTURA, ficando mais próximo da justificação de JAEGER, que se baseia na indispensabilidade de «*un interesse colectivo di tutti i membri del grupo*». De facto, o que inclina mais para a normal ilegalidade desta hipótese é não se conseguir imaginar possíveis casos em que o interesse social que justifique a limitação ou supressão possa aconselhar simultaneamente a "selectividade" daquelas: se há que reservar todo ou parte do aumento para alguém, isso não será incompatível com a distribuição igualitária do sacrifício da preferência.

[8] Note-se que a alínea c) da terceira proposta já contém uma discriminação individual, ao afastar a sociedade *C* de participar na subscrição das 53 500 acções relativamente às quais se mantém o direito de preferência dos accionistas – o que só não levantará problemas por vir referido que tem o acordo da própria sociedade *C*.

A formulação alternativa das propostas que me foi presente (que, no caso da sociedade *A*, exclui o direito de preferência dos accionistas quanto a 11 266 acções a subscrever pela sociedade *C* e 1500 a subscrever pelos empregados, deixando subsistir o direito de preferência de todos os accionistas, incluindo a sociedade *C*, sobre as restantes 57 234 acções – entrando,

8. É, assim, a segunda daquelas enunciadas hipóteses que, no nosso caso, há que considerar, procurando responder à seguinte pergunta: pode o direito de preferência legal dos accionistas (de todos eles) ser suprimido ou limitado com vista a que as novas acções do aumento de capital, ou parte delas, venham a ser oferecidas à subscrição de algum ou alguns deles, ou a limitação ou supressão só é legal se as novas acções abrangidas forem oferecidas à subscrição de estranhos?

Torna-se quase irresistível, perante esta formulação, antecipar a resposta: depende de qual seja, no caso concreto, o interesse social, único requisito fixado no artigo 460.º do CSC.

Mas vejamos as coisas mais detidamente.

A questão foi objecto de expresso tratamento numa das mais importantes monografias publicadas em Itália sobre o direito de preferência dos accionistas: a já citada obra de Nobili, *Contributo allo Studio del Diritto di Opzione nelle Società per Azioni*.

Começa este autor por referir a posição generalizada, sobretudo em diversos autores alemães, que considera que, uma vez excluído o direito de preferência com respeito a todos os sócios, a sociedade pode oferecer a subscrição a quem quiser, incluindo apenas alguns dos sócios, uma vez que estes serão então chamados à subscrição *como terceiros*[9].

Nobili aceita esta solução, parecendo-lhe, contudo, insuficiente a justificação, por assentar a sua adesão na consideração substancial do princípio da igualdade dos accionistas.

---

em conta, portanto, para atingir o mesmo resultado de colocar a participação da sociedade *D* ao nível reputado de interesse social, com as acções já detidas por esta) parece-me mais bem conseguida, e nada impede que a reformulação seja feita até à data da assembleia ou no decurso desta.

[9] Neste sentido, são as posições de Reinhard Godin/Hans Wilhelmi, *Aktiengesetz*, Berlin, De Gruyter, 1950, p. 697; Hans Bernicken, na monografia *Das Bezugsrecht des Aktionärs*, Berlin, Heymann, 1928, pp. 60 e ss.; Rudolf Fischer, *Die Aktiengesellschaft, Ehrenbergs Handbuch*, vol. III, Leipzig, 1916, pp. 325 e ss., citado por Nobili, *Contributo allo Studio...*, p. 245, que assinala todavia, também na Alemanha, a posição contrária de Erich Brodmann, *Aktienrecht*, Berlin, De Gruyter, 1928, p. 455, e refere a citação em Hans Filbinger, *Die Schranken der Mehrheitsherrschaft im Aktienrecht*, Berlin, Junker und Dünnhaupt, 1942, p. 63, da existência de jurisprudência contrária do *Reichgericht*.

Ora, considerando que aquele princípio, no seu correcto sentido e alcance, visa, como refere Steiger[10], "proteger o sócio contra qualquer tratamento arbitrário que o interesse social não justifique"; tendo em conta que a própria limitação ou supressão também só é consentida "quando o interesse da sociedade o exija"; e sendo certo que "se podem sem dúvida imaginar situações em que o interesse social impõe a atribuição das acções a apenas alguns dos sócios", de tudo retira Nobili que a aplicação rígida do princípio da paridade de tratamento determinaria o sacrifício do interesse que o legislador quis tutelar e importaria uma injustificada interpretação restritiva da norma do artigo 2441.

Donde, a sua conclusão de que *"o princípio de igualdade de tratamento não parece ter aqui aplicação"*[11-12].

---

[10] FRITZ VON STEIGER, *Le Droit des Sociétés Anonymes en Suisse*, trad. J. Cosandey, Lausanne, Librairie Payot, 1950, pp. 183 e ss., citado em NOBILI, *Contributo allo Studio...*, p. 246.

[11] Adjuvantemente, refere ainda NOBILI, em justificação desta posição, que, sendo consentido controlo judicial de mérito sobre a subsistência do interesse social na limitação ou supressão, o interesse dos accionistas resulta tutelado sem necessidade de recorrer ao princípio da paridade de tratamento.

[12] Em Itália, a única posição discordante que vejo referida (mas trata-se de posição emitida na vigência do anterior Código Comercial, e não em face do artigo 2441 do Código Civil) é a de GIACARLO FRÉ, "Opzione", *in* AA. VV., *Nuovo Digesto Italiano*, vol. IX, Torino, UTET, 1939, p. 176, citada por NOBILI, *Contributo allo Studio...*, p. 245.
É significativo, ainda, reparar que no caso concreto judicial que em Itália se tornou mais célebre e discutido, dando lugar a numerosos estudos e comentários (o caso do aumento de capital da sociedade Pirelli no início dos anos 60), se estava precisamente perante uma limitação do direito de preferência dos sócios em favor de um deles, não sendo todavia em torno ou com invocação do princípio da igualdade de tratamento que as discussões e divergências se travaram (nos autores consultados, este princípio não é sequer considerado na análise), mas, sim (como parece correcto), em redor dos aspectos concernentes ao interesse social ou falta dele e seus requisitos e alcance. Veja-se, quanto a este caso judicial, F. GALGANO, *Società per...*, p. 346, e G. ROSSI, "Poteri della Maggioranza e Diritto di Opzione", *Rivista delle Società* (1961), pp. 261 e ss.; ainda versando sobre o mesmo caso *Pirelli*, a opinião destes autores cita os estudos de G. FERRI, "Interesse della Società ed Esclusione del Diritto di Opzione", *Banca Borsa Titoli di Credito*, n.º 2 (1962), pp. 605 e ss., A. GRAZIANI, "Esclusione del Diritto di Opzione e Interesse Sociale", *Rassegna Economica*, 1961, pp. 77 e ss., e BRACCO, "La Esclusione del Diritto di Opzione nelle Società in Accomandita per Azioni", in *Rivista del Diritto Commerciale*, n.º 2 (1962), p. 1.
Aliás, a decisão final da *Cassazione* sobre o caso *Pirelli* veio a ser proferida, quase uma década depois, em 30 de Outubro de 1970 e – tal como a primeira decisão do Tribunal de Milão – foi no sentido de julgar válida e legal a deliberação de limitação do direito de preferência, sem

9. Merece inteiro acordo esta conclusão de Nobili, que me parece correcta também com referência ao nosso artigo 460.º do Código das Sociedades Comerciais.

Literalmente, antes de mais, o artigo 460.º do CSC, tal como o artigo 2441 italiano, não faz qualquer distinção, e ver nele implícita uma ressalva que imponha sempre a subscrição por estranhos das novas acções abrangidas pela limitação ou supressão do direito de preferência parece-me uma interpretação restritiva que julgo forçada e que teria de assentar em exigências ponderosas – que não vejo.

Creio, aliás, que é particularmente apropriada a formulação conclusiva de Nobili – o princípio da igualdade de tratamento dos accionistas "não tem aqui aplicação" – e que nem sequer é decisivamente importante apurar se o caso é de não incompatibilidade ou se há *colisão* que a lei resolve no sentido da *prevalência do interesse social*.

Como quer que seja, penso que, no plano dos requisitos substantivos, é sempre e só da presença ou ausência de interesse social justificativo que resulta a legalidade ou ilegalidade da supressão ou limitação do direito de preferência dos accionistas, independentemente de novas acções serem destinadas[13] a estranhos à sociedade ou a entidades já accionistas.

Adicionalmente à fundamentação exposta, que subscrevo, e sem poder aqui desenvolver o tema, um último argumento me parece de invocar: se o interesse social em que o aumento de capital se faça de certa forma é colocado pela lei em posição hierárquica suficiente para sacrificar direitos individuais dos accionistas sem o acordo destes (situação de que já acima ficou sublinhado o carácter peculiar e excepcional), não vejo como explicar a tese de que esse interesse social deveria ficar prejudicado pelo princípio de paridade de tratamento dos accionistas – sem reconhecer a este uma intensidade de protecção legal superior à dos direitos individuais dos accionistas, o que creio francamente inaceitável.

---

encontrar qualquer obstáculo no princípio da igualdade dos accionistas, antes examinando a questão apenas à luz do interesse social.

[13] Terá sempre de ficar expresso na deliberação o destino das novas acções, quer por exigência da alínea g) do n.º 1 do artigo 87.º do CSC, quer para a fundamentação concreta exigível do interesse social (a este respeito, cfr. *infra*).

10. As considerações anteriores suportarão as opiniões expressas de que – sempre com reserva da novidade entre nós do tema e dificuldade de prever a orientação dos tribunais perante ele – não assistirá razão ao accionista reclamante na ilegalidade que invoca por violação do princípio da igualdade de tratamento, e de que a questão da legalidade só se poderá resolver à luz do requisito da justificação da limitação em apreço em face do interesse social.

Apesar de não ser questão suscitada pelo accionista reclamante, creio dever alertar que é precisamente aqui que as questões são mais complexas e mais dificilmente previsível que tipo de entendimento virá a vingar entre nós.

Em Itália, após décadas de estudo e discussão, as principais clivagens permanecem abertas e muito vivas, subsistindo fundamentalmente, como se assinala em resumo relativamente recente de Ferri[14], as seguintes:

a) Entre quem entende que a exclusão do direito de preferência tem de se constituir um *meio necessário* para a realização do interesse da sociedade e quem se contenta com uma relação instrumental menos categórica de *simples utilidade*;

b) Entre quem coloca a existência de um efectivo interesse da sociedade como um *requisito positivo de validade* da deliberação e quem atribui à fórmula do artigo 2441 o valor de uma *mera reafirmação do limite negativo* do conflito de interesses (problemática por vezes também referida como abuso de direito, abuso de maioria, prossecução de interesses extra-sociais);

c) Entre quem afirma que o tribunal deve e pode indagar da efectiva existência de um interesse apreciável da sociedade, ou seja, que há um controlo de mérito judicial que deve valorar autonomamente o interesse invocado, e os que circunscrevem a fiscalização judicial a limites mais ou menos restritos, admitindo que ela possa exercer-se somente nos casos de manifesto e imediato contraste entre a deliberação e o interesse social (para uns), ou quando falta uma adequada motivação de deliberação, ou falta de todo a identificação do interesse social, ou ainda quando se trata de interesse social que possa ser também satisfeito sem a privação do direito de opção.

---

[14] G. Ferri, "Interesse della Società...", p. 649.

A PROPÓSITO DE *CORPORATE GOVERNANCE* E DE DIREITO DAS SOCIEDADES...

Não é evidentemente possível alongar aqui o exame de matéria tão vasta e melindrosa, pelo que arriscaria apenas a expressão sumária de algumas linhas gerais, cuja validade em face do direito português me parece mais provável.

11. Procurando seguir a ordem das questões resumidas acima, parece, antes de mais, irrecusável a observação de Graziani de que "o interesse social que deve subsistir para que seja legítima a exclusão do direito de opção é um interesse específico em que determinadas entidades (ou grupos de entidades) subscrevam o aumento de capital"[15]; mas também se torna logo indispensável acrescentar a esta observação que tal interesse específico – por não ser em si necessariamente um interesse "social" – tem de aparecer instrumental em relação às necessidades do empreendimento societário, como refere Jaeger[16], ou, na fórmula de Ferri, tem de ser "um elemento de uma operação mais complexa" que abrange o aumento de capital mas não se esgota nele[17].

Não creio, por outro lado, e ainda neste campo, que possa ser defensável entre nós a tese mais radical dos que exigem a verificação do autêntico "estado de necessidade" de que a sociedade não possa sair sem o sacrifício da preferência dos accionistas. Mesmo em Itália, aliás, perante preceito claramente mais exigente que o nosso[18], parece preferível, e é o ponto de referência de grande parte da doutrina, o entendimento perfilhado pela já citada decisão da *Corte di Cassazione* no caso *Pirelli e Cia.*, onde se diz: "a exigência de interesse social deve ser interpretada no sentido de que o interesse da sociedade deve ser sério e consistente, de forma a justificar que, na escolha do modo a realizar aumento de capital, seja reconhecido preferível, porque

---

[15] GRAZIANI, "Esclusione del Diritto...", p. 82, citado por JAEGER, *L'Interesse Sociale...*, p. 222. Como é óbvio, o simples interesse em aumentar o capital por novas entradas em dinheiro não é incompatível com o direito de preferência dos antigos accionistas, se estes estiverem na disposição de subscrever o aumento.

[16] JAEGER, *L'Interesse Sociale...*, pp. 222-223.

[17] G. FERRI, "Interesse della Società...", p. 653. Entre nós, esta posição de FERRI é objecto de expressa concordância de RAUL VENTURA, *Alterações ao Contrato...*, p. 208.

[18] Bastará reparar que o artigo 460.º do CSC emprega o verbo "justificar" em vez de "exigir" e que, no que respeita à maioria necessária, o preceito italiano exige sempre maioria específica, enquanto o nosso não diferencia a limitação da maioria normal necessária ao aumento de capital.

razoavelmente mais conveniente, o sacrifício total ou parcial do direito de opção dos sócios"[19].

Desta fórmula da *Cassazione*, aliás, não parece afastar-se muito a posição de Raul Ventura, que conclui assim a sua exposição sobre o tema:

> «Em resumo: a validade da deliberação depende de ser de interesse social, sério, uma operação que envolve um aumento de capital, no qual os accionistas não possam participar utilizando os seus direitos de preferência, porque as novas acções terão de ser destinadas a outras entidades.»

Parece-me, em todo o caso, mais rigorosa aquela do que esta.

12. Quanto à segunda zona enunciada, e sem embargo do brilho com que a posição contrária é defendida por autores como Jaeger[20] e Galgano – este contentando-se com que o interesse invocado para a deliberação seja «definível como interesse da sociedade em vez de interesse extra-social da maioria»[21] –, creio que é de acolher o entendimento que encara o interesse social como *requisito positivo* da validade da deliberação.

Entre nós, aliás, o preceito do artigo 58.º, n.º 1, alínea b), do CSC, mesmo se conjugado com os artigos 251.º, n.º 1, e 384.º, n.º 6, não é inteiramente similar à norma do artigo 2373 italiano.

Estarei, pois, de acordo neste ponto com Raul Ventura[22].

Parece-me só de sublinhar mais, pelo seu manifesto interesse prático, que mesmo autores, como Galgano, que sustentam a tese de mera reafirmação de um limite negativo consideram que o *ónus da prova* da existência do interesse social cabe à maioria que aprova a proposta, não sendo quem a impugna que tem de demonstrar a inexistência do interesse social.

Por maioria de razão, pois, tem de aceitar a existência desse ónus quem tome o interesse social como requisito positivo de validade.

---

[19] Volto a frisar, a benefício da exposição do ponto anterior, que neste caso, julgado favoravelmente, se tratava de limitação em benefício de um accionista.

[20] JAEGER, *L'Interesse Sociale...*, p. 227.

[21] GALGANO, *La Società per...*, p. 344.

[22] RAUL VENTURA, *Alterações ao Contrato...*, p. 209.

13. O ponto talvez mais difícil – quer em termos de determinação da orientação preferível, quer de previsibilidade de uma postura jurisprudencial interna – será o terceiro dos enunciados, concernente ao âmbito do *controlo judicial admissível*.

Entre nós, a lei não fornece elementos significativos e também o comentário de Raul Ventura se limita a enunciar a dificuldade sem entrar na tentativa de uma resolução.

No plano dos princípios, aparece-me como particularmente aliciante a formulação de Galgano:

> «[S]*arà la maggioranza a dover dimostrare l'esistenza di uno specifico "interesse della società" che esiga l'esclusione, o la limitazione, del diritto di opzione; ma il merito di questo interesse – l'opportunità di realizzarlo o l'inopportunità di non realizzarlo – rientra nella discrezionalità della maggioranza e non potrà essere sindacato davanti all'autorità giudiziaria: censurabile davanti a questa saranno soltanto: a) l'inerenza o la estraneità dell'interesse addotto allo schema causale del contratto di società, b) l'esistenza o l'inesistenza di un rapporto da mezzo a fine fra esclusione del diritto di opzione e realizzazione dell'interesse sociale addotto.*»[23]

Ao que creio, a adopção de orientação semelhante não é de excluir em face da legislação portuguesa.

Mas receio bem que os tribunais nacionais possam vir a manifestar inclinação para um controlo de mérito amplo, ao contrário do que parece hoje prevalecer em Itália.

Em todo o caso, não é possível aqui deixar a questão senão esboçada.

14. Por sobre tudo isto perpassam ainda questões mais gerais e profundas, como sejam as relativas à própria determinação da natureza do interesse social (que uns tentam reduzir à fórmula de "interesse comum dos sócios", numa visão contratualista da sociedade, e outros pretendem levar mais longe, num entendimento de pendor institucional, que procura dar também relevo não apenas à categoria abstracta dos futuros sócios como aos trabalhadores,

---

[23] GALGANO, *La Società per...*, p. 345.

credores, comunidade em geral), o difícil confronto entre interesses sociais de curto e longo prazo, etc.

Tudo reforçando, afinal, a prevenção a que quis começar por aludir: sobretudo em caso de litígio, é precisamente no campo, que tenho por fulcral, das questões concernentes ao interesse social justificativo da limitação que as margens de subjectividade se revelam maiores, mais flagrante a ausência de critérios seguros e unívocos, aceites por todos, mais acentuadas as dificuldades de previsão de qual possa ser a decisão dos tribunais.

15. No caso concreto, deverei dizer antes de mais que – como julgo que já fluirá do antecedentemente exposto – não tenho qualquer relutância de princípio em aceitar que possa ser do interesse social da *A* e da *B*, e que possa sê-lo com intensidade bastante para justificar a limitação do direito de preferência dos actuais accionistas, o objectivo de alcançar um certo nível de participação no capital por parte da sociedade C[24].

Donde resultaria a legalidade das propostas em apreço, já que a ela não vi obstáculo na zona invocada do princípio da igualdade de tratamento dos accionistas.

Creio, porém, que no relatório do Conselho de Administração existe manifesta indiciação do interesse social, mas em termos que parecem algo insuficientes e carecerão de desenvolvimento e concretização.

Foi-me, aliás, referido que existiriam outros factores de interesse social a submeter a apreciação da Assembleia Geral (economias de escala, obtenção de alvos de mercado em segmentos onde a sociedade *C* é líder, aproveitamento de canais de distribuição e redes informáticas, etc.) e, de um ponto de vista jurídico, não vejo obstáculo decisivo no carácter sintético do relatório, pois

---

[24] Tenho circunscrito a análise a essa limitação relativa à participação da sociedade *D*, e deixado de lado a outra limitação constante nas propostas (em favor de colaboradores), não apenas por não ser questão suscitada pelo reclamante, mas também porque, aqui, as dificuldades são muito menores.

Em Itália, aliás, o n.º 7 do artigo 2441 citado exclui este caso do regime normal de limitação (entendendo a doutrina prevalecente que há aqui justificação "automática" de interesse social que não carece de ser expressa) e também a própria 2.ª Directiva da CEE permite que as legislações nacionais tratem esta hipótese de forma menos rígida.

Portugal, porém, não fez uso da permissão da Directiva, pelo que o regime é o geral do artigo 460.º, conquanto a justificação seja menos polémica.

o que revela será a fundamentação concreta da deliberação que, ponderados todos os *apports,* a assembleia vier a adoptar.

Só perante ela, portanto, se poderá fazer um juízo definitivo, ainda com a álea assinalada.

Apenas poderei aqui dizer, baseando-me no que tem sido discutido noutras ordens jurídicas, que poderia ser, por exemplo, relevante a verificação de uma situação em que, sendo importante para as empresas em causa a identificação da imagem com a sociedade *C*, esta não estivesse na disposição de a permitir nos termos desejáveis, em face dos riscos que de uma má *performance* resultariam para a sua própria credibilidade, sem deter uma posição suficientemente forte no capital que lhe assegure influência significativa na gestão.

Fora de hipóteses tão nítidas, porém, é óbvio que a análise se complica e a apreciação se torna sempre mais fluida e menos segura.

16. De quanto exposto emergirão as seguintes conclusões principais:

A. Apesar da sua característica de direito individual dos accionistas, o direito de preferência na subscrição de novas acções é derrogável pela Assembleia Geral, em casos concretos, se tal for justificado pelo interesse social;

B. As propostas em apreço não comportam limitação discriminatória do direito de preferência que exceptue o accionista *D*, antes prevêem a oferta à subscrição deste de um lote de novas acções relativamente às quais deixou previamente de existir direito de preferência de todos e qualquer um dos accionistas;

C. Assim entendidas, e atenta também a lição do direito comparado, tais propostas não enfermam da ilegalidade por violação do princípio da igualdade de tratamento dos accionistas que foi invocada junto do Conselho Fiscal por um accionista, sendo, porém, certo que o ponto é novo entre nós e nunca foi objecto de apreciação pelos tribunais portugueses;

D. É em face do interesse social justificativo, único requisito substantivo exigido pelo artigo 460.º do Código das Sociedade Comerciais, que (observados os requisitos processuais do mesmo preceito) a legalidade das propostas em causa deve ser aferida;

E. As deliberações sociais de limitação ou supressão do direito de preferência têm de ser expressamente fundamentadas, relevando para tal fundamentação todos os elementos e razões que o seu processo formativo revele terem presidido à deliberação, incluindo a própria discussão na reunião da Assembleia Geral, e não apenas o conteúdo do originário relatório previsto no n.º 5 do artigo 460.º do CSC;

F. As matérias concernentes ao interesse social como requisito justificativo da limitação ou supressão do direito de preferência têm sido, perante preceito estrangeiro semelhante ao artigo 460.º do CSC, objecto de acesa discussão e divisão de opiniões, tornando aqui especialmente difícil qualquer previsão sobre o comportamento perante elas dos nossos tribunais e especialmente aconselhável a ponderação dos riscos inerentes em caso de probabilidade de litígio.

11. Euronext – Alguns aspectos de enquadramento e estrutura jurídica*†

I. Quatro tendências recentes das bolsas de valores mobiliários: concorrência transfronteiriça, desmutualização, internacionalização e concentração

1. As bolsas de valores mobiliários têm sido, nos últimos anos, drasticamente afectadas pelos efeitos da liberalização e globalização dos mercados de capitais mundiais, pelos desenvolvimentos tecnológicos que conduziram, nomeadamente, à criação de redes de comunicação electrónica (*ECN – Electronic Communication Networks*), em particular de redes de negociação de instrumentos financeiros através de utilização da Internet, pelo aumento do número e intensidade de actuação dos participantes nos mercados – em particular, instituições financeiras, grandes investidores institucionais, empresas de investimento e outros intermediários financeiros –, de que resulta uma cada vez maior mobilidade de capitais, maior participação internacional em mercados locais e aumento exponencial da concorrência entre mercados.

---

* Publicado em AA. VV., *Direito dos Valores Mobiliários*, vol. IV, Coimbra, Instituto dos Valores Mobiliários/Coimbra Editora, 2003, pp. 347-384.
† Dada a velocíssima evolução do tema em análise, importa precisar que a presente conferência teve lugar em 16 de Abril de 2002.

2. Designadamente no que se refere à Europa, o aparecimento do Euro como moeda única de um importante conjunto de economias – com a consequente eliminação do risco cambial –, de novos instrumentos financeiros e de novas plataformas de negociação contribuiu também para um acréscimo significativo dos fluxos de capital e do investimento transfronteiriço.

Para além disso, as instituições financeiras, empresas de investimento e intermediários financeiros constituem um número cada vez mais concentrado de grandes instituições com cada vez maiores volumes de recursos e procuram constantemente estratégias de diversificação e optimização dos seus investimentos, orientados para a procura de meios de melhorar o chamado *price discovery* (processo de determinação pelos *traders* do melhor preço por que podem vender ou comprar valores mobiliários), para aumentos de *performance* das respectivas carteiras e para a obtenção de melhores condições de execução das transacções, maior liquidez e custos mais reduzidos, o que as leva a, cada vez mais, empreender estratégias de negociação transfronteiriça em diferentes mercados à volta do mundo, incluindo negociação fora das bolsas tradicionais e por vezes directamente entre si, fora de qualquer mercado organizado.

3. Também as empresas, por seu turno, têm vindo a procurar cada vez mais assegurar, para si próprias, um acesso diversificado aos maiores *pools* de capitais a nível global, procurando muitas vezes, ainda, estabelecer presença e aumentar visibilidade em mercados externos através do *listing* dos seus valores mobiliários nas bolsas de outros mercados. É um caso, aliás, conhecido em algumas das principais empresas portuguesas, hoje com valores mobiliários cotados, por exemplo, na New York Stock Exchange (NYSE), sendo certo que, noutros casos, a admissão ao *listing* em mercados externos está associada também a um objectivo ligado ao movimento internacional de *mergers & acquisitions*, procurando-se a admissão à cotação como forma de facilitar ofertas públicas de troca ou outras estruturas de fusões e aquisições.

E igualmente deve ser referido o aumento, nos últimos anos, do volume de pequenas transacções pelos chamados investidores de retalho, os quais, em conexão com o desenvolvimento da Internet, têm procurado, com redobrada intensidade e volume crescentes, alcançar execução rápida e custos reduzidos de transacções sobre valores mobiliários.

4. A evolução referida implicou, por um lado, o enfraquecimento progressivo das características e significado nacional das bolsas tradicionais e, por outro, a necessidade generalizada de enfrentar uma concorrência cada vez mais intensa.

Colocadas perante estes desafios, as bolsas têm reagido de diferentes formas, simultânea ou sucessivamente. Assim, temos assistido, designadamente:

a) Por um lado, à adopção, por muitas bolsas, de iniciativas para promover custos de transacção mais reduzidos, oferta de maior leque e de maior integração de produtos e serviços, promoção de maior liquidez e acréscimo de transparência e ao efectuar de cada vez mais significativos investimentos em tecnologia, de modo a poder aumentar as economias de escala e os volumes e eficiência das transacções, garantindo simultaneamente a qualidade das plataformas de negociação, com vista a proporcionar melhor serviço e custos de transacção mais baixos;

b) Por outro lado, a múltiplas outras iniciativas de cariz já estrutural, como a desmutualização, a fusão de mercados a contado e de derivados, a participação mais activa em segmentos a jusante do negócio, com as actividades de *clearing* e *settlement*, a privatização, a oferta pública do seu próprio capital, as alianças, o estabelecimento de laços tecnológicos e de cooperação com outras bolsas e mesmo a fusão entre si.

5. Como é sabido, assistimos à sucessão e combinação de um bom número destas iniciativas nas bolsas portuguesas. Em 2000, poucos anos após a passagem das bolsas da propriedade do Estado para uma fórmula associativa, procedeu-se, com efeito, à unificação das associações de bolsa de Lisboa e Porto com simultânea transformação em sociedade comercial gestora de mercados, tendo também sido desenvolvidos os mercados de derivados, alargados os leques de produtos financeiros (com alguns exemplos de claro sucesso, como o do mercado de *warrants*), manteve-se e reforçou-se um nível considerável de investimento tecnológico (designadamente no que concerne ao sistema de negociação *NSC*, o mesmo da bolsa de Paris, o que viria a facilitar a integração na Euronext), algumas alianças e acordos de cooperação foram estabelecidos (caso do acordo de *cross trading* com o mercado de derivados espanhol MEFF) e, finalmente – com um *timing* e capacidade de iniciativa assinaláveis –, operou-se a recente integração na Euronext, que aqui directamente nos ocupa.

Noutros países, passos formalmente similares têm sido levados a cabo num quadro de propósitos eventualmente distinto. É o caso de Espanha, onde, em Fevereiro deste ano de 2002, se acaba de proceder à concentração nacional dos mercados através da criação de uma *holding* que aglutinou não apenas as quatro bolsas espanholas como o mercado de citrinos de Valência, os sistemas de liquidação, o mercado de rendimento fixo e o de futuros. Esta concentração nacional, todavia, efectuou-se sem divulgação de quaisquer intenções ou objectivos de eficiência, continuando cada mercado a operar de forma independente, antes assinalando os analistas que se tratou, essencialmente, de um movimento de cariz defensivo, visando conferir ao mercado de valores mobiliários espanhol uma massa crítica acrescida, capaz de lhe proporcionar um melhor posicionamento e maior peso negocial no tabuleiro da concentração internacional em que o mercado espanhol está empenhado. Ou seja, parece assistir-se aqui a um passo de concentração *intramuros* sem objectivos próprios e subordinada ao mais eficaz desenvolvimento de um processo de consolidação *cross-border*, designadamente o respeitante à aproximação da bolsa de Madrid às suas congéneres de Frankfurt e Milão, a que adiante aludiremos.

6. Outro aspecto frequente é o da desmutualização ou transformação de bolsas tradicionalmente de cariz público ou natureza associativa (ou, nalguns países, com características de *self-regulatory organisations*) em *for-profit organisations*, designadamente sociedades comerciais, operando e prestando serviços com escopo lucrativo e susceptíveis de virem a transformar-se, elas próprias, em sociedades abertas, de virem a fazer apelo a capitais do público e, inclusivamente, de, por si ou no contexto de fusões e aquisições, virem a tornar-se agentes ou alvos de processos de consolidação internacional.

Este tipo de transformação ocorreu, conforme já referido, no mercado português com a criação e posterior fusão e transformação em sociedade anónima das antigas associações das bolsas de valores de Lisboa e Porto e

EURONEXT – ALGUNS ASPECTOS DE ENQUADRAMENTO E ESTRUTURA JURÍDICA

ocorreu também, entre muitos outros, no final da década de 90, nas bolsas de valores de Paris, Amesterdão e Bruxelas, facilitando o papel que viriam a desempenhar na génese da Euronext.

Outras importantes desmutualizações foram ainda, por exemplo, a da London Stock Exchange (1986) e as da NASDAQ e New York Stock Exchange (ambas em 2000)[1].

Trata-se, aliás, em si mesmo, de um aspecto assaz interessante e cheio de implicações jurídicas, como seja toda a problemática ligada ao exercício por entidades privadas, organizadas agora sob padrões de direito societário, de funções públicas ou de interesse público – o que verifico ser objecto autónomo de outra comunicação no âmbito deste curso.

É significativo, nomeadamente, notar que, por vezes, à alteração de nature-za vem imediata ou subsequentemente adicionar-se um acentuar de separação de funções e transferência de poderes para outras instituições públicas, como sucedeu com as competências em matérias de *listing* das sociedades cotadas na London Stock Exchange, que foram transferidas da própria LSE, que de-tinha as funções de *UK Listing Authority*, para a *Financial Services Authority*, no decurso de 2000, após a transformação da LSE em *private limited company* em 1986 e em paralelo com a decisão de abertura ao público e cotação do seu capital, tomada no mesmo ano de 2000 e concretizada já em 2001[2].

---

[1]   Interessa notar que a desmutualização nem é processo instantâneo nem medida isolada. Em declaração feita há poucos dias (*Financial Times*, 10 de Abril de 2002), o *CEO* da NASDAQ, Wick Simmons, apontava ainda, no segundo ano após a desmutualização, que «*we are in the midst of a conversion of our culture from a bureaucratic, utility-like one, to that of a for-profit public company*», sendo essa conversão factor crítico na consideração de um possível futuro *listing* de acções da NASDAQ. Simultaneamente, acrescentava que a NASDAQ espera assinar um acordo de fusão com uma bolsa europeia no decorrer do próximo ano.

[2]   Associam-se ainda, por vezes, nem sempre com rigor, outros fenómenos a este movimento de desmutualização. Por exemplo, discutiu-se a questão de saber se a transformação das bol-sas em sociedades lucrativas, trazendo consigo o fim de algumas regras que uma sociedade privada deixa de poder impor (como o chamado *retail requirement*, obrigação de as pequenas transacções serem feitas em bolsa), contribui para o avolumar da tendência para a chamada "internalização".

A internalização, ou seja, a tendência para os grandes bancos e intermediários financeiros chamarem a si o cruzamento, no seu interior, de ordens de compra e de venda dos seus clientes, com vista a subtrair esse negócio e as respectivas margens às bolsas, criando autênticos livros de ordens internos, invisíveis para o mercado, é tema que sai do âmbito desta conferência – e que tem sido discutido de forma muito acesa, em particular no contexto dos trabalhos de

A PROPÓSITO DE *CORPORATE GOVERNANCE* E DE DIREITO DAS SOCIEDADES...

7. Finalmente, mas em clara articulação com tudo o resto, tem-se assistido a um poderoso movimento de consolidação internacional entre bolsas de valores. Para citar alguns dos que mais estreitamente se relacionam com os mercados europeus, podem elencar-se:

a) Como movimento de particular alcance e dimensão, embora não sucedido, a planeada fusão entre a Deutsche Börse e a London Stock Exchange destinada a formar o iX – International Exchanges, Plc, projecto que viria a ser abandonado em Setembro de 2000, em parte por oposição de membros do mercado respectivo e em parte também por força de OPA hostil lançada sobre a London Stock Exchange pela operadora da bolsa sueca OM Gruppen, OPA que viria igualmente a não ter sucesso;

b) A criação, em Setembro de 1998, pela Deutsche Terminbörse (sociedade dependente da Deutsche Börse) e pela bolsa de derivados suíça, da Eurex, plataforma electrónica de negociação e liquidação de futuros e opções (que viria por sua vez depois estabelecer alianças com o Chicago Board of Trade e com a bolsa de derivados de Helsínquia);

c) Em articulação com a anterior, a muito recente oferta, em Março de 2002, da Deutsche Börse para aquisição da Cedel International, com sede no Luxemburgo, incluindo a participação de 50% por esta detida na Clearstream International (em que a Deutsche Börse já detinha os

revisão da Directiva de Serviços Financeiros –, suscitando delicadas questões de desigualdade, de transparência, de potenciais conflitos de interesses e de indisponibilidade de informação generalizada *pre-trade* e *post-trade* pelos investidores, pondo em causa a eficiência e a transparência dos mecanismos de formação de preços e gerando fragmentação dos mercados.

Da perspectiva que aqui nos interessa (a da relação do fenómeno de internalização com o de desmutualização das bolsas), parece de assinalar que nem se trata de uma questão nova (a internalização é, em si mesma, co-natural a mercados de tipo *quote driven*, onde a colocação de *quotes* por grandes participantes tem subjacente, por vezes, livros de ordens internas, como sucedia na NASDAQ e na London Stock Exchange até finais da década de 90, quando, precisamente, foram reformadas para centralização de ordens, tendo um livro central de ordens sido criado em 1998 na LSE) nem parece ter relação necessária com a transformação da natureza jurídica das gestoras das bolsas, mas apenas com a repartição de funções entre estas e os poderes públicos.

Em França, por exemplo, o *retail requirement* manteve-se mesmo após a desmutualização da bolsa de Paris, por ser regra imposta não por esta, mas pela *Commission des Opérations de Bourse*.

EURONEXT – ALGUNS ASPECTOS DE ENQUADRAMENTO E ESTRUTURA JURÍDICA

restantes 50%), juntando à Eurex, acima referida – sob a égide comum da Deutsche Börse –, uma das únicas duas plataformas europeias de compensação e liquidação verdadeiramente internacionais (sendo a outra a Euroclear), aquisição que encerra um ciclo de contactos múltiplos desenvolvidos sem sucesso desde o final da década de 90 pela Cedel com outros agentes (entre as quais, a Sicovam francesa, hoje integrada na Euronext) para constituição de uma *European Clearing House*;

d) Embora no campo ainda das hipóteses, as negociações noticiadas, apesar de não oficialmente confirmadas, para o estabelecimento de um protocolo de unificação dos sistemas de negociação das bolsas de Frankfurt, Milão e Madrid – de novo sob a influência principal da Deutsche Börse – em cujo capital, que se encontra cotado, poderiam entrar accionistas membros dos mercados espanhol e milanês;

e) A aquisição, em Março de 2001, pela NASDAQ norte-americana da maioria do capital do EASDAQ, um mercado pan-europeu focado em valores tecnológicos, fundado em 1996, precisamente segundo o modelo NASDAQ e que agora foi redenominado NASDAQ Europe[3] (aquisição que se segue à activa presença da NASDAQ em processos de alianças internacionais, especialmente com mercados centrados em valores tecnológicos, como, por exemplo, os acordos com Hong Kong e a formação do NASDAQ Japan com a Osaka Stock Exchange, agora já, em Março de 2002, em processo de fusão com o mercado *over-the-counter* japonês JASDAQ);

f) A criação, por impulso da New York Stock Exchange (NYSE), do Global Equity Market (GEM), aliança internacional de mercados a contado entre 10 bolsas mundiais (entre as quais, a Euronext), cujo objectivo é o de estabelecimento de um processo de negociação electrónico de *blue chips* 24 horas por dia em todas as bolsas aderentes;

g) A formação pelo Chicago Mercantil Exchange, com seis outras bolsas (incluindo a Euronext Paris), de uma aliança designada Globex, cujo

---

[3] Por ter sede na Bélgica, o NASDAQ Europe fica sujeito à supervisão da *Belgium Market Authority*, da *Belgium Banking and Finance Commission* e do ministro das finanças belga.

propósito é permitir aos respectivos membros a negociação de produtos de cada um dos outros;

h) A criação, em Junho de 2001, do VIRT-X, resultante da cooperação entre a Tradepoint Financial Networks e a SWX Swiss Exchange, combinando o mercado de *blue chips* da Tradepoint (especialmente dirigido à negociação directa entre institucionais) com o sistema EBS do SWX, com vista à criação de um mercado pan-europeu integrado.

8. Em suma, trata-se de um movimento vertiginoso e multifacetado.

Em Novembro de 2000, pouco após a criação da Euronext, o relatório inicial do chamado "Comité Lamfalussy" dizia que os serviços da bolsa de valores se haviam tornado um negócio como qualquer outro, sujeito a intensa concorrência globalizada, perante o qual o risco de a Europa deixar de ser competitiva é grande. Sem subscrever talvez inteiramente a afirmação de "um negócio como qualquer outro", não deixaria de reconhecer que ela é, sem dúvida, expressiva quanto ao sentido geral das modificações profundas e aceleradíssimas que se produziram[4].

9. Muitos dos aspectos acima focados são *expressis verbis* invocados pela Euronext em dois dos principais documentos públicos emitidos a propósito de marcos basilares da sua curta existência: a *Shareholders' Circular*, de 7 de Agosto de 2000, dirigida aos accionistas das bolsas de Paris, Amesterdão e Bruxelas aquando da "fusão" constitutiva da Euronext, que veio a ter lugar em 20 de Setembro seguinte, e o prospecto da *initial public offering (IPO)* das acções da Euronext, datado de 5 de Julho de 2001.

O objecto central desta reflexão é precisamente a consideração do contexto e modelo estrutural escolhido para a criação e desenvolvimento da Euronext.

Antes, porém, duas notas se justificarão.

---

[4]   *Initial Report of the Committee of Wise Men on the Regulation of European Securities Markets*, Bruxelas, 9 de Novembro de 2000. Diz-se aí, a p. 81: «*[p]rovision of trading infrastructure services is now a business like any other. Such services are exposed to international competition through a number of powerful financial marketplaces in an increasingly globally integrated 24-hour trading environment. The competition from, and incursion of, third country trading systems on the European market is likely to develop. The European securities industry will need to respond to remain competitive*».

10. A primeira nota tem que ver com a *dimensão*, quantitativa e qualitativa, do projecto Euronext, pioneiro em vários aspectos à escala mundial, mas sobretudo com clara vocação liderante no âmbito europeu.

Nos mercados europeus, com efeito, pode talvez simplificadamente dizer-se que predominam hoje (coexistindo com mercados puramente nacionais, mercados regionais, como os escandinavos, produto de uma fusão liderada pelo OM Gruppen sueco, ou outros mercados de ambição pan-europeia ou internacional, como o NASDAQ Europe) três actores principais, dois dos quais com ritmo muito dinâmico de iniciativa e concretização de movimentos de concentração e reforma – a Euronext e a Deutsche Börse – e o terceiro, gigante tradicional – a London Stock Exchange –, em situação porventura algo adormecida e menos definida, sobretudo após o fracasso do seu projecto de fusão, a experiência de uma OPA hostil, uma agitada reestruturação e alteração de liderança internas, e o insucesso (aliás, partilhado com a Deutsche Börse) na corrida à aquisição do importante mercado de derivados inglês LIFFE (London International Financial Futures and Options Exchange), que acaba de ser adquirido precisamente pela Euronext, em Janeiro de 2002.

A dimensão relativa destes agentes pode, por exemplo, ver-se nos quatro indicadores seguintes:

a) No que concerne ao volume de transacções em acções em livro de ordens central, com referência a 31 de Dezembro de 2001, a London Stock Exchange liderava (4 797 720 milhões de euros), seguida pela Euronext (com 3 563 182 milhões de euros) e pela Deutsche Börse (1 611 030 milhões de euros);

b) No que respeita à capitalização bolsista no mercado de acções, igualmente com referência a 31 de Dezembro de 2001, liderava também a London Stock Exchange (2 441 105 milhões de euros), ocupando a Euronext de novo o segundo lugar (2 070 467 milhões de euros), seguido da Deutsche Börse (1 203 681 milhões de euros);

c) Relativamente ao número de empresas cotadas, com referência a 31 de Dezembro de 2000, era ainda liderante a London Stock Exchange (2929 empresas), em segundo, a Euronext (1653 empresas), seguida pela Deutsche Börse (989 empresas);

A PROPÓSITO DE *CORPORATE GOVERNANCE* E DE DIREITO DAS SOCIEDADES...

d) Por último, e no relativo a transacções de futuros e opções, com referência ao período entre Janeiro e Agosto de 2001, a liderança é da Eurex (423 654 mil contratos), sendo destacadamente segunda a Euronext (210 881 mil contratos), sobretudo após ter adquirido a terceira, a LIFFE (129 660 mil contratos), perfazendo, assim, 340 541 mil contratos, aparecendo seguidamente o OM Gruppen (Suécia) com 39 317 mil contratos.

Verifica-se, pois, que a Euronext ocupa com destacada diferença o segundo lugar europeu em volume de transacções em livro de ordens central, em capitalização bolsista, em número de empresas cotadas e em transacções de futuros e opções (aqui, já em conjunto com a recém-adquirida LIFFE).

11. A segunda nota respeita à *oportunidade.*

Há que sublinhar, com efeito, a escolha do momento de lançamento do projecto Euronext (pouco após o falhado projecto IX), que se dá em antecipação, como adiante referiremos, ao grau de evolução porventura recomendável ou desejável das condições reguladoras, mas dando clara prevalência à rapidez de resposta às condições de mercado e a uma aposta na capacidade de induzir cooperação e modificação reguladora.

Mas deve registar-se também – para nós, talvez sobretudo – o assinalável sentido de oportunidade, agilidade e rapidez com que a BVLP, ao negociar a sua integração na Euronext logo a seguir aos membros fundadores e escassos seis meses após a fundação, soube garantir para si própria um lugar na primeira linha do processo internacional de consolidação dos mercados bolsistas.

A BVLP, com efeito, não deixou degradar a sua posição competitiva de gestora de um mercado de reduzida dimensão e liquidez como o português, assumindo um protagonismo superior ao de mercados com maior dimensão, garantindo uma vantagem patrimonial unanimemente reconhecida para os seus accionistas e assegurando um peso institucional – traduzido, nomeadamente, numa paridade absoluta no órgão de administração da Euronext em relação aos membros fundadores – muito considerável.

Trata-se, aliás, de uma decisão que prossegue toda uma linha de clareza e oportunidade das diversas fases de reestruturação de arquitectura legislativa e regulamentar operada ao longo da década de 90 – da desestatização à des-mutualização, da quase total dependência ao reforço de margens de auto--regulação controlada.

E é igualmente uma iniciativa que – pelas peculiares características que o projecto e o seu enquadramento revestem – vem também trazer para um lugar ainda mais destacado e co-liderante do processo de reforma regulatória à escala europeia o regulador português, a Comissão do Mercado de Valores Mobiliários.

12. Passemos, então, ao contexto de regulação e supervisão em que surge a Euronext, o que justificará já uma secção autónoma.

II. O contexto regulador

13. Nos bastidores do fracassado projecto de fusão da Deutsche Börse com a London Stock Exchange, referiu-se frequentemente, embora sem assunção oficial pelas partes intervenientes, que, para além dos factores já acima aludidos (divergências internas quanto ao modelo e cruzamento de OPA hostil), esteve também decisivamente na origem do fracasso a incapacidade de lidar com as consequências, no plano regulador, derivadas de um enquadramento como o encontrado na União Europeia.

Importa, pois, fazer aqui uma alusão aos contornos principais do enquadramento regulador, designadamente na União Europeia, e ao posicionamento que, perante ele, o projecto Euronext decidiu adoptar.

a) A regulamentação inicial e a Directiva de Serviços de Investimento

14. Desde 1977 que o direito comunitário se tem orientado sempre para um mesmo objectivo – a integração dos mercados de valores mobiliários dos Estados-Membros –, sendo a mais antiga norma de direito comunitário dos mercados de valores a Recomendação 77/534/CEE da Comissão, de 25 de Julho de 1977, que contém o Código Europeu relativo às transacções de valores mobiliários.

15. Pedra angular e marco decisivo para a prossecução do objectivo de integração dos mercados foi a Directiva 93/22/CEE do Conselho, de 10 de Maio de 1993 (conhecida como "Directiva de Serviços de Investimento" ou "DSI"), posteriormente modificada pela Directiva 95/26/CE do Parlamento Europeu e do Conselho, de 29 de Junho de 1995, e pela Directiva 97/9/CE do Parlamento Europeu e do Conselho, de 3 de Março de 1997, e seguida de directivas complementares[5], adoptadas com o objectivo de liberalizar o acesso às bolsas de valores e mercados de instrumentos financeiros dos Estados-
-Membros de acolhimento às empresas de investimento autorizadas a prestar os serviços correspondentes no Estado-Membro de origem.

O objectivo da DSI de garantir o direito à liberdade de estabelecimento e livre prestação de serviços no âmbito das empresas de investimento teve como reflexo imediato a introdução de uma licença única comunitária, usualmente referida como "passaporte comunitário", para que possam actuar à escala europeia com base no mecanismo do reconhecimento mútuo. Ou seja, tal como já antes sucedera com o sector bancário e segurador, e exprimindo uma filosofia e modelo comuns adoptados pela Comissão desde 1985 para a prossecução do mercado interno[6], a DSI optou pela renúncia a uma harmonização total e pela busca da liberalização através do reconhecimento mútuo, por todas as legislações nacionais, da competência da autoridade do país de origem[7].

No modelo da DSI, o princípio do reconhecimento único acarreta, por um lado, que as empresas de investimento possam operar no Estado de acolhimento sempre que autorizadas no país de origem sem que aquele possa submeter o exercício da actividade a uma nova autorização ou medida equivalente e, por outro, que continuem submetidas à autoridade e regulamentação das

---

[5] Directiva 93/6/CE do Conselho, de 15 de Março de 1993, sobre adequação do capital das empresas de investimento e instituições de crédito, modificada pela Directiva 98/31/CE do Parlamento Europeu e do Conselho, de 22 de Junho de 1988, e pela Directiva 98/33/CE do Parlamento Europeu e do Conselho, de 22 de Junho de 1998, harmonizando os requisitos do capital necessário das empresas de investimento.

[6] Cfr. o Livro Branco do Conselho das Comunidades Europeias sobre "a concretização do Mercado Único", de 1995.

[7] Estes aspectos são sublinhados por ENRIQUE FERNÁNDEZ MASIÁ, "Prestación Transfronteriza de Servicios de Inversión y Normas de Conducta Aplicables", *Revista de Derecho Bancario y Bursátil*, ano 20, n.º 84 (2001), pp. 85 e ss., que seguimos de perto.

autoridades do Estado de origem – aparecendo estes requisitos conjugados com alguma harmonização de requisitos mínimos de autorização e supervisão pelo Estado de origem e regras de prevenção de fraude na escolha individual de um país de origem orientada por condições menos exigentes de aprovação.

No entanto, *dois grandes grupos de excepções* são consagrados na DSI quanto ao princípio da atribuição da responsabilidade do controlo às autoridades do país de origem:

(i) por um lado, a previsão de que possa aplicar-se a legislação do Estado de acolhimento por razões de "interesse geral"; e

(ii) por outro lado, em matéria de "normas de conduta", e independentemente de se tratar de regime de liberdade de estabelecimento ou de livre prestação de serviços, a expressa previsão, pelo artigo 11.º, n.º 2, de que, «sem prejuízo das decisões a tomar no âmbito de uma harmonização das normas de conduta, a aplicação e o controlo da sua observância continua a ser da competência do Estado-Membro em que é prestado o serviço» (estando as normas de conduta sujeitas a certos princípios de harmonização mínimos em que avulta a obrigação de distinguir entre "investidores profissionais" e pequenos investidores).

Estas disposições foram transpostas e reguladas por parte das autoridades dos Estados-Membros de modo muito diferente, acabando toda a zona das "normas de conduta" por constituir, na prática, um obstáculo ao exercício das liberdades de estabelecimento e prestação de serviços que a DSI visou consagrar, dando origem a delicados conflitos de leis e de competências e a um emaranhado normativo, no seio do qual não é fácil deslindar, em múltiplos casos, as competências das autoridades do Estado de origem e as do Estado de acolhimento[8].

---

[8] Esta conclusão é posta em evidência por E. MASIÁ, "Prestación Transfronteriza de...", pp. 105 e ss.

A PROPÓSITO DE *CORPORATE GOVERNANCE* E DE DIREITO DAS SOCIEDADES...

b)   O Plano de Acção dos Serviços Financeiros

16. O conjunto formado pela Directiva do Serviço de Investimento, precedida e seguida por outros instrumentos comunitários[9], tendo representado, como se disse, um passo decisivo no caminho para a integração dos mercados europeus de valores mobiliários, ficou longe, pois, de um patamar satisfatório de harmonização que permita falar de uma integração dos mercados de valores na União Europeia.

Assim, na sequência de solicitação do Conselho Europeu de Viena, em Dezembro de 1998, a Comissão Europeia elaborou e publicou o chamado

---

[9]   Directiva 79/279/CEE do Conselho, de 5 de Março de 1979, relativa à coordenação das condições de admissão de valores mobiliários à cotação oficial de uma bolsa de valores (*JOCE* L 66, de 16/03/1979); Directiva 80/390/CEE do Conselho, de 27 de Março de 1980, relativa à coordenação das condições de conteúdo, de controlo e de difusão do prospecto a ser publicado para a admissão à cotação oficial de valores mobiliários numa bolsa de valores (*JOCE* L 100, de 17/04/1980); Directiva 94/18/CE do Parlamento Europeu e do Conselho, de 30 de Maio de 1994, que modifica a Directiva 80/390/CEE, no que se refere à obrigação de publicar o prospecto (*JOCE* L 135, de 31/05/1994); Directiva 82/148/CEE do Conselho, de 3 de Março de 1982, que modifica a Directiva 79/279/CEE e a Directiva 80/390/CEE (*JOCE* L 62, de 05/03/1982); Directiva 85/611/CEE do Conselho, de 20 de Dezembro de 1985, que coordena as disposições legislativas, regulamentares e administrativas respeitantes a alguns organismos de investimento colectivo em valores mobiliários (OICVM) (*JOCE* L 375, de 31/12/1985); Directiva 87/345/CEE do Conselho, de 22 de Junho de 1987, que altera a Directiva 80/390/CEE (*JOCE* L 185, de 04/07/1987); Directiva 88/220/CEE do Conselho, de 22 de Março de 1998, que modifica a Directiva 85/611/CEE relativamente à política de investimento de determinados OICVM (*JOCE* L 100, de 19/04/1998); Directiva 88/361/CEE do Conselho, de 24 de Junho de 1988, para a execução do artigo 67.º do Tratado CEE (*JOCE* L 178, de 08/07/1988); Directiva 88/627/CEE do Conselho, de 12 de Dezembro de 1988, relativa às informações a publicar por ocasião da aquisição ou alienação de uma participação importante numa sociedade cotada na bolsa (*JOCE* L 348, de 17/12/1988); Directiva 89/298/CEE do Conselho, de 17 de Abril de 1989, que coordena as condições de estabelecimento, controlo e difusão do prospecto a publicar em caso de oferta pública de valores mobiliários (*JOCE* L 124, de 05/05/1989); Directiva 89/592 /CEE do Conselho, de 13 de Novembro de 1989, sobre coordenação das regulamentações respeitantes às operações de iniciados (*JOCE* L 334, de 18/11/1989); Directiva 90/211/CEE do Conselho, de 23 de Abril de 1990, que altera a Directiva 80/390/CEE no que respeita ao reconhecimento mútuo dos prospectos de oferta pública com prospectos de admissão à cotação oficial numa bolsa de valores (*JOCE* L 112, de 03/05/1990); Directiva 97/9/CE do Parlamento Europeu e do Conselho, de 3 de Março de 1997, relativa aos sistemas de indemnização aos investidores (*JOCE* L 84, de 26/04/1997); Directiva 98/26/CE, do Parlamento Europeu e do Conselho, de 19 de Maio de 1998, relativa ao carácter definitivo da liquidação nos sistemas de pagamento e de liquidação dos valores mobiliários (*JOCE* L 166, de 11/06/1998).

Plano de Acção dos Serviços Financeiros ("PASF"), objecto de comunicação da Comissão Europeia de 11 de Maio de 1999[10].

No relatório do PASF – e no que mais directamente respeita aos mercados de valores mobiliários –, a Comissão começa por assinalar que «[o] euro constitui o catalisador da modernização dos mercados europeus de valores mobiliários e de produtos derivados. A organização das praças financeiras da União registou, sob o impulso das forças de mercado, algumas evoluções que se traduziram, nomeadamente, no estreitamento das relações entre as diferentes bolsas e na melhoria dos sistemas de pagamento e de liquidação de títulos».

Assinala depois a Comissão os já acima referidos limites da DSI, que considera serem de recolocar em causa, e, após enunciar a emergência de novas questões regulamentares, assinala – aspecto que aqui nos interessa particularmente realçar –, agora já no capítulo do relatório intitulado "Estrutura da Supervisão Adequada":

> «O processo de convergência progressiva dos requisitos regulamentares liderado pela UE tem sido apoiado por um sistema alargado de memorandos de acordos bilaterais informais entre autoridades de supervisão financeira. Este sistema proporcionou regras práticas e meios pragmáticos comuns para transpor e aplicar as directivas da UE relativas ao mercado único dos serviços financeiros.»

O PASF aborda depois «a forma como é desenvolvida a legislação relativa aos serviços financeiros», que «denota uma lentidão exasperante», sublinhando já a necessidade de «possível aceleração dos procedimentos de co-decisão previstos no artigo 251.º do Tratado».

Cumpre assinalar ainda que, anteriormente ao PASF, já tinha sido publicada uma importante medida relativa ao funcionamento dos mercados de valores mobiliários: a Directiva 98/26/CE do Parlamento Europeu e do Conselho, de 19 de Maio de 1998, sobre o carácter definitivo da liquidação nos sistemas de liquidação dos valores mobiliários[11].

---

[10] Comunicação da Comissão de 11 de Maio de 1999 sobre Aplicação de um Enquadramento para os Mercados Financeiros: Plano de Acção (COM (1999) 232 final).
[11] Esta Directiva, que veio reforçar a segurança dos mecanismos de liquidação das transacções de valores mobiliários, designadamente pondo-os ao abrigo da falência dos participantes,

A PROPÓSITO DE *CORPORATE GOVERNANCE* E DE DIREITO DAS SOCIEDADES...

17. No Conselho Europeu de Lisboa realizado em Março de 2000, foi erigido em grande objectivo político a transformação em realidade do PASF até 2005[12].

Em consequência, os Ministros da Economia e Finanças da União Europeia (ECOFIN) deliberaram, em 17 de Julho de 2000, a criação de um "Comité de Sábios" que veio a ficar conhecido pelo nome do seu presidente, Alexandre Lamfalussy.

Nos "termos de referência" do mandato conferido, salientava o ECOFIN a necessidade de alcançar um mercado único de valores mobiliários e o Comité Lamfalussy era encarregado de fazer o *follow-up* do PASF, avaliando as condições práticas de adopção de legislação comunitária e das condições de transposição e desenvolvimento, bem como as práticas de regulação e cooperação entre as autoridades por elas responsáveis.

Uma das tarefas concretas – directamente relacionada com o que aqui nos ocupa – era, precisamente, «avaliar a forma como o mecanismo de regulação dos mercados de valores mobiliários na União Europeia pode melhor responder aos desenvolvimentos em curso nos mercados de valores mobiliários, incluindo a criação de mercados resultantes quer de alianças entre bolsas europeias (e não europeias) quer de inovação tecnológica (ATS), garantindo ainda uma efectiva e dinâmica operação dos mercados na União Europeia para alcançar um campo de actuação nivelado».

18. Era, pois, neste estado – publicação do PASF, sua adopção como objectivo político prioritário e nomeação do Comité Lamfalussy – que se encontrava o pano de fundo legislativo e regulador comunitário existente em meados

---

foi prontamente transposta para o direito português, no que à liquidação dos valores mobiliários diz respeito, pelo actual Código dos Valores Mobiliários, aprovado pelo Decreto-Lei n.º 486/99, de 13 de Novembro – cfr. capítulo V e, em especial, artigo 283.º, que estabelece que a abertura de processo de falência de participante no sistema de liquidação (considerando como tal a decisão de declaração de falência ou decisão equivalente, e não a instrução do respectivo processo) não tem efeitos retroactivos sobre os respectivos direitos e obrigações que afectem a irrevogabilidade da ordem de transferência, a sua oponibilidade a terceiros ou o carácter definitivo da compensação, dentro de certos requisitos. A transposição foi, depois, completada pelo Decreto-Lei n.º 221/2000, de 9 de Setembro.

[12] O subsequente Conselho Europeu de Estocolmo, de Março de 2001, estabeleceu o objectivo de que, como passo prévio à plena realização do PASF em 2005, se possa alcançar um mercado integral de valores mobiliários no final do ano de 2003.

de 2000, quando as bolsas de Paris, Amesterdão e Bruxelas decidiram a criação da Euronext N.V. e a sua utilização como sociedade-veículo da concentração das três bolsas.

Antes de voltar a essa criação, vejamos um pouco a evolução do contexto regulador subsequente ao PASF.

c) O Relatório Lamfalussy

19. Cumprindo o mandato recebido do ECOFIN, o Comité Lamfalussy apresentou, em Novembro de 2000, o seu relatório inicial, seguido do relatório final em Fevereiro de 2001.

O relatório inicial do Comité Lamfalussy dividia-se em quatro grandes capítulos, três de análise e diagnóstico e o quarto de conclusões e propostas de actuação.

No primeiro capítulo, sumariam-se os benefícios que pode trazer um mercado de capitais integrado à escala europeia: *(i)* melhoria da alocação do capital na economia europeia (mercados maiores e mais eficientes e profundos, menores custos de transmissão e maior liquidez, sistema financeiro mais diversificado e inovador e melhores oportunidades de *pools* de risco); *(ii)* mais eficiente canalização da poupança europeia para o investimento; e *(iii)* reforço da economia europeia em resultado de se tornar um destino atractivo para a poupança interna.

O segundo capítulo – que toca mais de perto a matéria que aqui nos ocupa – analisa a situação e perspectivas dos mercados de capitais na Europa, identificando cinco tendências:

(i) *Um crescimento significativo do negócio de valores mobiliários* (salientando-se, por exemplo, que o volume de transacções de acções nos mercados europeus tem crescido a taxas de 30% ao ano e que o de obrigações de empresas cresceu 58% em 1999, com montante médio por emissão a duplicar);

(ii) *Uma internacionalização dos mercados bolsistas* (onde se frisa, designadamente, que os horizontes de investimento dos fundos dos investidores privados estão a ficar mais europeus e que as bolsas e novos tipos de plataformas estão a competir transfronteiriçamente por ordens

A PROPÓSITO DE *CORPORATE GOVERNANCE* E DE DIREITO DAS SOCIEDADES...

e – aspecto particularmente relevante – cada vez mais dependentes de estruturas consolidadas de *clearing* e *central counterparty*);

(iii) *Um aumento da concorrência entre bolsas tradicionais e novos sistemas de negociação* (sublinhando que o carácter tradicional das bolsas de valores de monopólios nacionais se está a esbater pela concorrência entre elas e com novos sistemas de negociação, sendo que, nos Estados Unidos, os *Alternative Trading Systems* (*ATS*) já tinham então captado 30% do negócio da NASDAQ e 5% do da NYSE e que na Europa já existiam mais de 20 *ATS*);

(iv) *Uma crescente pressão para consolidação dos sistemas de clearing* e *settlement*, referindo que os custos de *settlement* na Europa para operações internacionais são 10 vezes maiores do que os do sistema centralizado americano da US Depositary Trust & Clearing Corporation (DTCC)[13] e que se estima em 1000 milhões de euros a poupança que poderia acarretar uma única estrutura centralizada europeia de *settlement* e aludindo ao debate em curso sobre se é preferível um modelo "horizontal" com um *netting* multilateral através de uma contraparte central única europeia – que poderia ser uma *public utility* detida pelos próprios participantes do mercado, como a DTCC americana – ou um modelo "vertical", em que múltiplos *Central Securities Depositaries* (*CSD*) coexistiriam com uma rede de interconexões bilaterais (que poderiam ascender a 650, entre as 26 estruturas de *settlement* existentes na Europa) estabelecidas entre elas[14];

---

[13] Este aspecto é contestado nas observações da Euronext de 9 de Fevereiro de 2001 ao *Relatório Lamfalussy* inicial, salientando a Euronext que há uma série de diferenças relativamente aos EUA que não devem ser ignoradas, como, por exemplo, *(i)* que a DTCC não cobre *clearing* de derivados, estando a integração do *clearing* de derivados e de operações a contado bastante mais avançada na Europa (a ligação entre mercados de derivados e centrais de liquidação é extremamente forte, dado o papel do depositário da central de liquidação que é crucial para o *design* dos produtos derivados), e *(ii)* que a ligação funcional entre os mercados e a contraparte central é igualmente mais forte na Europa para a negociação de *equity*, tendo em conta o *market model* mais avançado, baseado em livros de ordens centrais electrónicos anónimos e sistemas correspondentes, que ainda são marginais nos EUA.

[14] É um debate fulcral, ainda hoje não concluído, sendo que, como o relatório assinala, a predominância na UE ainda vai para "silos" verticais de negociação, compensação e liquidação. Uma abordagem contrária é, por exemplo, a do NASDAQ Europe, que anuncia pretender a

(v) *A crescente volatilidade de preços dos activos financeiros* (em parte, ligada à negociação transfronteiriça em tempo real e à comunicabilidade dos mercados, incluindo a influência dos mercados *OTC* de derivados).

Seguidamente, no terceiro capítulo, aborda as principais insuficiências da regulação europeia, baseada numa harmonização mínima e no princípio do reconhecimento mútuo, com inexistência de um padrão único de supervisão – sendo que o aspecto crucial da cooperação entre reguladores para operações *cross-border* está muito insuficientemente tratado.

No quarto capítulo, por seu turno, o *Relatório Lamfalussy* inicial, após aludir ao avanço que representou a criação em 1997 do *FESCO*[15] e a publicação em 1999 do PASF, vem a propor a selecção, de entre os objectivos do PASF, de algumas prioridades.

20. Estas prioridades foram ajustadas e condensadas no relatório final, que propõe as seguintes seis medidas prioritárias, para adopção antes de 2003:

(i) Criação de um passaporte único para emitentes, com um sistema de registo de referência (*shelf registration*) obrigatório;

(ii) Modernização dos requisitos de admissão à cotação e introdução de uma clara distinção entre admissão à cotação e admissão à negociação;

(iii) Generalização do princípio do Estado-Membro de origem (reconhecimento mútuo), incluindo uma definição clara de investidor profissional;

(iv) Modernização e expansão de regras de investimento para fundos de investimento e de pensões;

(v) Adopção de normas contabilísticas internacionais (*international accounting standards*);

(vi) Criação de um passaporte único para bolsas de valores reconhecidas (na base do princípio do controlo pelo Estado-Membro de origem).

---

criação de uma *"user-controlled European central counterparty"*, que estabeleceria depois um acordo operacional com a DTCC norte-americana.

[15] *Forum of Exchange Securities Commissions.*

21. No relatório final, datado de 15 de Fevereiro de 2001, o Comité Lamfa-lussy retoma e confronta as conclusões iniciais com comentários e opiniões recebidos, sendo, designadamente, de notar a atenção dada às questões de *clearing* e *settlement* para as quais, embora devendo continuar afectas ao sector privado, o comité recomenda que seja considerada a eventual necessidade de estabelecimento de um enquadramento regulador em face das questões de interesse público envolvidas[16].

E reafirma e sintetiza também aquela que ficou como a sua mais famosa contribuição, a chamada *"Lamfalussy 4 level regulatory approach"*, segundo a qual a reforma do quadro regulador comunitário – qualificado como "muito lento, rígido, complexo e mal adaptado" – deveria ser levada a cabo numa arquitectura regulamentar organizada em *quatro* níveis:

- *Nível 1*: princípios legislativos fundamentais e orientadores, a serem de-cididos pelo normal processo de co-decisão (*i.e.*, proposta pela Comis-são ao Conselho de Ministros/Parlamento Europeu para co-decisão);
- *Nível 2*: estabelecimento de dois novos comités – um Comité de Valores Mobiliários (*European Securities Committee – ESC*) e um Comité das Entidades de Supervisão de Valores Mobiliários (*Committee of European Securities Regulators – CESR*), num formato semelhante ao do *FESCO*, para assistir a Comissão na determinação do modelo de execução e desenvolvimento dos princípios do nível 1;
- *Nível 3*: desenvolvimento da cooperação e ligação entre as entidades reguladoras de valores mobiliários da UE para assegurar uma coe-rente e equivalente transposição dos níveis 1 e 2 (padrões comuns de implantação);

---

[16] Neste ponto, o Comité recomenda a articulação com os estudos do chamado "Giovannini Group", grupo de participantes no mercado que assessora a Comissão Europeia e que estava precisamente a estudar as questões de *clearing* e *settlement*.
Em entrevista muito recente (*Wall Street Journal*, de 21 de Fevereiro de 2002), o Presidente do *Committee of European Securities Regulators*, também presidente da nova autoridade de super-visão do mercado holandês (*Netherlands Authority for Financial Markets*), Arthur Docters van Leeuwen, adopta uma posição claramente pró-regulação, pondo ênfase no estabelecimento de *standards* de regulação para o *clearing* e *settlement*, referindo a necessidade de assegurar a concorrência e a escolha e anunciando a criação de um grupo de trabalho com o Banco Central Europeu.

– *Nível 4*: imposição (*enforcement*) reforçada, com acção mais vigorosa da Comissão para a aplicação da legislação comunitária, com desenvolvimento da cooperação entre Estados-Membros, respectivos reguladores e o sector privado.

22. O programa de reformas Lamfalussy, orientado precisamente para acelerar e agilizar processualmente as mudanças de que a legislação comunitária carecia, acabou por se revelar um infeliz exemplo das dificuldades que visava combater.

Assim, embora aprovado, com algum entusiasmo, no Conselho Europeu de Estocolmo, em Março de 2001, veio a suscitar intensa polémica no seio do Parlamento Europeu, onde lhe foram apontadas vivas reservas – de resto, muito sérias e fundadas no cerne mesmo da raiz democrática do processo de decisão da União Europeia – sobre se – e como – permitiria respeitar, ou não viria antes subverter, a natureza co-decisória do processo legislativo, através dos mecanismos de adopção de regulação secundária no chamado "nível 2" sem garantias bastantes de que não se ultrapassava as fronteiras orientadoras co-definidas no "nível 1" entre o Conselho e o Parlamento Europeu[17] e sem uma definição clara destas próprias fronteiras.

No decurso desta polémica, aliás, verificou-se também, em 4 de Julho de 2001, a clamorosa derrota pelo Parlamento Europeu do último projecto de 13.ª Directiva sobre OPA, mesmo depois de um compromisso ter sido obtido uns dias antes, em 6 de Junho, em sede de conciliação.

E só muito recentemente, já em Fevereiro deste ano de 2002 – um ano após o *Relatório Lamfalussy* final e passados dois anos sobre o Conselho Europeu de Lisboa –, veio a ser alcançada a aprovação do programa Lamfalussy pelo Parlamento Europeu.

É cedo, ainda, para ajuizar se essa aprovação – obtida na base de uma declaração política da Comissão perante o Parlamento em que, nomeadamente, se comprometia a "ter na máxima conta" (*«taking the utmost account»*),

---

[17] Discutiu-se, designadamente, se os poderes atribuídos ao *European Securities Committee* não esvaziariam as competências da Comissão e se ao Parlamento deveria ser reconhecido um mecanismo de *"call back"* sobre medidas adoptadas pelos comités de que o Parlamento discordasse (mecanismo que, por seu turno, se arguiria, em contraposição, não estar previsto no processo de co-decisão).

A PROPÓSITO DE *CORPORATE GOVERNANCE* E DE DIREITO DAS SOCIEDADES...

em termos que sugerem porventura precaridade – apresentará ou não a necessária solidez.

23. Como quer que seja, deve assinalar-se que alguns progressos importantes foram feitos.

Assim, algumas importantes Directivas foram entretanto aprovadas[18].

---

[18] É o caso, entre diversas outras, da Directiva 2001/34/CE do Conselho e do Parlamento, adoptada em 28 de Maio de 2001, sobre admissão de valores mobiliários à cotação oficial de uma bolsa de valores e informação a publicar sobre esses valores, que veio codificar e substituir quatro Directivas anteriores, relativas ao mercado de valores (Directivas 79/279/CEE, 80/390/CEE, 82/121/CEE e 88/627/CEE), bem como das Directivas seguintes: Directiva 2001/65/CE do Parlamento Europeu e do Conselho, de 27 de Setembro de 2001, que altera as Directivas 78/660/CEE, 83/349/CEE e 86/635/CEE relativamente às regras de valorimetria aplicáveis às contas anuais e consolidadas de certas formas de sociedades, bem como dos bancos e de outras instituições financeiras; Directiva 2001/86/CE do Conselho, de 8 de Outubro de 2001, que completa o estatuto da sociedade europeia no que respeita ao envolvimento dos trabalhadores; Directiva 2001/107/CE do Parlamento Europeu e do Conselho, de 21 de Janeiro de 2002, que altera a Directiva 85/611/CEE do Conselho, que coordena as disposições legislativas, regulamentarcs e administrativas respeitantes a alguns organismos de investimento colectivo em valores mobiliários (OICVM) com vista a regulamentar as sociedades de gestão e os prospectos simplificados; Directiva 2001/108/CE do Parlamento Europeu e do Conselho, de 21 de Janeiro de 2002, que altera a Directiva 85/611/CEE do Conselho, que coordena as disposições legislativas, regulamentares e administrativas respeitantes a alguns organismos de investimento colectivo em valores mobiliários (OICVM), no que diz respeito aos investimentos em OICVM; Directiva 2001/17/CE do Parlamento Europeu e do Conselho, de 19 de Março de 2001, relativa ao saneamento e à liquidação das empresas de seguros; Directiva 2001/24/CE do Parlamento Europeu e do Conselho, de 4 de Abril de 2001, relativa ao saneamento e à liquidação das instituições de crédito; Directiva 2000/46/CE do Parlamento Europeu e do Conselho, de 18 de Setembro de 2000, relativa ao acesso à actividade das instituições de moeda electrónica e ao seu exercício, bem como à sua supervisão prudencial; Directiva 2001/97/CE do Parlamento Europeu e do Conselho, de 4 de Dezembro de 2001, que altera a Directiva 91/308/CEE do Conselho, relativa à prevenção da utilização do sistema financeiro para efeitos de branqueamento de capitais; Directiva 2002/12/CE do Parlamento Europeu e do Conselho, de 5 de Março de 2002, que altera a Directiva 79/267/CEE do Conselho, relativamente aos requisitos em matéria de margem de solvência aplicáveis às empresas de seguro de vida; Directiva 2002/13/CE do Parlamento Europeu e do Conselho, de 5 de Março de 2002, que altera a Directiva 73/239/CEE do Conselho, relativamente aos requisitos em matéria de margem de solvência aplicáveis às empresas de seguro "não vida"; Directiva 2000/64/CE do Parlamento Europeu e do Conselho, de 7 de Novembro de 2000, que altera as Directivas 85/611/CEE, 92/49/CEE, 92/96/CEE e 93/22/CEE do Conselho, no que se refere à troca de informações com países terceiros.

Em 30 de Maio de 2001 – já na esteira da *"Lamfalussy approach"* –, a Comissão Europeia apresentou também duas importantes propostas de Directiva, uma sobre abuso de mercado (nomeadamente combate ao *insider trading* e manipulação de mercado) e outra sobre o "passaporte único dos emitentes", que simplifica grandemente o sistema de reconhecimento mútuo de prospectos, introduzindo um sistema de simples notificação e um novo modelo de prospecto (adoptando o chamado modelo de *"shelf registration"* nos termos do qual o prospecto é composto por um documento informativo permanente, actualizado anualmente, e uma *"securities note"* contendo a descrição dos valores mobiliários emitidos, acompanhada de uma *"summary note"* com os elementos essenciais dos dois anteriores e dos factores de risco) e introduzindo um conceito comum de oferta pública e impondo novos padrões de divulgação de informação[19].

E, por decisão de 6 de Junho de 2001, a Comissão criou formalmente os dois comités previstos no *Relatório Lamfalussy*:

---

[19] As principais características desta Directiva sobre prospectos, tal como sumariadas pela Comissão Europeia são: *(i)* definição de condições claras para ofertas públicas e para admissão à negociação de valores mobiliários; *(ii)* harmonização das definições essenciais para evitar a existência de lacunas e abordagens divergentes, de modo a assegurar um campo de actuação nivelado na Europa; *(iii)* introdução de parâmetros de informação mais elevados, em linha com os *standards* internacionais, tais como os indicados pela *International Organization of Securities Commission (IOSCO)*, para as ofertas públicas de valores mobiliários e admissão à negociação, que tornem mais fácil a emitentes da União Europeia oferecer os seus valores mobiliários em Estados que não integrem a União Europeia, nomeadamente nos Estados Unidos; *(iv)* introdução de um sistema de registo documental para emitentes cujos valores mobiliários estejam admitidos à negociação em mercados regulamentados, de modo a assegurar a actualização anual de informação-chave relativa àqueles emitentes; *(v)* concentração de responsabilidades na autoridade competente do Estado de origem; e *(vi)* "passaporte único" – possibilidade de oferecer ou admitir valores mobiliários à negociação na base de uma simples notificação do prospecto aprovado pela autoridade competente do Estado de origem.
A Comissão Europeia referiu pretender ainda, após consulta dos representantes do *Securities Committee*, adoptar directrizes técnicas e implantar medidas nas seguintes áreas: *(i)* adaptação e actualização de definições e isenções; *(ii)* definição de *standards* de informação específicos para prospectos de acordo com os *standards* internacionais emitidos pela *IOSCO* para as ofertas transfronteiriças e para as admissões à cotação primárias; e *(iii)* definição de regras técnicas detalhadas e directrizes em questões como a da publicação de prospectos, publicidade, aprovação de prospectos e reconhecimento de prospectos submetidos por emitentes de Estados terceiros.

A PROPÓSITO DE *CORPORATE GOVERNANCE* E DE DIREITO DAS SOCIEDADES...

a) O *European Securities Committee (ESC)*, com funções regulamentares (de comité regulador, nos termos do artigo 202.º do Tratado);
b) O *European Securities Regulators Committee (ESRC)*, com funções consultivas, incumbido de estudar e preparar propostas de medidas a submeter à Comissão e por esta canalizada para votação pelo *ESC*, com vista à adopção final pela Comissão das medidas votadas.

24. Concluído este excurso panorâmico sobre o estado do contexto regulador, importa abordar então a criação da Euronext (ocorrida, conforme referido, num momento em que tinha sido divulgado o Plano de Acção dos Serviços Financeiros e se preparavam os passos nele previstos, e antes ainda dos relatórios do Comité Lamfalussy), que naturalmente não poderia deixar de ter em conta os acima sumariados enquadramentos económico, por um lado, e regulador, por outro.

III. A criação da Euronext e as suas opções de estrutura

25. Em 1999, as bolsas de Paris (Société des Bourses Françaises – SBF), Amesterdão (AEX) e Bruxelas (Société de la Bourse de Valeurs Mobilières de Bruxelles – SBX) encontravam-se envolvidas com outras cinco bolsas europeias na chamada European Exchange Alliance, que visava estabelecer um mecanismo de negociação para *blue chips* em cada uma das bolsas envolvidas.

No entanto, a SBF, a AEX e a SBX vieram a decidir optar por um vínculo mais estreito e de maior alcance, justificado por quatro ordens de considerações estratégicas:

a) As tendências do mercado (sobretudo após a DSI e o Euro) para uma maior internacionalização e integração, maior liquidez e menores custos;
b) O facto de as três bolsas terem (serem as únicas a ter) estruturas de *clearing* capazes de garantir as transacções na respectiva bolsa e de compensar transacções para fins de liquidação – tanto para o mercado a contado como para o de derivados – que se mostravam susceptíveis de serem integradas;

EURONEXT – ALGUNS ASPECTOS DE ENQUADRAMENTO E ESTRUTURA JURÍDICA

c) O facto de as três bolsas operarem mercados a contado com estruturas semelhantes, designadamente mercados do tipo *order-driven* centralizados;

d) A crença na possibilidade de economias de escala, especialmente nas áreas de negociação e *clearing*.

26. Do cruzamento destes vectores estratégicos com os factores de enquadramento já referidos resultou um *modelo de estrutura inicial* da Euronext em que se podem identificar as seguintes linhas principais:

1.º Manutenção da pluralidade de bolsas nacionais como tal, bem como das sociedades gestoras respectivas (com manutenção, também, da pluralidade de mercados nacionais, regulamentados e não regulamentados, geridos por cada sociedade gestora);

2.º Integração das bolsas pela via accionista, através de constituição de uma *holding* (Euronext N.V.) que se tornou detentora da totalidade do capital de cada uma das diferentes sociedades gestoras;

3.º Adopção estatutária de um modelo societário dualista na sociedade *holding* Euronext N.V., com um *Supervisory Board* renovável por cooptação e um órgão de administração (integrado nesta fase por representantes de cada uma das sociedades gestoras) sujeito à regra da unanimidade;

4.º Adopção de uma estrutura de gestão totalmente integrada ao nível da *holding*, com um comando único, organizado por linhas de negócio funcionais, para todas as bolsas abrangidas;

5.º Criação progressiva de um modelo comum de mercado nas diversas bolsas nacionais, com utilização maximizada das possibilidades técnicas, dentro do contexto regulamentar, para criação de uma plataforma única de negociação automatizada, tanto para o mercado a contado como para o mercado de derivados, baseada num único livro central de ordens e sujeita a um *"Rule Book"* comum;

6.º Adopção de regras de organização e *marketing* para os valores admitidos, designadamente através da adopção de classificações sectoriais e industriais generalizadas e da criação de índices próprios da Euronext (sem prejuízo da manutenção dos índices nacionais);

7.º Coexistência inicial de regras de admissão à cotação (*listing*) diferentes para cada uma das bolsas nacionais, coincidindo inicialmente o *listing* com a admissão à negociação, mas com subsequente introdução da distinção entre admissão à cotação e admissão à negociação (passando então o local de *listing* a determinar o *"entry point"* de cada emitente no sistema integrado de negociação e as regras de supervisão a que está subjectivamente sujeito) e harmonização progressiva dos critérios da decisão de *listing* pelas várias bolsas;

8.º Adopção de um modelo vertical progressivamente integrado de compensação (*clearing* e *netting*), através de um banco subsidiário, o Clearnet, combinando um livro de ordens central com um sistema de contraparte central e respectiva garantia para todas as transacções a contado e de derivados (e ambição, ainda, de prestação de serviços de *clearing* a terceiros);

9.º Eleição de um prestador de serviços externo preferencial para a actividade de *settlement* – a Euroclear –, com reforço dos laços através da transmissão para a Euroclear das diversas estruturas de liquidação nacionais da Euronext e de *cross-shareholding* (aquisição pela Euroclear de 20% do capital da Clearnet e tomada de posição da Euronext na Euroclear);

10.º Finalmente – e no que se refere ao ponto crucial dos aspectos reguladores e matérias estruturais a eles ligadas –, evolução gradualista e flexível, na base do princípio da procura de harmonização e evolução regulamentada por consenso entre as autoridades de supervisão com jurisdição sobre as subsidiárias nacionais da Euronext, enquadrada por um *Memorandum of Understanding*, de 20 de Março de 2001, ao qual aderiu formalmente a CMVM portuguesa em 14 de Março de 2002 (não se conhecendo ainda adesão da autoridade de supervisão da LIFFE).

Vejamos, pois, mais de perto alguns dos aspectos ligados a estas linhas estruturais.

27. As duas primeiras notas de estrutura enunciadas têm *carácter intersocietário* e origem também reguladora.

Quer, com efeito, no plano do direito das sociedades[20] quer no das socieda-des gestoras de mercados regulamentados, onde a legislação é eminentemente nacional, não era viável equacionar uma fusão em sentido jurídico próprio entre as bolsas fundadoras de Paris, Amesterdão e Bruxelas.

A solução jurídica decidida para o processo de integração (a que de modo impróprio se chamou "fusão") foi, pois, a da concentração do capital social de cada uma das sociedades gestoras numa *holding* constituída para o efeito – a Euronext N.V., sociedade *holding* de direito holandês, constituída em 20 de Julho de 2000 com o objectivo único de ser a sociedade de topo do grupo que se visava constituir.

A concentração seguiu dois modelos distintos, um adoptado para socieda-des de bolsa francesa e belga e outro adoptado para a bolsa holandesa.

Quanto à SBF e BXS, a integração foi concretizada por aumento de capital em espécie da Euronext N.V. (oferta de troca), através da transmissão para a Euronext N.V. de acções da SBF e BXS detidas pelos respectivos accionistas por substituição do correspondente número de acções Euronext N.V.

Em 22 de Setembro de 2000 – data da "fusão" criadora da Euronext, – os accionistas da SBF e BXS subscreveram aumento do capital social da Euro-next N.V., realizando as respectivas entradas em espécie com as acções que detinham no capital social daquelas sociedades, em resultado do que os ac-cionistas da SBF passaram a deter 60% do capital social da Euronext N.V. e os accionistas da BXS passaram a deter 8% da Euronext N.V., vindo a Euronext N.V. a tornar-se accionista única da SBF e da BXS.

No que se refere à Amsterdam Exchanges N.V. (AEX), a integração foi concretizada através de uma fusão tripartida de direito holandês entre três sociedades holandesas.

Em 21 de Setembro de 2000, a assembleia geral da AEX deliberou aprovar a fusão tripartida entre a AEX, a Euronext Amsterdam N.V. (sociedade to-talmente detida pela Euronext N.V.) e a Euronext N.V., em resultado da qual *(i)* todos os direitos e obrigações da AEX foram transmitidos para a Euronext Amsterdam N.V., *(ii)* a AEX foi extinta por incorporação na Euronext Ams-terdam N.V., *(iii)* os accionistas da AEX tornaram-se accionistas da Euronext

---

[20] A alteração da 10.ª Directiva sobre sociedades de modo a permitir a estas a fusão trans-fronteiriça é, aliás, uma medida ainda não concretizada, que consta no PASF.

N.V. (e não accionistas da Euronext Amsterdam N.V.) e *(iv)* os accionistas da AEX passaram a deter 32% da Euronext N.V.

28. Após a fundação, dois modelos distintos foram também já usados.

Relativamente à BVLP, foi adoptado procedimento similar ao seguindo na SBF e BXS, tendo sido deliberado aumento de capital da Euronext N.V. e feita oferta aos accionistas da BVLP de transmissão das acções por si detidas para realização de subscrição de acções da Euronext N.V. a emitir, sendo ainda a oferta parcialmente integrada por contrapartida em dinheiro.

O aumento de capital e emissão das acções Euronext a entregar aos accionistas da BVLP foi efectuado em 6 de Fevereiro de 2002, tendo os accionistas da BVLP, em resultado desta operação – e da adesão máxima destes accionistas –, passado a deter cerca de 4% do capital social da Euronext N.V. e tornando-se esta accionista única da BVLP.

Deve referir-se que, para concretização da integração da BVLP, se tornou necessária prévia revisão do regime jurídico das sociedades gestoras de mercados regulamentados (SGMR), efectuada pelo Decreto-Lei n.º 8-D/2002, de 15 de Janeiro, e, bem assim, a subsequente autorização do Ministro das Finanças (à qual as aquisições de participações qualificadas em SGMR passaram a ficar sujeitas).

Já a integração da LIFFE na Euronext resultou de oferta pública de aquisição lançada pela Euronext, com contrapartida integralmente em dinheiro, apoiada pelo respectivo órgão de administração. A oferta veio a ser lançada em 12 de Novembro de 2001 e concretizada em Janeiro de 2002.

29. Conforme se referiu, à pluralidade de sociedades gestoras detidas pela Euronext continua hoje a corresponder uma pluralidade, dentro de cada uma, de mercados nacionais. Assim:

a) mantêm-se os mercados operados pela Euronext Paris. A Euronext Paris opera quatro mercados: *(i)* a SBF – Bourse de Paris, que inclui o Primeiro Mercado e o Segundo Mercado, e *(ii)* o *Nouveau Marché*, e dois mercados de derivados, *(iii)* o MONEP e *(iv)* o MATIF. A Euronext Paris opera ainda um mercado não-regulamentado, o *Marché Libre*;

b) mantêm-se os mercados operados pela Euronext Amsterdam, que incluem a bolsa de valores mobiliários operada pela Euronext Amsterdam Stock Markets N.V., a bolsa de derivados operada pela Euronext Amsterdam Derivative Markets N.V., a bolsa de derivados *commodity-based* operada pela Euronext Amsterdam Commodity Markets N.V. e a *Dutch Trading Platform*, que, tal como um mercado não regulamentado, está disponível para a negociação de valores mobiliários não cotados;

c) mantêm-se os cinco mercados em Bruxelas operados pela Euronext Brussels. A Euronext Brussels opera quatro mercados de valores mobiliários: *(i)* o *Premier Marché/Eerste Markt*, *(ii)* o *Second Marché/Tweede Markt*, *(iii)* o *Nouveau Marché/Nieuwe Markt* e *(iv)* a *Belgian Trading Platform*; e um mercado de derivados, denominado *Belfox*. A Euronext Brussels gere ainda um mercado não regulamentado de leilão público;

d) mantêm-se também os mercados operados pela Euronext Lisboa. A Euronext Lisboa opera quatro mercados regulamentados a contado (o Mercado de Cotações Oficiais, o Segundo Mercado, o Novo Mercado e o Mercado Especial de Operações por Grosso), um mercado de derivados regulamentado e um mercado não regulamentado (Mercado Sem Cotações);

e) mantêm-se também o London International Financial Futures and Options Exchange operado pela LIFFE (Holdings) Plc.

30. A terceira e quarta notas de estrutura são, por seu turno, de carácter *intrasocietário*, mas também de grande relevância.

Porventura sem que isso lhe fosse imposto[21], a Euronext N.V., constituída na Holanda sob a égide do direito holandês, escolheu adoptar o chamado *structuurregime*, segundo o qual, designadamente:

---

[21] Na Holanda, o *structuurregime* é obrigatório para grandes sociedades que excedam certos parâmetros, mas há a possibilidade de isenção, nomeadamente para sociedades com maioria de trabalhadores no estrangeiro, como seria o caso da Euronext N.V.

a) Os membros do próprio *Supervisory Board* são eleitos por cooptação, com certos limites[22];

b) O *Supervisory Board* nomeia todos os membros do *Management Board*;

c) A aprovação das contas anuais e a aprovação de certas decisões do *Management Board* são também da competência do *Supervisory Board*.

Por outro lado, o *Management Board* da Euronext – que, nesta fase, integra um membro que representa cada um dos mercados abrangidos, incluindo agora a BVLP e a LIFFE – delibera segundo os estatutos com sujeição a unanimidade, podendo a matéria, em caso de impassse, ser submetida ao *Supervisory Board* para parecer.

A estrutura de gestão da Euronext é ainda integrada por responsáveis de linhas funcionais de negócio, de modo a estabelecer uma linha de comando unificada para cada uma dessas áreas para todas as subsidiárias nacionais abrangidas.

É, pois, uma estrutura de gestão marcadamente coesa, unificada e centralizada, comandada por um órgão de administração onde um representante do mercado português tem assento paritário e direito de veto.

31. As quinta e sexta notas de estrutura têm que ver essencialmente com o *modelo de mercado*.

Para o mercado a contado, a Euronext baseia-se no sistema *NSC*, detido por uma *joint venture* em que participa (ATOS-Euronext) e que é um dos sistemas mais modernos e avançados à escala mundial, sendo usado por 13 outras bolsas mundiais para além das integrantes da Euronext.

O modelo de mercado da Euronext (implantado primeiro em Paris e Bruxelas e em Amsterdão só um ano após a fusão, em Outubro de 2001), conjugado com as regras de negociação, é um mercado do tipo *order-driven* com um livro de ordens único para cada valor mobiliário, capaz de "casar" automaticamente vários tipos de ordens e de assegurar:

---

[22] Está anunciada uma possível reforma da lei holandesa para, no *structuurregime*, reconduzir a eleição dos membros do *supervisory board* à assembleia geral de accionistas e reforçar o papel destes noutros domínios.

(i) o total anonimato das ordens e das transacções;

(ii) uma negociação em contínuo, com verificação automática das ordens logo que recolhidas em face do livro de ordens e subsequente execução imediata (ou registo de pendência);

(iii) um sistema de negociação por chamada, consistente no estabelecimento de um preço único num momento determinado em que as ordens de compra e venda são registadas e executadas;

(iv) o envolvimento de criadores de liquidez (*market makers*), sempre que requerido;

(v) a possibilidade de concluir grandes transacções, tais como os chamados *block trades*, fora do livro central de ordens, mas com grau elevado de transparência.

Por seu turno, e quanto ao *market model* para o mercado de derivados, está divulgado pela Euronext o projecto de adopção do sistema *LIFFE Connect* da LIFFE como sistema de negociação único, maximizando as sinergias decorrentes da aquisição da LIFFE.

No mercado a contado, a Euronext adoptou o padrão internacional de classificação dos valores mobiliários segundo o *FTSE Global Classification System* e, para reforçar a visibilidade e atractividade das empresas cotadas, organizou índices próprios, como o "Euronext 100" e o "Next 150" (onde já estão incluídas empresas portuguesas), para além de manter os índices nacionais de cada bolsa.

Está também prevista a manutenção de segmentos de mercado que melhorem as condições de atractividade de certos tipos de empresas, designadamente as de pequena e média capitalização (por exemplo, *Next Economy*, para empresas de elevada tecnologia).

A sujeição do mercado a um "*Rule Book*" comum merece uma referência particular.

De facto, actualmente, o *Rule Book* de cada um dos mercados a contado das bolsas integradas fundadoras (Paris, Amesterdão e Bruxelas) é ainda dividido em duas partes, o chamado *Rule Book I* (ou "*Harmonized Market Rule Book*"), que contém as regras de mercado já harmonizadas entre aqueles três mercados e que se aplicam a todos eles igualmente, e o *Rule Book II* (ou "*Country-Specific Market Rule Book*"), que cobre todos aqueles aspectos e regras ainda pendentes de harmonização e que, consequentemente, se aplica apenas ao mercado nacional a que o *Rule Book II* respeita.

O projecto da Euronext é o de harmonizar progressivamente as regras do *Rule Book I*, o que depende, naturalmente, dos reguladores respectivos.

No mercado português, estará ainda em preparação a adaptação ao *Rule Book I*. E nos mercados de derivados não foi também ainda adoptado um livro de regras único, continuando os diversos mercados nacionais de derivados a ser regidos pelas normas locais de cada um.

A capacidade de coexistência de níveis de harmonização diferentes e de adequação de *Rule Books* em mercado sob integração é, aliás, um exemplo muito claro de fórmula modular e de capacidade de adaptação e evolução gradual, que também caracteriza a estrutura da Euronext.

32. A sétima nota de estrutura, referente à coexistência de regras diversas de *listing* está, em rigor, ligada à primeira – subsistência de bolsas nacionais, respectivos mercados e normas legislativas e regulamentares aplicáveis – e representa, em mais de um modo, um verdadeiro teste de virtudes e defeitos do modelo de estrutura multi-bolsa e multi-mercado adoptado pela Euronext.

Num primeiro momento, com efeito, as regras de *listing* aplicáveis a cada bolsa, sendo naturalmente diferentes, determinavam também a susceptibilidade de negociação: só podiam ser negociados em cada uma das bolsas os valores mobiliários aí admitidos à cotação.

É, aliás, o que ainda sucede com a recém-integrada bolsa portuguesa.

Num segundo momento, a integração técnica das plataformas de negociação numa plataforma única Paris/Amesterdão/Bruxelas (que brevemente se prevê aplicada a Lisboa), conjugada com a utilização da distinção entre *listing* e *trading*, veio permitir que fossem negociados, na plataforma única da Euronext, valores mobiliários admitidos à cotação numa só das bolsas já integradas nessa plataforma.

O *listing* tende a converter-se, assim, como refere a Euronext, num mero *"entry point"* de acesso à plataforma única.

Mas as coisas não são porventura inteiramente simples, do ponto de vista jurídico, já que, como também se reconhece, o local do *listing* determinará, em princípio, o corpo de normas aplicáveis aos emitentes e aos valores mobiliários, bem como a autoridade de supervisão competente.

O prospecto do *IPO* da Euronext, de Junho de 2001, dá conta de algum acordo já formado a este respeito entre as três originais autoridades nacionais de supervisão, designadamente:

a) que pelo menos uma delas deve aprovar cada processo de admissão e o respectivo prospecto;

b) que, se um emitente desejar estender a oferta pública a mais do que uma jurisdição, um procedimento eficiente de reconhecimento mútuo deve ser estabelecido;

c) que a autoridade do mercado em que o emitente tem os valores mobiliários admitidos inicialmente será responsável pela supervisão do cumprimento das obrigações contínuas de informação;

d) que, no caso de oferta pública de aquisição envolvendo sociedades com valores negociados em mais de um mercado ou apenas num mercado que não o do local da constituição da sociedade-alvo, as entidades signatárias devem decidir de acordo com as suas leis nacionais quais as entidades que têm competência reguladora.

Mas basta pensar nestes exemplos e na diversidade de legislações nacionais para recear que conflitos de leis (ou mesmo de normas regulamentares) possam tornar situações concretas de difícil dilucidação.

É um ponto, pois, onde a harmonização legislativa se pode revelar indispensável.

33. A estrutura vertical de *clearing* (compensação) – a que se refere a oitava nota da estrutura – é, manifestamente, um dos pontos fortes do projecto Euronext (de resto, como se referiu, identificada logo à partida como um dos factores estratégicos de competitividade fulcrais).

Por um lado, as bolsas fundadoras já dispunham de estruturas próprias de compensação com potencial de harmonização.

Em segundo lugar, a Euronext procedeu já a um vasto trabalho interno, através da fusão e integração das diversas plataformas numa estrutura única, centrada no Clearnet, banco de direito francês que já obteve o estatuto de centro de liquidação para efeitos da Directiva 98/26/CE (com a consequente irrevogabilidade e carácter definitivo dos pagamentos efectuados no seu âmbito) e procedeu também, com o acordo das entidades de supervisão, à abertura de filiais em Amesterdão e Bruxelas, tornando-se um sistema de compensação reconhecido pelas (e sujeito à supervisão das) três autoridades de supervisão.

Em terceiro lugar, o Clearnet conta com a vantagem de dispor de um sistema poderoso e testado, o *"Clearing 21"*, desenvolvido inicialmente pelo Chicago Mercantile Exchange e já adoptado, gradualmente, nas bolsas fundadoras de Paris e Bruxelas (prevendo-se a próxima extensão a Amesterdão, em Outubro de 2002).

Neste quadro, o Clearnet – hoje, já detido em cerca de 80% pela Euronext e em 20% pela Euroclear – mostra-se capaz de assegurar um conjunto importantíssimo de vantagens para os mercados a contado como para os mercados de derivados, nomeadamente:

a) Segurança, através não só da fiabilidade comprovada do sistema como sobretudo da actuação do Clearnet como contraparte central de todas as transacções, com garantia de liquidação, e dos sistemas de controlo de risco desenvolvidos pelo próprio Clearnet;

b) Redução de custos, através de redução drástica das instruções de liquidação conseguida pelo *netting* de posições efectuado pelo Clearnet, reduzindo as necessidades de monitorização de risco e de fundos próprios e o risco de contraparte;

c) Anonimato total, através da existência de uma contraparte central para todas as operações;

d) Integração de mercados a contado e de derivados, e também de mercados regulamentados e *OTC*, através de um sistema único de contraparte central para todos estes mercados.

Para além destas vantagens internas, o Clearnet mantém aberto um propósito competitivo de fornecimento de serviços de *clearing* a terceiras entidades e de eventual criação de uma grande central de compensação europeia[23].

---

[23] Enfrentando concorrência potencial de entidades como a *London Clearing House* (que, originalmente, se dedicava apenas ao mercado de derivados de Londres, mas, a partir de 2001, iniciou um sistema de contraparte central para todo o livro central de ordens da LSE).

De acordo com o anunciado, é de admitir que a compensação das transacções dos mercados da Euronext Lisboa venha a ser feita através do Clearnet (ou uma subsidiária local) até ao final do terceiro trimestre de 2003.

Refira-se, a este respeito, que a criação de uma contraparte central no mercado a contado de acções irá, à semelhança do que sucedeu já no mercado de derivados, modificar os dados da questão central da natureza jurídica das transacções em bolsa, a que a nossa doutrina tem dedicado já atenção[24].

34. Na cadeia de operações dos mercados integrados na Euronext, a zona de liquidação de transacções e serviços de custódia é porventura aquela em que as perspectivas se encontram ainda menos definidas.

Uma opção clara é já, todavia, pelo menos actualmente, a da não integração vertical da actividade de *settlement*, que se encontra aberta à prestação de serviços pelas entidades externas seleccionadas pela Euronext como mais bem colocadas – com a consequência, nomeadamente, de a Euronext não estar exposta à concorrência no negócio de liquidação, em que não está directamente envolvida.

É, no entanto, também uma opção clara – e está longe de ser irrelevante ou secundária – a eleição como parceiro preferencial da Euroclear, precisamente a mais importante das duas únicas plataformas de liquidação internacional existentes na Europa[25].

---

[24]   Cfr., por exemplo, PAULA COSTA E SILVA, "Compra, Venda e Troca de Valores Mobiliários", *in* AA. VV., *Direito dos Valores Mobiliários*, Lisboa, Lex, 1997, pp. 248 e ss., e "Efeitos do Registo e Valores Mobiliários e a Protecção Conferida ao Terceiro Adquirente", *Revista da Ordem dos Advogados*, ano 58, vol. II (1998), pp. 859 ss.; JOSÉ DE OLIVEIRA ASCENSÃO, "A Celebração de Negócios em Bolsa", *in* AA. VV., *Direito dos Valores Mobiliários*, vol. I, Coimbra, Instituto dos Valores Mobiliários/Coimbra Editora, 1999, pp. 177 e ss.; ALEXANDRE BRANDÃO DA VEIGA, "As Fases de Negociação e de Liquidação e Compensação de Operações de Bolsa a Contado", *in* AA. VV., *Direito dos Valores Mobiliários*, vol. I, Coimbra, Instituto dos Valores Mobiliários/Coimbra Editora, 1999, pp. e 203 ss.; AMADEU JOSÉ FERREIRA, "Operações de Futuros e Opções", *in* AA. VV., *Direito dos Valores Mobiliários*, Lisboa, Lex, 1997, pp. e 143 ss.; ANTÓNIO SOARES, "Negociação, Liquidação e Compensação de Operações sobre Valores Mobiliários", *in* AA. VV., *Direito dos Valores Mobiliários*, Lisboa, Lex, 1997, pp. 316 e ss.; e PAULO CÂMARA, apontamentos de lições, sem data, da disciplina de Valores Mobiliários na Faculdade de Direito da Universidade de Lisboa, pp. 121 e ss.

[25]   A outra é a Cedel/Clearstream, hoje 100% integrada na Deutsche Börse, como já referido *supra*.

A PROPÓSITO DE *CORPORATE GOVERNANCE* E DE DIREITO DAS SOCIEDADES...

Claros são também os passos já dados para reforço dos laços de ligação da Euronext com a Euroclear, designadamente a transferência e integração de todas as estruturas de liquidação das bolsas fundadoras da Euronext para a Euroclear (que adquiriu a Sicovam francesa, a NECIGEF e NIEC holandesas e a parte relevante da actividade da BSX-CIK belga) e vínculos de *cross--shareholding* (não apenas resultante das posições accionistas que a Euronext tomou na Euroclear através de transmissão de activos – o que, em si, é comum a outros utilizadores da Euroclear, que é uma instituição detida por utilizadores – como sobretudo de tomada pela Euroclear de uma posição de 20% no Clearnet).

Há, pois, posições fortes e significativas de partida já definidas.

A circunstância de se cruzarem aqui alguns delicados pontos de interesse público nacional – como os ligados ao papel dos sistemas nacionais de liquidação e custódia, salientados, aliás, segundo foi tornado público, no parecer da CMVM sobre a adesão da BVLP à Euronext – torna a evolução ainda não inteiramente previsível.

35. Resta abordar a décima e última nota estrutural, que julgo dever considerar-se particularmente importante e fecunda – a da cooperação entre supervisores e reguladores nacionais.

O *Memorandum of Understanding* de Março de 2001, assinado pelas autoridades de supervisão das bolsas integradas na Euronext – a que a CMVM já aderiu, em Março de 2002 – prevê, *inter alia*, o seguinte:

a) criação de um *Chairmen's Committee*, composto pelos presidentes das entidades signatárias do *MoU*;

b) criação de um *Steering Committee*, composto por representantes de cada entidade signatária do *MoU*;

c) realização de reuniões regulares entre o *Chairmen's Committee* e o *Euronext Management Board*;

d) aprovação prévia ou notificação ao *Chairmen's Committee* de certas decisões ou actividades[26];

---

[26] Incluindo (*i*) a alteração dos estatutos da Euronext N.V. ou de uma das suas subsidiárias; (*ii*) emissão de regulamentação pela Euronext (*"Euronext Rule Books"*) e subsequentes

EURONEXT – ALGUNS ASPECTOS DE ENQUADRAMENTO E ESTRUTURA JURÍDICA

e) desenvolvimento de uma abordagem comum a áreas de interesse comum para as entidades reguladoras relativamente à supervisão do grupo Euronext, tal como a estrutura accionista da Euronext N.V., e distribuição de responsabilidades entre a Euronext N.V. e as suas subsidiárias;

f) compromisso, numa base de melhores esforços, de harmonização de normas nacionais, abordagens de regulamentação e supervisão relativamente a admissão à cotação e requisitos de prospecto, obrigações contínuas aplicáveis a sociedades cotadas, ofertas públicas de aquisição e informação sobre participações relevantes; e

g) entendimentos de cooperação entre as entidades signatárias do *MoU* nas áreas de, *inter alia*, supervisão das transacções de mercado, troca de informação, investigações conjuntas e partilha de poderes de imposição do cumprimentos de normas entre as entidades reguladoras.

Por seu turno, o *Memorandum of Understanding* autónomo relativo aos serviços de compensação prestados pela Euronext através da sua subsidiária Clearnet prevê a criação de um *Coordination Committee*[27].

36. Creio estar aqui uma das chaves centrais do modelo de estrutura escolhida pela Euronext e – fazendo agora a ponte com o que atrás ficou dito sobre a evolução do contexto regulador – o factor talvez mais decisivo para poder

---

alterações; *(iii)* alianças, fusões, participações recíprocas, acordos para aquisição de participações relevantes e estabelecimento de filiação recíproca; *(iv)* oferta pública de acções representativas do capital da Euronext N.V. ou de uma das suas subsidiárias; *(v)* subcontratação (*"outsourcing"*) de actividades relacionadas com negociação, registo e publicação de transacções, supervisão de membros e acompanhamento das transacções; *(vi)* emissão de informações interpretativas ou implementadoras de certas disposições do *Euronext Rule Book*; *(vii)* criação ou encerramento de mercado regulamentado ou outra plataforma de negociação; e *(viii)* nomeação de membros do *Euronext Management Board* ou do *Euronext Supervisory Board*.

[27] Este *Coordination Committee* é responsável por: *(i)* uma avaliação inicial e supervisão regular dos sistemas de liquidação da Euronext; *(ii)* desenvolvimento de uma estrutura comum de supervisão para a Clearnet; *(iii)* coordenação das actividades de investigação e acompanhamento pelas entidades signatárias do *MoU*; *(iv)* desenvolvimento de procedimentos e critérios para a admissão de membros de liquidação; e *(v)* desenvolvimento de procedimentos de consulta de emergência.

ter aparecido e vingar antes mesmo de a envolvente reguladora ter atingido um estádio de maturação desejável.

A circunstância de o projecto Euronext ter conseguido criar uma autêntica *"linha dedicada"* de atenção exclusiva das autoridades de regulação e supervisão ao mais alto nível mostra, por um lado, a sua importância europeia, mas dá-lhe, por outro, condições de sucesso ímpares para prosseguir uma arquitectura modular, flexível e evolutiva, que vai carecendo da construção de sucessivos novos patamares de entendimento e harmonização para garantir o seu avanço contínuo.

Pode dizer-se, é certo, que boa parte da capacidade de evolução, adequação e harmonização internas entre as várias bolsas poderia talvez ser assegurada pelas suas margens próprias de auto-regulação.

Portugal é, a este respeito, aliás, um bom exemplo, vigorando entre nós, sobretudo após o actual Código dos Valores Mobiliários, o princípio da auto--regulação, sintetizado no artigo 372.º, ao estabelecer que, «nos limites da lei e dos regulamentos, as entidades gestoras do mercado, dos sistemas de liqui-dação e dos sistemas centralizados de valores mobiliários podem regular as actividades por si geridas», dispondo que as regras assim executadas apenas «estão sujeitas a registo na CMVM para controlo da legalidade e de respeito pelos requerentes».

Uma auto-regulação coordenada interbolsas nunca seria, porém, solução suficiente, até porque as margens (e as interligações com as normas regula-mentares) variam muito de país para país.

O patamar seguinte – a coordenação de exercício de poderes próprios e de interpretação e aplicação de normas regulamentares pelas diversas au-toridades de supervisão – representa como que uma aposta *avant la lettre* da Euronext no que o *Relatório Lamfalussy* viria a chamar "nível 3" e é porventura, de todos, o potencialmente mais fecundo, embora não isento de dificuldades[28].

---

[28] Na já acima citada entrevista ao *Wall Street Journal* de 21 de Fevereiro de 2002, o presidente do *CESR*, Van Leeuwen (que é também, como presidente da autoridade holandesa, um dos membros do *Chairmen's Committee* da Euronext), apontava as diferenças de poder entre as autoridades de supervisão como uma dificuldade grave de cooperação e citava precisamente o caso da Euronext para referir que esse problema, se já tornava difícil a coordenação entre três supervisores, agudizou-se com a elevação para cinco – parecendo Van Leeuwen preferir a eliminação dessas diferenças nacionais à via da criação de um supervisor europeu único.

Mas também o terceiro patamar (a capacidade de induzir e veicular propostas de alteração ou harmonização legislativa) – mesmo no plano nacional –, assegurando o seu patrocínio pelo *pool* de reguladores, é de importância primordial, de resto comprovada pelas alterações legislativas nacionais já introduzidas e concretizadas nos diversos países (entre os quais Portugal, com o Decreto-Lei n.º 8-D/2002, de 15 de Janeiro, que permitiu a adesão da BVLP ao ajustar o regime jurídico das sociedades gestoras de mercados regulamentados), que têm permitido algumas etapas de integração.

IV. Nota final

37. Neste curto tempo que decorreu desde a adesão das bolsas portuguesas à Euronext, muito se tem dito já sobre potenciais vantagens e inconvenientes, alinhando-se do lado das vantagens mais inequívocas o aumento de exposição dos emitentes portugueses, o alargamento do leque de opções de investimento para os investidores, com potencial aumento de liquidez e redução de custos (induzida quer pelo próprio aumento de liquidez quer pelas economias de escala) e localizando-se sobretudo as desvantagens no esforço exigido aos intermediários financeiros e na integração das *small caps* num novo mercado alargado.

A procissão vai ainda, porém, no adro e a integração das bolsas portuguesas é matéria para, pelo menos, os próximos dois ou três anos.

38. Quanto à Euronext, muita coisa está também ainda por definir e a evolução pode ainda ajustar-se ao que forem as envolventes principais.

A Euronext não é ainda uma bolsa única, mas desde a fundação que é muito mais do que uma federação de bolsas.

É, em qualquer caso, um projecto poderoso e fascinante, a acompanhar no futuro próximo e mediato com a maior expectativa.

Lisboa, 16 de Abril de 2002

12. Que papel para o contrato de sociedade na delegação orgânica de administração?*

Não tive acesso prévio ao texto da excelente comunicação que acabei de ouvir ao Dr. Nuno Barbosa e limitarei os minutos que ao comentário estão destinados – interpretando a função deste como essencialmente dirigida a provocar ou estimular aspectos do debate que se seguirá – a um ponto susceptível de particulares dúvidas e interrogações. Esse ponto, não expressamente abordado mas subjacente a toda a comunicação, situa-se, aliás, também na intersecção entre direito positivo e *corporate governance*, no que esta tem de simbiose de impulso jurídico ou para-jurídico e de orientações e recomendações de índole organizacional ou comportamental.

É ele o de saber se a delegação orgânica sobre a qual a comunicação versa, com a sua característica, aí bem assinalada, de modificar e decompor a estrutura da função da administração de sociedades, criando como que uma autonomização ou alocação prioritária das subcomponentes de gestão e de monitorização ou fiscalização nos chamados administradores executivos e não-executivos, com a inerente alteração do seu regime de responsabilidade, se pode considerar também, em algum grau, ao alcance ou disponibilidade dos sócios, ao modelar a estrutura orgânica que escolhem para a sociedade.

---

* Publicado em AA. VV., *E Depois do Código das Sociedades Comerciais em Comentário*, Coimbra, IDET/Almedina, 2016, pp. 265-270, reproduzindo o comentário oral feito no seminário sobre o tema, realizado na Universidade de Coimbra em 23 e 24 de Abril de 2015.

A PROPÓSITO DE *CORPORATE GOVERNANCE* E DE DIREITO DAS SOCIEDADES...

Uma primeira resposta resulta com clareza da lei: nos termos do artigo 407.º, n.º 3, do Código das Sociedades Comerciais ("CSC"), há seguramente uma disponibilidade negativa atribuída ao contrato de sociedade – a própria existência deste modelo de delegação orgânica depende de o contrato não ter tomado a opção de a vedar.

A partir daqui, as coisas deixam de ser simples. Haverá também alguma disponibilidade positiva, a de o contrato (ou uma subsequente deliberação dos sócios) impor ou regular a delegação?

A primeira tentação será a de responder negativamente. Este particular tipo de delegação é intra-orgânico e, se não for proibida, insere-se na esfera da competência da auto-regulação do órgão de administração, titular precisamente da função de administração, que só muito limitadamente pode ser invadida (*vd.* artigos 406.º e 373.º, n.º 6, do CSC).

A este respeito, Soveral Martins[1], depois de expressar dúvida, dizendo que «não é claro que o contrato de sociedade possa impor a delegação ou determinar o que é delegável», vem a concluir que «o contrato de sociedade não pode obrigar o conselho a delegar. E também não pode determinar o conteúdo da delegação nem designar os administradores delegados ou os membros da comissão executiva».

Esta última afirmação suscita reservas. Não vejo fundamento para crer que o artigo 407.º, n.º 3, apenas permita uma autorização pura e simples, e que esta não possa ser limitada ou mesmo condicionada. Assim, parece que o contrato de sociedade poderá, por exemplo, autorizar a delegação pelo Conselho numa Comissão Executiva apenas no caso de ser composta por um certo número de membros do Conselho, por hipótese três. Também poderá, julgo, condicionar a autorização dizendo que a concede na condição de a Comissão Executiva ser composta pelos administradores *A*, *B* e *C*, ou pelos administradores indicados para tal efeito na lista que tiver obtido vencimento. E poderá mesmo autorizar a delegação *sub conditio* de ela se circunscrever a certas matérias que o contrato defina como integrantes do conceito indeterminado de gestão corrente[2]? Com dúvidas e porventura necessidade de matizes (como os decorrentes da

---

[1] Alexandre Soveral Martins, *Administradores Delegados e Comissões Executivas – Algumas considerações*, 2.ª ed., Coimbra, IDET/Almedina, 2011, p. 19.

[2] Parece admitir limitações postas pelo estatuto Luís Brito Correia, *Os Administradores de Sociedades Anónimas*, Almedina, Coimbra, 1993, p. 284.

necessidade de não descaracterizar o conceito indeterminado), não excluo que se possa responder afirmativamente[3].

Podemos talvez admitir, pois, que o contrato possa penetrar dentro de uma certa margem de conformação do próprio conteúdo da delegação, através do exercício do poder de autorização que ao contrato cabe. Mas, seja como for, estaremos ainda dentro do que chamei disponibilidade negativa. O Conselho recebe uma habilitação limitada ou condicionada, porventura atingindo mesmo o conteúdo admissível da delegação, mas daí não decorre que não seja ele, em regra, quem vai decidir exercê-la ou não e autodeterminar-se dentro do âmbito da autorização.

Voltemos, porém, à disponibilidade positiva: pode o contrato de sociedade[4] impor a delegação, *v.g.* numa Comissão Executiva, e regular o seu conteúdo?

A questão justificará amplamente o debate, pela sua enorme relevância prática, em mais de um domínio.

Desde logo, como tão bem sabem os práticos – e é nessa qualidade que me pedem aqui este comentário –, esta é uma matéria de interesse fundamental, muitas vezes *sine qua non* nos acordos parassociais que subjazem a grande parte das combinações e fórmulas de colaboração empresariais e de investimento[5].

Por outro lado, como também salienta a doutrina[6], bem como a comunicação em apreço ao citar a recomendação II, 1.2., do Código de Governo das Sociedades da CMVM de 2013, porque é hoje muito amplamente suscitada[7] a

---

[3] O conceito de "gestão corrente", que a doutrina converge em qualificar como conceito indeterminado, mas divergindo nas tentativas de delimitação, é uma pedra de toque fundamental na compreensão do sistema legal desta delegação orgânica, que justifica seguramente também que o debate nela incida.

[4] Mas não uma simples deliberação dos sócios. Neste ponto, convirjo inteiramente com ISABEL MOUSINHO DE FIGUEIREDO, "O Administrador Delegado (A Delegação de Poderes de Gestão no Direito das Sociedades)", *O Direito*, ano 137.º, III (2005), p. 575.

[5] E não se objecte, sem aqui desenvolver o tema, com a proibição do n.º 2 do artigo 17.º do CSC, pois não se estará aqui, pelo menos necessariamente, no âmbito da conduta dos administradores no exercício das suas funções, mas na organização do quadro de funcionamento destas.

[6] Por exemplo, SOVERAL MARTINS, *Administradores Delegados e...*, p. 9, com abundante citação, e MOUSINHO DE FIGUEIREDO, "O Administrador Delegado...", p. 574.

[7] Embora pessoalmente duvide muito que com razão, pelo menos com carácter geral e para todas as sociedades.

A PROPÓSITO DE *CORPORATE GOVERNANCE* E DE DIREITO DAS SOCIEDADES...

recomendação, pela moderna *corporate governance*, da conveniência de existência de delegação orgânica, separando os chamados administradores executivos e não executivos.

Já foi sustentado, com referência ao primeiro destes interesses, mas com possibilidade de aplicação também ao segundo, que «tal interesse, que justificaria até uma previsão legal expressa, merecerá pelo menos a anuência do Direito»[8], mas não creio que se possa encontrar apenas aí um fundamento de admissibilidade.

Já sou sensível, porém, ao argumento de que a liberdade de conformação e de modulação da arquitectura institucional e organizativa de que os sócios dispõem no contrato de sociedade se deva considerar extensiva à possibilidade de determinação da existência (e porventura regime) de um sub-órgão como parece ser a Comissão Executiva[9].

Admito mesmo, embora com maior dúvida, que se pudesse ir mais longe do que vão autores como Isabel Mousinho de Figueiredo, que defendem poder o contrato impor a delegação, mas são mais restritivos quanto à determinação do conteúdo, entendendo que «a determinação estatutária do conteúdo será necessariamente vaga pela respectiva generalidade e abstracção e não poderá esvaziar por completo o poder de organização interna legalmente reservado ao Conselho de Administração. A este caberá sempre deliberar a delegação em concreto»[10], eventualmente admitindo que a questão se pudesse reconduzir aos efeitos da aceitação do encargo pelos administradores eleitos ou designados com tal imposição estatutária.

Mas nem assim parece que se chegasse a um sistema susceptível de funcionamento escorreito na ausência de intervenção legislativa.

---

[8] Mousinho de Figueiredo, "O Administrador Delegado...".

[9] Argumento aflorado por Isabel Mousinho de Figueiredo, "O Administrador Delegado...". Adopta a qualificação de sub-órgão, por exemplo, Brito Correia, *Os Administradores de...*, p. 277, onde também refere que ele pode ser previsto nos estatutos como facultativo ou obrigatório.

[10] Mousinho de Figueiredo, "O Administrador Delegado...".

Por outro lado, e como já referido, o comando estatutário, ainda que vinculativo, não dispensaria o acto subsequente de delegação pelo Conselho, suscitando dúvidas de regime e consequências, nomeadamente se este acto fosse omitido em violação do estatuto.

Mas sobretudo porque inafastável parece, nesta sede, o ponto sublinhado por Soveral Martins[11] e também na comunicação em apreço: o da modificação do regime de responsabilidade dos administradores. E isso imporá sempre, por exemplo, mesmo que se admita a susceptibilidade de imposição estatutária, e para além da faculdade de assunção de competência concorrente, não poder deixar de reconhecer o direito de revogação da delegação, tornando a faculdade de imposição de funcionamento algo inconsequente e virtualmente problemática.

Deixaria, pois, este conjunto de dúvidas e interrogações para o debate.

---

[11] SOVERAL MARTINS, *Administradores Delegados e...*, p. 12, e também AA. VV., *Código das Sociedades Comerciais em Comentário*, vol. VI, Coimbra, Almedina, 2013, anotação ao artigo 407.º, pp. 421-439, a p. 430.

ÍNDICE

Apresentação 5

A. *Corporate Governance* 11

1. Responsabilidade civil dos administradores de sociedades:
   os deveres gerais e os princípios da *Corporate Governance* 13

2. *Corporate Governance in EU: a new wave as the dust settles?*
   (Closing remarks) 35

3. Pacote de transparência: aplauso e algumas reservas 43

4. O *Action Plan* da Comissão Europeia e o contexto
   da *Corporate Governance* no início do século XX 47

5. Nótula sobre *passivity rule* e *optimal default* nacional
   em tempo de revisão da directiva das OPA 65

6. *Voting caps* em sociedades cotadas: algumas reflexões 87

B. Direito das Sociedades e dos Valores Mobiliários 105

7. Acções próprias e atribuição de dividendos 107

A PROPÓSITO DE *CORPORATE GOVERNANCE* E DE DIREITO DAS SOCIEDADES...

8. *Mandatory bid rule* e alternativa necessária em dinheiro:
nota sobre o artigo 188.º, n.º 3, do Código dos Valores Mobiliários.   115

9. Algumas observações em torno da tripla funcionalidade da técnica
de imputação de votos no Código dos Valores Mobiliários.   141

10. Igualdade de tratamento e limitação do direito de preferência
dos accionistas para oferta de subscrição exclusiva a um accionista. . . .   161

11. Euronext – Alguns aspectos de enquadramento e estrutura jurídica . . .   179

12. Que papel para o contrato de sociedade na delegação orgânica
de administração?   219

Índice   225